本书获暨南大学"华侨华人研究"优势学科创新平台资助

本书是2011年度教育部人文社会科学研究基金青年项目"国际移民组织（IOM）及其移民治理研究——兼论对中国移民治理的启示"（编号：11YJCGJW005）的最终成果

教育部人文社会科学重点研究基地
Key Research Institute of Humanities and Social Sciences at Universities

暨南大学华侨华人研究院
Academy of Overseas Chinese Studies in Jinan University

国家出版基金项目
NATIONAL PUBLICATION FOUNDATION

· 世界华侨华人研究文库 ·

国际移民组织与全球移民治理

郭秋梅　著

暨南大学出版社
JINAN UNIVERSITY PRESS

中国·广州

图书在版编目（CIP）数据

国际移民组织与全球移民治理/郭秋梅著. —广州：暨南大学出版社，2013.10
（世界华侨华人研究文库）
ISBN 978 - 7 - 5668 - 0418 - 1

Ⅰ.①国… Ⅱ.①郭… Ⅲ.①移民—国际组织—研究 ②移民问题—研究—世界 Ⅳ.①D813②D523.8

中国版本图书馆 CIP 数据核字（2013）第 243749 号

出版发行：暨南大学出版社

出 版 人：徐义雄
责任编辑：黄圣英 杨亚蒙
责任校对：何 力

地 址：中国广州暨南大学
电 话：总编室（8620）85221601
营销部（8620）85225284 85228291 85228292（邮购）
传 真：（8620）85221583（办公室） 85223774（营销部）
邮 编：510630
网 址：http：//www.jnupress.com http：//press.jnu.edu.cn

排 版：广州市天河星辰文化发展部照排中心
印 刷：佛山市浩文彩色印刷有限公司

开 本：787mm×1092mm 1/16
印 张：16.5
字 数：321 千
版 次：2013 年 10 月第 1 版
印 次：2013 年 10 月第 1 次

定 价：36.80 元

总　序

在 20 世纪，华侨华人问题曾经四次引起学术界关注。第一次是 20 世纪初关于南非华工的问题；第二次是"一战"后欧洲华工问题；第三次是五六十年代东南亚国家出现的"排华"问题；第四次则是 80 年代中国经济崛起与海外华侨华人关系的问题。每次华侨华人研究成为研究热点时，都有大量高水平研究著作问世，不胜枚举。

进入 21 世纪以来，随着全球化进程的加速和中国国际化水平的提升，海外华侨华人与中国的发展日益密切，华侨华人研究掀起了新一轮高潮。华侨华人研究机构由过去只有暨南大学、厦门大学、北京大学、华侨大学等少数几家壮大至目前遍布全国的近百所科研院校，研究领域从往昔以华侨史研究为主，拓展至华人政治、华人经济、华商管理、华文教育、华人文学、华文传媒、华人安全、华人宗教、侨乡研究等涉侨各个方面，研究方法也逐渐呈现出多学科交叉的趋势，融入政治学、历史学、社会学、民族学、教育学、新闻与传播学、经济学、管理学、法学等学科方法与视角。与此同时，政府、社会也愈益关注华侨华人研究。国务院侨办近年来不断加大研究经费投入，并先后在上海、武汉、杭州、广州等地设立侨务理论研究基地，凝聚了一大批海内外专家学者，形成了华侨华人研究与政府决策咨询相结合的科学发展机制。而以社会力量与学者智慧相结合的华商研究机构也先后在复旦大学、清华大学等地成立，闯出了一条理论研究与社会实践相结合的华侨华人研究新路径。

作为一所百年侨校，暨南大学在中国华侨华人研究中具有特殊的地位。暨南大学创立于 1906 年，是中国第一所华侨高等学府。华侨华人研究是学校重要的学术传统和特色。早在 1927 年，暨南大学便成立了南洋文化事业部，网罗人才，开展东南亚及华侨华人的研究，出版《南洋研究》等刊物。1981 年，经教育部批准，暨南大学在全国率先成立华侨华人研究的专门学术机构——华侨研究所，由著名学者朱杰勤教授担任所长。1984 年在国内招收首批华侨史方向博士研究生。1996 年后华侨华人研究被纳入国家"211 工程"1—3 期重点学科建设行列，2000 年获批教育部人文社会科学重点研究基地（华侨华人研究）。暨南大学于2006 年成立了华侨华人研究院，并聘请全国政协常委、国务院侨务办公室原副主任刘泽彭出任院长和基地主任。2011 年，学校再次整合提升华侨华人研究力量，将华侨华人研究院与国际关系学系（东南亚研究所）合并成立国际关系学院/华侨华人研究院，继续聘请刘泽彭同志出任华侨华人研究院院长和基地主任，由华侨华人与国际问题研究知名专家曹云华教授出任国际关系学院院长兼华侨华人研究院执行院长。同时，学校还加大科研经费投入，努力打造"华侨华人研究优势学科创新平台"。研究院在加强自身科研能力的基础上，采取以研究项目、开放性课题为中心，学者带项目、课题进院的工作体制，致力于多学科和国际视野下的前沿研究，立足于为国家的改革开放和现代化建设服务，为社会服务，为政府决策咨询服务，努力将之建设成为世界一流的学术研究机构和人才培养基地。

值华侨华人研究在中华大地百花齐放、百家争鸣之际，为进一步彰显暨南大学科研特色，整合校内外相关研究力量，发掘华侨华人研究新资源，推动华侨华人研究学科的发展，学校推出"世界华侨华人研究文库"。本套丛书的著作多为本校优势学科的前沿研究成果，作者中既有资深教授、学科带头人，也有学界新秀。他们的研究成果从多学科视野探索了国内外华侨华人研究的一些新问题、新趋势，具有较高的学术价值和现实意义。

本套丛书的出版得到学校领导的大力关心与支持。学校从"211 工程"经费中拨专款予以资助。国际关系学院/华侨华人研究院领导与部分教师也付出了艰辛的劳动，他们在策划、选题、组稿、编辑、校对等环节投入大量精力。同时，暨南大学出版社对丛书出版也给予高度重视，组织了最优秀的编辑团队全程跟进，并推荐丛书申报国家级优秀图书。在此，我们对所有为本丛书出版付出宝贵心血与汗水的同仁致以最衷心的感谢！

最后，我们期盼本丛书的出版能在华侨华人研究领域激起一点小浪花，引来国内外同行更加深入、广泛的研究，为学界贡献更多高水平的成果！

《世界华侨华人研究文库》编委会
2013 年 8 月

目　录

绪　论

一、选题的缘起、研究意义以及本书的核心问题

（一）选题的缘起

对国际移民组织（International Organization for Migration，简称 IOM）① 的最初认知来自于导师周聿峨女士对其的长期关注。提起国际移民组织，大都以为它是一个由众多移民组织组成的组织，事实并非如此。一个由众多移民组织组成的组织是全球移民小组（Global Migration Group，简称 GMG）②，国际移民组织是该小组的创始组织。打开网页，搜索国际移民组织，在国内相关中文网站上，只能搜索到关于国际移民组织的一些简单内容；进入国际移民组织的官方网站，有一些相对具体的介绍；查阅中国知网，只是相关学术成果也很有限。

当今社会，国际移民的规模、频率、类型出现了急剧变化，移民和移民所带来的问题也如其他非传统性全球性问题一样成为国际社会的热点问题，人口跨国

---

① "International Organization for Migration"，这是本书研究对象的英文全称，从名字上可以看出，这一组织应该翻译为国际迁移（迁徙）组织而非国内网站及学术成果上翻译的"国际移民组织"。本书通过第三章的考察，我们知道这一组织的确是为了运输人口而创建，至今仍旧保留着这一传统"业务"，尽管其功能领域扩大了。国内学者通常翻译为"国际移民组织"的说法有失偏颇，但为了保持一致，本书将继续使用这一翻译。

② 2003 年 4 月，国际劳工组织、国际移民组织、联合国人权事务高级专员办事处、联合国贸易和发展会议、联合国难民署以及联合国毒品和犯罪问题办事处的主管成立了"日内瓦移民小组"。针对全球委员会提出的建议，秘书长请该小组成员扩大成员数目，并修改其职权范围。该小组允许联合国经济和社会事务部、开发署、人口基金会和世界银行的加入，并改为现名"全球移民小组"。该小组于 2006 年 5 月举行了第一次会议，并间隔一定时间开会，以协调各项活动、协调并改善联合国系统内部及其与国际移民组织的关系、处理各种国际移民问题。成员包括国际劳工组织（International Labor Organization，简称 ILO）、国际移民组织、联合国人权事务高级专员办事处（Office of the UN High Commissioner for Human Rights，简称 OHCHR）、联合国贸易和发展会议（UN Conference on Trade and Development，简称 UNCTAD）、联合国难民署（United Nations-High Commissioner for Refugees，简称 UNHCR）、联合国毒品控制和犯罪预防办公室（UN Office on Drugs and Crime，简称 UNODC）、联合国经济与社会事务部（United Nations Department of Economic and Social Affairs，简称 UNDESA）、联合国开发计划署（UN Development Program，简称 UNDP）、联合国人口活动基金会（UN Fund for Population Activities，简称 UNFPA）和世界银行（World Bank，简称 WB）。

移民成为引起非传统安全威胁的重要因子。① 此种背景下，国际社会对这类群体的关注比以往任何时候都要迫切。国际移民研究成为"显学"，从移民个体、移民来源国、移民目的国甚至移民过境国等角度进行探索的研究成果汗牛充栋。对移民、非正规移民②的治理以及难民的保护研究也成为学者们研究的"重点关注对象"。作为国际移民领域主要的国际组织——国际移民组织，本应成为关注的焦点。但是，国际社会及学术界关注的焦点主要集中在成立于国际移民组织前一年的联合国高级难民专员公署（简称难民署）。国际移民组织从成立至今，一直保持着与难民署的联系，共同处理难民、移民问题。国际移民组织长期游离于国内学术界之外，甚至远离于国际组织的相关著作。③ 这究竟作何解释？带着这一疑问，本书试图一探究竟。

实际上，即便我们看到的仍旧是联合国（United Nations，简称 UN）及其附属机构的重大作用，但国际移民组织经过 60 余年的发展已具备了全球移民治理的相对优势。从诞生时的临时性机构，国际移民组织现已成长为一个拥有 151 个

---

① Anna Kicinger, International Migration as a Non-Traditional Security Threat and the EU Responses to this Phenomenon, Central European Forum for Migration Research in Warsaw, 2004, p. 1, http://www. cefmr. pan. pl/docs/cefmr_wp_2004 – 02. pdf.

② 问题并非由来已久，更多地伴随着民族国家主权象征符号的介入，致使移民无法通过正常渠道进入目的国，而不得不采用其他非正常的途径进入。非正规移民没有一个明确和普遍接受的定义。国际移民组织关于"非正规移徙"（irregular migration）的定义：在输出、过境和接受国管理规范以外的迁移。从目的地国家角度来讲，它是非法入境、停留或工作，意味着移民没有特定国家移徙规定要求的必需的授权或证件而入境、居住或工作。从输出国角度来讲，可以举个例子来说明，非正规性体现在如下情况下：某人跨越国际边界，没有有效的护照或旅行证件，或没有满足离开某国的行政要求。然而，有趋势"非法移徙"仅限用于移民偷渡或人口贩卖的情况下。而非正规移民（irregular migrant）由于非法入境或签证失效，在过境国或收容国缺乏法律身份的人。参见国际移民组织：《移徙词汇》（中文版），2008 年版，第 37 页。在西文的语境中，非正规移民的英文词组主要涉及：irregular migrant（migration）（非正规移民）、undocumented migrant（无文件移民）、illegal（unlawful）migrant（非法移民）、unauthorized migrant（未授权的移民）、unwanted migrant（不想要的移民）等，西方学者使用不同词汇的现象从一定程度上反映了此种移民类型本身具有的复杂性。本书认为他们本身也是受害者，应该给予他们更多的"人文"关怀。故本书并未采纳国内学者统一关照的"非法移民"概念，代之以国际移民组织给出的概念"非正规移民"来命名。也可以参见林胜：《"非法移民"一词辨析》，《世界民族》2009 年第 3 期。

③ 本人翻阅了国内"国际组织"的相应教材及工具书，提及该组织的书籍很少，国外也不多见。斯蒂芬·古兹彼得（Stephen S. Goodspeed）的著作《国际组织的性质与功能》写于 1959 年，笔者试图寻找国际移民组织（当时名为欧洲移民问题政府间委员会）的足迹，可它并未进入作者的视野。（*The Nature and Function of International Organization*, Oxford: Oxford University Press, 1959.）1947 年创刊的《国际组织》则对该组织早期活动有一些简报。1953 年第 7 卷，第 1 期把国际移民组织定性为"功能性组织"（Functional Organization）。

成员国、12 个观察员国①以及 470 个区域机构，拥有 7 800 多名员工（1988 年仅有 745 名工作人员②）的处于联合国体系之外的关于移民问题的政府间组织。国际移民组织的发展历程显示出它作为国际组织的强大生命力，展现了在国际移民领域的重要影响和作用。从某种程度上说，联合国体系下的人道主义组织被联合国这一"光环"笼罩，也遮蔽了它们"志同道合"的合作伙伴——国际移民组织。它的社会影响力大不过联合国难民署，知名度亦不如国际劳工组织，但它在移民领域中的贡献是不争的事实。作为一个专业性的政府间组织，国际移民组织为何成立？如何从一个地区性组织成长为全球性的国际组织？如何参与全球移民问题治理？具有哪些移民治理经验？这些问题值得深入思考。

　　促使笔者对国际移民组织进一步思考的另一重要原因是：贸易、金融、安全等领域早已有协调制度存在，尽管移民及其相关问题日益突出，为何移民领域至今仍缺乏一个完善的制度来协调人口的跨境移民？贸易的自由化、市场的全球化，必然要求人口流动向着更加自由的趋势发展。但是国家的移民政策仍以国家的内部需求为原动力，即使在贸易壁垒不断取消的情况下，国家仍对人口迁移设置了诸多障碍。③ 伴随着移民输入国移民控制政策的"苛刻"与"严谨"以及各种利益的诱惑，移民通过非正常渠道进入目的国，被冠以"非法移民"（本书采纳的是"非正规移民"概念）的称号。人口全球性的有序流动和迁移仍然是一种"镜花水月"。作为影响力最广泛的政府间组织，联合国亦没有全面的全球移民治理机制和机构。贝莫·戈什（Bimal Ghosh）早在 1993 年便开始关注国际移民问题领域中的国际制度问题。他提交到全球治理委员会（The Commission on Global Governance，简称 CGG）的《人口流动：一个新国际制度的探索》一文，论述了将可能建立一个管理移民迁移的制度。④ 但即使有如此宏大的愿景，多数学者也依旧认为制度建设绝非一朝一夕所能实现，尤其是各国在移民领域没有达成共识的情况下；甚至有人认为国家不愿并过多承担移民带来的社会问题，以至于可能实行更为严格的移民控制政策，从而致使国际移民制度建立的希望几乎是

---

① 截至 2013 年 6 月份的数据。12 个观察员国包括：巴林（Bahrain）、不丹（Bhutan）、中国（China）、古巴（Cuba）、印尼（Indonesia）、卡塔尔（Qatar）、俄罗斯（Russian Federation）、圣马力诺（San Marino）、圣多美与普林希比共和国（Sao Tome and Principe）、沙特阿拉伯（Saudi Arabia）、前南斯拉夫的马其顿共和国（The Former Yugoslav Republic of Macedonia）和土库曼斯坦（Turkmenistan）。

② Yves Beigbeder, *The Role and Status of International Humanitarian Volunteers and Organizations: The Right and Duty to Humanitarian Assistance*, Netherland: Martinus Nijhoff Publishers, 1991, p. 37.

③ 联合国开发计划署：《2009 年人类发展报告——跨越障碍：人员流动与发展》，http://www.un.org/zh/development/hdr/2009/。

④ Bimal Ghosh, *Movements of People: The Search for a New International Regime*, in Papers Written for the Commission on Global Governance, London: Kluwer Law International, 1995, pp. 405–424. 戈什是国际移民组织的高级顾问，是"管理移民：一个人口有秩序流动的新国际机制"计划的总监，之前在联合国工作。

不存在的。尽管如此，研究者并未停止对国际移民制度的探讨，而是逐步深入与细化，提出了未来建立国际移民制度的内容、模式与措施。①

正如在贸易领域有以世界贸易组织（World Trade Organization，简称 WTO）为主要组织载体的贸易协商制度，在金融领域主要有以国际货币基金组织（International Monetary Fund，简称 IMF）为正式机构依托的金融协调制度，在和平、安全领域主要有以联合国为正式机构载体的争端协商制度，在国际难民领域主要有联合国难民署为依托的难民保护制度等一样，国际移民领域制度的建设也需要一个组织机构作为依托。有哪些国际组织能够担当此重任？国际劳工组织协调劳工，联合国儿童基金委员会（United Nations International Children's Emergency Fund，简称 UNICEF）负责儿童，联合国难民署负责难民，这三个组织负责的是比较窄小的门类。多数学者在论述中都提到了国际移民组织，因为从名称上可以看出这一组织的管理对象——国际移民，涵盖了以上三个组织的管理对象。但对该组织能否担当此重任的质疑声不断。如记者田方萌指出，国际移民组织无论规模还是水平都远不足以应对当前国际移民问题纷繁扰攘的局面。② 牛津大学教授亚历山大·贝茨（Alexander Betts）认为，在移民领域，国际移民组织独立于联合国体系之外，且主要为那些付费的国家提供服务。③ 这些都表明了国际移民组织不具备此种实力。哥伦比亚大学加迪什·巴格瓦蒂教授（Jagdish Bhagwati）呼吁建立新的国际移民机构并进行更加统一的制度安排，鼓励建立一个世界移民组织（Word Migration Organizaiton，简称 WMO），④ 这事实上排除了国际移民组织。因此，加强对该组织的研究，对国际社会客观认知国际移民组织在全球移民治理进程中的影响和作用有着重要的理论意义和现实意义。

总之，由于国际移民作为个体的人，不能仅仅简单地将之视为生产要素。换言之，不能在经济和就业状况好的时候就"进口"移民，而在危机时候又轻易地"再出口"移民。同样，国家既不能完全开放边境，也不能完全关闭边境以应对国际移民及其带来的挑战。那么，如何对国际移民进行治理以使人口的迁移更为有序是国际社会中一个需要提上全球议程并尽快解决的、无法逃避的问题。

---

① 参见绪论文献研究现状述评。

② 田方萌：《国际移民问题和中国应有的对策》，http://www.gmdaily.com.cn/3_guancha/index.htm。

③ Alexander Betts, *Global Migration Governance*, Working paper submitted at the Global Migration Governance workshop held at University College, Oxford, 2008, p. 2, http://www.globaleconomicgovernance.org/wp－content/uploads/BettsIntroductionGEGWorkingPaperFinal.pdf.

④ Jagdish N. Bhagwati, Borders beyond Control, *Foreign Affairs*, Vol. 82, Issue 1, 2003, p. 104. 巴格瓦蒂是哥伦比亚大学教授及美国对外关系委员会高级研究员。本文通过考察说明了问题的关键不在于国际移民组织是否能胜任，而在于全球移民治理机制建设受到诸多因素的"羁绊"，尤其是国际移民问题的结构属性导致任何一个移民领域中的组织都很难做到。

本书考察国际移民组织及其在全球移民治理进程中的作用以及国际移民组织的移民治理经验，更是起源于对这一问题的考究。

（二）研究意义

概括而言，研究国际移民组织及其移民治理具有一定的现实和理论意义。

1. 现实意义

第一，加强该议题领域的研究对规束各国移民的行为、促进全球人口的有序流动具有重要的现实意义和参考价值。移民领域治理研究有很深刻的现实背景。随着经济全球化的推进，人的"全球化"成为不可回避的现实问题，无论是正规移民还是非正规移民都成为突出的现实问题。

第二，加强该议题领域的研究，不仅有利于强化国际移民组织的全球治理能力，且为其未来的改革与发展提供相对可能、合理的分析框架。"国际组织通过透明度构建方式、致力于合法化斗争，并通过政治认识论规划未来的机制蓝图是完全可行的。再经过这样的激励，正式组织的研究还可以进一步激励正式组织的实践。"[①]

第三，加强该问题领域的研究，无论是对中国与国际移民组织双方关系的进一步认识还是对中国移民治理能力建设，都具有较强的现实意义和借鉴意义。对中国而言，目前中国虽然不是国际移民组织的正式成员国，但一直都以观察员国的身份积极参与国际移民治理的相关工作和合作。自改革开放以来，中国社会发生了翻天覆地的变化，"引进来"与"走出去"相得益彰，与中国有关的人口流动明显加速。作为一个庞大的移民输出国家，如何更好地保护海外华侨华人的利益、如何管理好日益增加的外来移民、如何应对由于潜在的地区冲突可能引发的难民潮（2009 年 8 月份缅甸果敢地区发生冲突引发了国内关于中国应对难民问题能力及法制的思考[②]）等均考验着中国的移民治理能力，因此亟须进一步提高中国的移民治理水平。

2. 理论意义

第一，当前学术界对国际移民组织的研究相对较少，对其移民治理的专门研究亦相对不足，该议题的研究视角和内容有助于弥补这一学理的缺失，具有较强的理论价值。

---

① ［美］弗里德里奇·克拉斯托赫维尔、约翰·吉拉尔德·鲁杰：《国际组织——治国之道的现状》，［美］莉萨·马丁、贝思·西蒙斯编，黄仁伟、蔡鹏鸿等译：《国际制度》，上海：上海人民出版社 2006 年版，第 406 页。

② 胡贲：《如何解"难民"这道题》，《南方周末》2009 年 9 月 3 日，http://www.infzm.com/content/34150。

第二，目前国内外学术界对国际移民组织及其移民治理的研究大多停留在事实描述层面，缺乏深刻的理论洞悉和实证研究以及有助于深化该议题的相关理论研究。

第三，对历史变迁进程中主权国家间建立国际移民组织这一正式国际组织的"预期"进行考察，有助于全面认知其功能转变和发挥的作用。国际机制是建立在一些国家对别的国家行为进行"相互预期"的基础之上的。因此，如果不考虑机制准则的主体间意义和行为标准，就不能理解机制的逻辑和作用。但目前基本上还没有经验性著作来集中研究这一"主体间意义"，这种研究需要对政府认可行为进行仔细解释。弗里德里奇·克拉斯托赫维尔（Friedrich Kratochwil）和约翰·吉拉尔德·鲁杰（John Gerard Ruggie）基于这一根本性的认识，呼吁"不仅要对非正式的机制体系进行研究，更要做一个回归，去研究正式的国际组织。研究正式的国际组织，会使学者们集中精力去分析组织发挥的这一具体功能，这样就会对主体间意义进行认真思考"①。国际关系学对国际组织的研究从 20 世纪 70 年代开始向国际制度或国际机制转移，但面临着未来全球社会组织化日趋明显的特征及解释国家对外行为动机的需要，由此，对正式国际组织的研究仍十分必要。

（三）本书的核心问题

每个国际组织成立之后，经过一段时间的发展，尽管会受到主权国家的制约，但都逐渐具有了攸关自身生存发展的自我利益诉求。国际组织的利益实现与主权国家在相关领域的合作与否密切相关。很多国际组织就是在主权国家主导的国际社会中，尽力增强自身的功能性或服务性作用，并构建出一种被大多数国家接受的"文化"。也就是说，国际组织并不具备国家行为体所拥有的枪炮、金钱及强有力的国内法基石，但它们往往通过操纵"观念、规范、信息和价值"来影响国家在全球性问题领域中的认知与行为。

本书在全球治理的视角下考察"国际移民组织在全球移民治理进程中有着怎样的影响和作用"，这是本书的核心问题。同时，进一步追问：其一，国际移民组织为何能够发挥这一作用？其二，国际移民组织如何发挥这一作用？回答这一核心问题及追问问题，就涉及以下几个子问题：

第一，非传统全球性问题呼吁国际公共物品的供给——全球治理的出现，作为国际行为体的政府间国际组织有哪些功能优势使其能在全球问题治理进程中扮

---

① ［美］弗里德里奇·克拉斯托赫维尔、约翰·吉拉尔德·鲁杰：《国际组织——治国之道的现状》，［美］莉萨·马丁、贝思·西蒙斯编，黄仁伟、蔡鹏鸿等译：《国际制度》，上海：上海人民出版社 2006 年版，第 388 页。

演重要角色？

第二，全球化进程中国际移民呈现出哪些新的特征，对国际社会提出了哪些新的挑战？国际移民问题的新挑战促进了全球移民治理的兴起，其中，国际移民组织能否应对挑战成为一个不容忽视的全球治理主体？

第三，事实上的存在并不能成为国际移民组织应该存在的理由。至今，国际移民组织历经四次易名，60余年的发展历程已远远超过了主权国家促使其成立之初的预期。它如何能够从一个地区性组织成长为全球性的国际组织？

第四，国际移民组织在全球移民治理领域进行了哪些探索？自身在国际移民治理领域有哪些基本模式和经验？

二、国内外研究现状述评和发展趋势

（一）《国际组织》杂志关于国际组织的探讨分析

《国际组织》（International Organization）杂志诞生于国际社会发生深刻变化的年代，于1947年创刊。第二次世界大战期间和战后，大量的国际组织成立。为了记录这些组织的活动，同样也是为了促进"对国际组织的比较研究、分析这些组织为什么在不同环境中能够或是不能开展活动"，世界和平基金会（World Peace Fund，简称WPF）的理事们在1946年春决定创办《国际组织》杂志，第1期于1947年2月问世。同年，以杜鲁门主义及马歇尔计划出台作为标志的美苏冷战开始。此种背景下，《国际组织》的主要任务是分析新的国际组织的形成以及可能将国际组织扼杀在摇篮中的超级大国之间争夺的状况。①

1947年到1960年代初，《国际组织》主要刊登关于联合国的机构设置及其各机构的活动，但基本上认为："联合国是一个在较小的国家之间实施强制和平的组织。与国际联盟（League of Nations）相比，除了某些技术性任务不同之外，并无二致。"②［这是创刊时利兰·古德里奇（Leland M. Goodrich）所言］到了1956年，斯坦利·霍夫曼（Stanley Hoffmann）认为，国际组织受制于"权力政治"，国际机制的增长并不能解决国际社会的高级政治问题即安全问题。③ 在50

① ［美］彼得·卡赞斯坦、罗伯特·基欧汉、斯蒂芬·克拉斯纳：《〈国际组织〉杂志与世界政治研究》，载［美］彼得·卡赞斯坦、罗伯特·基欧汉、斯蒂芬·克拉斯纳编，秦亚青、苏长和、门洪华、魏玲译：《世界政治理论的探索与争鸣》，上海：上海人民出版社2006年版，第9~10页。

② Goodrich Leland, From League of Nations to United Nations, *International Organization*, Vol. 1, No. 1, 1947, pp. 18 - 19.

③ Stanley Hoffmann, The Role of International Organization: Limits and Possibilities, *International Organization*, Vol. 10, No. 3, 1956, pp. 357 - 372.

年代中期国际关系学界进行第二次辩论时，即科学行为主义与传统主义之争时期，行为主义研究的成果得以在《国际组织》发表，然而，这些成果也局限于对联合国大会投票情况的统计分析。① 这个时期发表的文章并未摆脱冷战的阴影，在现实主义盛极一时的年代，国际组织"被国家"是极易得出的结论。②

20世纪60年代初到70年代初，国际组织研究领域最活跃的辩论集中在民族国家政治一体化的重要意义上面，其中有些以欧洲区域一体化作为分析的案例。如厄恩斯坦·哈斯（Ernst Haas）1961年提出了"国际一体化：欧洲和全球进程"，③ 1964年在《超越国家：功能主义和国际组织》一书中详细阐述了功能主义的一体化理论并以国际劳工组织为案例。④ 1966年，霍夫曼提出了"民族国家顽固不化还是衰退退化？"的问题。⑤ 1970年，《国际组织》秋季刊出版了一期讨论区域一体化的专刊。这一期的论文主要使用了行为社会科学的理论和方法来解释区域一体化成功的经验和失败的教训。⑥ 1971年夏季刊又出版了关于跨国关系的特刊。跨国公司的出现为学者的研究提供了分析的可能。这一特刊的编者希望讨论非国家行为体活动和"跨政府关系"。⑦ 约瑟夫·奈（Joseph S. Nye）和罗伯特·基欧汉（Robert O. Keohane）从跨国关系的社会现实出发，讨论了国家之间的相互依赖状态，强调了相互依赖导致的经济收益和政治代价之间的关系，并探讨了跨国关系对国家自主性的影响。⑧

---

① Arlette Moldaver, Repertoire of the Veto in the Security Council, 1946—1956, *International Organization*, Vol. 11, No. 2, 1957, pp. 261 – 274. Keith S. Petersen, The Uses of the Uniting for Peace Resolution since 1950, *International Organization*, Vol. 13, No. 2, 1959, pp. 219 – 232.

② Aleksander W. Rudzinski, Majority Rule vs. Great Power Agreement in the United Nations, *International Organization*, Vol. 9, No. 3, 1955, pp. 366 – 375. James N. Hyde, United States Participation in the United Nations, *International Organization*, Vol. 10, No. 1, 1956, pp. 22 – 34. Leland M. Goodrich, The UN Security Council, *International Organization*, Vol. 12, No. 3, 1958, pp. 273 – 287. Stanley Hoffmann, National Attitudes and International Order: The National Studies on International Organization, *International Organization*, Vol. 13, No. 2, 1959, pp. 189 – 203.

③ Ernst B. Haas, International Integration: The European and the Universal Process, *International Organization*, *Vol.* 15, *No.* 3, 1961, pp. 366 – 392.

④ Ernst B. Haas, *Beyond the Nation-state: Functionalism and International Organization*, California: Stanford University Press, 1964.

⑤ Stanley Hoffmann, Obstinate or Obsolete? The Fate of the Nation-State and the Case of Western Europe, *Daedalus*, Vol. 95, No. 3, *Tradition and Change*, 1966, pp. 862 – 915.

⑥ Regional Integration: Theory and Research, *International Organization*, Vol. 24, No. 4, 1970, pp. v – vii + 607 – 1091.

⑦ Transnational Relations and World Politics, *International Organization*, Vol. 25, No. 3, 1971, pp. i – vi + 329 – 758.

⑧ Joseph S. Nye, Jr., Robert O. Keohane, Transnational Relations and World Politics: An Introduction, *International Organization*, Vol. 25, No. 3, 1971, pp. 329 – 349.

如果说《国际组织》在 20 世纪 70 年代前主要关注"国际组织"的功能。那么，70 年代之后，越南战争超出了联合国的正式声明以及布雷顿森林体系的崩溃都对传统国际组织的结构功能提出了极大挑战。因此，国际组织的研究向国际机制（国际制度）的研究转移。国际组织研究把国际组织作为国家的依附变量研究向作为国际机制的依附变量研究转变，大大降低了把国际组织作为行为体研究的地位。国际机制的研究者认为国际组织治理效果的有效性来自于一系列规则影响的结果，而不是作为集体性的国际组织开展的工作的结果。① 随着全球化进程的加快，全球性问题日益获得关注，国际机制、国际组织在全球问题治理上的重要作用进一步凸现。

1970 年代初至今，《国际组织》刊登关注全球性问题及其全球治理机制的论文越来越多，主要关注全球性问题领域中国际机制的效用问题。1972 年的春季刊，主要探讨国际机制在环境危机治理上的作用。其中分析了现有国际机构如联合国、非政府组织以及世界气象组织（World Meteorological Organization，简称 WMO）等在环境问题上的作用，并探讨了不发达国家的环境与发展问题。② 同年 6 月在斯德哥尔摩召开的联合国人类环境会议，是环境与发展领域中规模最大、级别最高的一次国际会议。这次大会在全球环境持续恶化、发展问题日趋严重的情况下召开。从 1977 年的重构海洋机制③、1981 核扩散问题④，到 2002 年探讨货币机制的政治经济问题⑤等，既探讨了传统领域的安全问题也分析了非传统安全领域的问题。⑥ 2001 年从理性主义角度探讨了国际机制的理性设计⑦。欧盟（European Union，简称 EU）拟定并在 2004 年通过了《欧盟宪法》的最后文本，但这部欧盟大法在 2005 年 5 月和 6 月分别在法国和荷兰的全民公决中遭到否决。

① ［美］莉萨·马丁、贝思·西蒙斯：《国际制度的理论和经验研究》，［美］莉萨·马丁、贝思·西蒙斯编，黄仁伟等译：《国际制度》，上海：上海人民出版社 2006 年版，第 508 页。英文版：Lisa L. Martin, Beth A. Simmons, Theories and Empirical Studies of International Institutions, *International Organization*, Vol. 52, No. 4, 1998, pp. 729 – 757.

② International Institutions and the Environmental Crisis, *International Organization*, Vol. 26, No. 2, 1972, pp. i – vi + 169 – 478.

③ Restructuring Ocean Regimes: Implications of the Third United Nations Conference on the Law of the Sea, *International Organization*, Vol. 31, No. 2, 1977, pp. 151 – 384.

④ Nuclear Proliferation: Breaking the Chain, *International Organization*, Vol. 35, No. 1, 1981, pp. 1 – 240.

⑤ The Political Economy of Monetary Institutions, *International Organization*, Vol. 56, No. 4, 2002, pp. 693 – 910.

⑥ International Regimes, *International Organization*, Vol. 36, No. 2, 1982, pp. 185 – 510.

⑦ The Rational Design of International Institutions, *International Organization*, Vol. 55, No. 4, 2001, pp. 761 – 1103.

2005年秋季刊刊发了一期欧盟的社会化与机制研究特刊。① 这段时期的国际组织研究已远远超出了对具体国际组织结构和功能的讨论，开始从理论层面上探讨国际组织形成的规则和机制在影响国家行为体行为及全球性问题治理方面的一般性规律。

新现实主义与新自由主义围绕国际机制展开交锋的时候，1982年《国际组织》出版了一期国际机制特刊②。1980年代后期，《国际组织》也参与了理性主义与建构主义之间的辩论。1987年，亚历山大·温特（Alexander Wendt）发表《国际关系理论中的行动者—结构问题》的论文，对理性主义的国际体系结构和行动者之间的静态描述提出批判，提出了行动者与结构是互构的动态进程。③ 1989年，大卫·德斯勒（Dvid Dessler）发表《行动者—结构辩论中至关重要的问题》，在批评结构现实主义的基础上，进一步提出身份转化的问题，认为肯尼思·华尔兹（Kenneth Neal Waltz）的结构现实主义理论是静态理论，而静态结构是无法具有转化型理论内涵的。④ 1992年温特再发表的《无政府状态是国家建构的：权力政治的社会建构》⑤，成为主流建构主义的代表。建构主义不再仅局限于国际制度影响国家行为的研究层面，还过渡到了建构国家身份、利益和影响国家偏好上。温特的论争更多集中在概念、理论层面，经验的维度在建构主义理论的发展中相对缺位。但1993年玛莎·费丽莫（Martha Finnemore）发表《国际组织是国际规范的指导者：联合国教科文组织与科学政策》一文，进行了经验性研究。⑥ 1998年《国际组织》创刊50周年时出版了一期专刊，回顾了《国际组织》50年来走过的历程及学术内容。最重要的是这一期分别刊登了理性主义、建构主义以及两者之间比较与借鉴的论文。⑦ 这段时期关于国际组织的研究，已经表明国际组织能够作为一个独立实体发挥重要作用。

① International Institutions and Socialization in Europe, *International Organization*, Vol. 59, No. 4, 2005, pp. 801 – 1079.

② International Regimes, *International Organization*, Vol. 36, No. 2, 1982, pp. 185 – 510.

③ Alexander Wendt, Structure – Agent Problem in International Relations Theory, *International Organization*, Vol. 41, No. 3, 1987, pp. 335 – 370.

④ David Dessler, What's at Stake in the Agent – Structure Debate?, *International Organization*, Vol. 43, No. 3, 1989, pp. 441 – 473.

⑤ Alexander Wendt, Anarchy Is What States Make of Tt: The Social Construction of Power Politics, *International Organization*, Vol. 46, No. 2, 1992, pp. 391 – 425.

⑥ Martha Finnemore, International Organizations as Teachers of Norms: The United Nations Educational, Scientific, and Cultural Organization and Science Policy, *International Organization*, Vol. 47, No. 4, 1993, pp. 565 – 597.

⑦ Peter J. Katzenstein, Robert O. Keohane, Stephen D. Krasner, International Organization at Fifty: Exploration and Contestation in the Study of World Politics, *International Organization*, Vol. 52, No. 4, 1998, pp. i – xviii + 645 – 1061. ［美］彼得·卡赞斯坦、罗伯特·基欧汉、斯蒂芬·克拉斯纳编，秦亚青等译：《世界政治理论的探索与争鸣》，上海：上海人民出版社2006年版。

（二）　关于国际移民组织基本情况的文献

这部分文献主要涉及对国际移民组织的宗旨、发展战略、机制构成、活动内容等方面的介绍和分析。这些文献主要来自国际移民组织颁布的官方文件和国际移民组织的官方网站。

1．关于国际移民组织的宗旨、发展战略、评估体系等的文献

《国际移民组织的章程》（Constitution of IOM）中规定了国际移民组织的宗旨与功能、成员国的权利与义务、组织构成、法律地位以及资金来源等内容。国际移民组织的战略从1995年开始确立，即"走向21世纪的国际移民组织的战略计划"，后来在理事会上通过备案，即"国际移民组织未来的活动"①；2002年理事会讨论了组织的发展方向，2003年和2004年同样对国际移民现实以及国际移民组织的战略发展方向作出了详细的分析与概括。② 2007年的"国际移民组织的战略"中提到国际移民组织的战略以及机构改革财政预算，仍围绕落实国际移民组织的宗旨。③ "2009年计划与财政预算"文件中重新对前几个尤其是2007年的国际移民组织的战略作了强调。④ 2009年2月，对2008年的国际移民组织发展战略进行了肯定。⑤ 以上文献基本上围绕着国际移民组织的宗旨，即通过与各国合作处理移民问题，确保移民有秩序地移居接收国。为了更好地对国际移民组织实施的项目计划进行评估，1990年代理事会就已开始确立相应的评估标准。

2．关于机制构成及其改革的文献

1953年欧洲移民问题政府间委员会章程规定了组织的管理机构即理事会、执行委员会与行政署。现行章程是在1953年基础上进行修订的，其中规定了各个机构的权利与责任。⑥ 理事会仍旧是政策、战略及管理决定的主要管理机构；执委会不能被强化与扩大，否则必须被2/3以上的成员国批准。任何领导机构应该保证组织的灵活性与应变性。非正式的讨论作为促进讨论与理解的有效方式也应该放在制度框架内，作为主要领导机构的补充。章程也规定了建立计划与财政

① IOM，No. 923（LXXI），Future Activities of IOM，1995.

② IOM，MC/INF/262，Note on IOM Strategy：Current and Future Migration Realities and IOM's Role，2003. IOM：MC/INF/274，IOM Strategy：Current and Future Migration Realities and IOM's Role，2004.

③ IOM，MC/INF/287，IOM Strategy，2007.

④ IOM，MC/2258，Programme and Budget for 2009，2008.

⑤ IOM，Migration Initiatives Appeal 2009，2009，p. 4.

⑥ IOM，No. 2807，Constitution of the Intergovernmental Committee For European Migration（1953章程）. 1987 Constitution Amendments of the Constitution of 1953（1987年修订章程）. Constitution of IOM（现行章程）.

常设委员会、废除预算与财政的次级委员会。①

以上这些文本材料可以使我们对国际移民组织的基本情况、其满足世界需要的战略定位以及逐步适应外部变化保持其移民治理能力的改革有所认知。

3．国际移民组织关于"理解移民与移民治理"的文献

"理解移民"，对移民、难民、流离失所者等群体的内涵作了分析和把握（基本上与国际法律规范保持一致），并对移民的优势与不足作了分析。"移民治理"内容主要包括"移民与发展、促进移民、规范移民、强迫移民（用来描述存在胁迫成分的移徙活动，包括威胁生命和生存，不管是由于自然还是人为的原因。例如，将难民、国内流离失所者和因自然或环境灾难、化学或核灾难、饥馑或发展项目的原因而离开的人进行迁移）"（Migration and Development，Facilitating Migration，Regulating Migration，Forced Migration）等四个方面。② "一个综合性管理移民的方法"文件中提到对"移民过程"的解释、管理移民的综合性方法及对国家制定移民政策的一致性提出了建设性的意见。③

4．关于国际移民组织的移民治理活动的文献

国际移民组织参与的活动主要基于其章程中规定的功能及国际移民组织战略计划中所涉及的一些活动。国际移民组织的理事会、执委会的会议报告、总干事的年度总结、国际移民杂志等对国际移民形势、国际移民组织的主要活动内容等作了总结。在"紧急情况与冲突后的反应（1990—2001年）"报告文件提到在1990—2001年间组织进行了29次主要的紧急情况与冲突后活动，费用达到4.83亿美元，惠及8 200万人。④ 因此，国际移民组织已经发展出一个应急与冲突后计划，成为在该领域一个重要的国际援助合作者。

（三）国内外关于国际移民组织的相关学术研究述评

1．国内关于国际移民组织的相关研究

目前，国内关于国际移民组织的相关研究成果较少，散见于一些论文之中。其中周聿峨的《试析国际移民组织与中国的关系》⑤，提到了国际移民组织的基本功能，重点分析了在移民全球化进程中加强双方关系的必要性。基于篇幅，文章对国际移民组织只是作了一般性的介绍，没有进行深入探讨。徐军华的博士论

① IOM，MC/INF/287，IOM Strategy，2007.

② IOM，MC/2258，Programme and Budget for 2009，2008.

③ IOM，MC/INF/255，Elements of a Comprehensive Migration Management Approach，2002.

④ IOM，MC/INF/249，Emergency and Post – conflict Response（1990—2001），2002.

⑤ 周聿峨：《试析国际移民组织与中国的关系》，《东南亚研究》2005 年第 1 期。

文《非法移民的法律控制》①，主要从国际、国内法角度探讨非法移民的控制问题，其中在探讨移民治理时提到了国际移民组织的功能，指出"作为全球唯一的在移民领域的专门性国际组织，国际移民组织凭借其在移民领域的专业管理经验，进行国际移民和非法移民问题的研究，推动国际移民的国际性对话，帮助移民实现合法自由迁徙的愿望并为国际移民提供专业服务和咨询，在国际移民领域发挥了越来越重要的作用"。由于该文主要是从法律角度探讨非法移民问题的，故对国际移民组织只是概括性的介绍，并未过多着墨。笔者认为作者所作的"全球唯一的"论断有些偏颇，本书通过考察明确了该组织应该作为移民领域"主要的"而非"唯一的"组织。

　　2. 国外关于国际移民组织的相关研究

　　第一，关于国际移民组织功能、作用的研究文献。

　　安东尼·特拉威克·波斯凯恩（Anthony Trawick Bouscaren）创作于 1963 年的《1945 年以来的国际移民》一书，由于写作时间的有限性，书中仅描述了欧洲移民问题政府间委员会（国际移民组织的前身）的功能和贡献。②

　　米里亚姆·费德拉姆（Miriam Feldblum）的《国际移民的运输及服务的产生》一文，运用一手资料分析了国际移民组织早期活动的内容。③

　　理查德·裴如德（Richard Perruchoud）作为国际移民组织的法律顾问，1989 年发表《从欧洲移民政府间委员会到国际移民组织》一文，描述了组织演变至今的历史过程。④ 他于 1992 年又发表了《那些被国际移民组织帮助的人以及该组织为哪些人提供服务》一文，在分析了国际法规范中的难民、移民、庇护、流离失所者含义的基础上探讨了国际移民组织根据其修订的章程为这些移民个体提供服务的功能。⑤

　　玛丽安·杜卡斯·罗杰（Marianne Ducasse - Rogier）的《国际移民组织》（1951—2001）是研究该组织的代表性著作。此书是为庆祝国际移民组织成立 50

---

　　① 徐军华：《非法移民的法律控制》，华中科技大学博士学位论文，2005 年。后出版《非法移民的法律控制问题》（华中理工大学出版社 2007 年版）一书。

　　② Anthony Trawick Bouscaren, *International Migrations since* 1945, Michigan：University of Michigan Press, 1963.

　　③ Miriam Feldblum, Passage - Making and Service Creation in International Migration, *International Studies Association 40th Annual Convention*, 1999.

　　④ Richard Perruchoud, From the Intergovernmental Committee for European Migration to the International Organization for Migration, *International Journal of Refugee Law*, Vol. 1, Issue 4, 1989, pp. 501 - 517.

　　⑤ Richard Perruchoud, Persons Falling under the Mandate of the International Organization for Migration (IOM) and to Whom the Organization May Provide Migration Services, *International Journal of Refugee Law*, Vol. 4, No. 2, 1992, pp. 205 - 215.

周年而作，按照历史顺序概括了国际移民组织在不同历史时期的移民治理活动。① 由于本书写于 2001 年，距今已有十余年。十余年间，国际移民组织的职能和作用又发生了新的变化。该书对该组织进行历史与现实的分析，突出了国际移民组织的工作内容和贡献，但缺乏理论的分析与解释。

第二，关于国际移民组织与联合国难民署之间关系的文献。

瑞克·克锐尼（Rieko Karatani）的《历史是如何把难民与移民机制分开的：它们的制度渊源探寻》一文，运用较多史料探究了"二战"后美国与国际劳工组织在建立关于移民的国际组织上的争论过程，最后得出当今移民与难民机制分属于两个不同机制的原因是"人为"的结果。②

艾利·杰罗姆（Elie Jér·me）的《联合国难民署与国际移民组织之间合作的历史根源》一文论述了联合国难民署与国际移民组织之间的竞争，最后得出合作是两者关系发展主流的结论。③

综合观之，国际移民组织已逐渐成为学者关注的对象。国外研究主要注重历史资料的整理，并开始探讨国际移民组织在移民治理领域中的功能；国内研究目前还处于介绍性阶段，对国际移民组织在全球移民治理中的角色、功能等进行系统研究的文献处于相对不足的状态。学理上对国际移民组织的探讨也相对有限，诸如"国际移民组织为何从一个临时性组织发展到今天这个规模？国际移民组织如何参与全球移民治理？"等此类问题在现有研究文献中表现得较为薄弱。但以上成果仍为本书提供了较为丰富的资料。

（四）关于"国际移民治理"（涵盖国际移民组织与国际移民治理关系）的相关文献述评

"全球治理"一词在 1990 年代被提出后得以广泛使用，但针对移民问题，并未统一使用"全球治理"这一术语。无论是学者还是国际组织的分析均交叉使用"国际移民管理"（International Migration Management）与"国际移民治理"（International Migration Governance）。就移民问题而言，如果非要区分的话，管理是指在具体实施层面通过具体措施约束人口移徙，实现移徙顺利的预期；治理指的是在一定的制度框架下通过运用一定的权力来实现人口有秩序的移徙。本书认为二者既有区别也有联系，其内涵要结合具体语境而论。"国际移民治理"着眼

① Marianne Ducasse-Rogier, *The International Organization for Migration*（1951 – 2001），Geneva：IOM，2001.

② Rieko Karatani, How History Separated Refugee and Migrant Regimes：In Search of Their Institutional Origins, *International Journal of Refugee Law*, Vol. 17, Issue 3, 2005, pp. 517 –541.

③ Elie Jér·me, The Historical Roots of Cooperation between the UN High Commissioner for Refugees and the International Organization for Migration, *Global Governance*, Vol. 16, Issue 3, 2010, pp. 345 – 360.

于机制架构、平台搭建，是有效管理的基础；"国际移民管理"着眼于具体实施、组织协调，是有序治理的延伸。相对于计划、组织、控制、协调的动态过程和人口移徙有序的目标而言，管理与治理此时有着同样的语义。又考虑到在《现代汉语词典》中"管理"为"照管、约束、负责"的意思，"治理"包含"统治、管理"①的意思，因此本书把移民管理的文献统一放到移民治理的研究文献述评之中。

1. 国外关于国际移民治理的相关研究

（1）学者的分析：第一，国际移民治理必要性的研究文献。

由菲利普·马丁（Philip L. Martin）、苏珊·马丁（Susan Forbes Martin）、帕特里克·韦伊（Patrick Weil）合著的《管理移民：合作的前提》一书，通过分析移民带来的挑战和机遇强调了加强移民管理的必要性。本书通过分析欧盟移民状况、移民与欧洲—非洲关系以及美洲移民管理合作情况等案例，得出尽管移民治理没有统一模式，需视情况而定，但是国际移民带来的挑战与机遇均可得出全球移民管理的迫切性这一结论。②

亚历山大·贝茨的（Alexander Betts）《全球移民治理》一书界定了全球移民治理的内容，通过"全球移民治理机构、全球移民治理政治、全球移民治理规范"三大部分来分析全球移民治理的现实。其中在探讨全球移民治理机构时，认为国际移民组织只是一个服务性组织，没有获得国际社会的广泛授权，因此限制了其自主性的发挥。③

马尔其·塞尔吉奥（Marchi Sergio）的《全球治理：移民的下一个边界》一文，认为国际移民的全球治理尽管在目前来看并不乐观，但是随着全球相互依赖的加深，国家在探讨国际经济、贸易、环境等问题时都不可能把国际移民问题"剥离"开来，并介绍了在国际天主教移民委员会（International Catholitic Migration Commission）召开的会议中国家对于国际移民及其全球治理必须关注的一些问题及内容，认为该委员会还将在探讨国际移民全球治理问题上起着重要作用。④

第二，国际移民治理个案分析的研究文献。

艾莲娜·佩乐茵（Hélène Pellerin）的《经济一体化和安全：国际移民管理

---

① 中国社会科学院语言研究所词典编辑室编：《现代汉语词典》（第 5 版），北京：商务印书馆 2005 年版，第 505、1758 页。

② Philip L. Martin, Susan Forbes Martin, Patrick Weil, *Managing Migration：The Promise of Cooperation*, Kentucky：Lexington Books, 2006.

③ Alexander Betts ed., *Global Migration Governance*, Oxford：Oxford University Press, 2011.

④ Marchi Sergio, Global Governance：Migration's Next Frontier, First published by *Royal Institute for International Relations*, 2004, http：//www. irri-kiib. be/paperegm/ep2. U561. pdf；Then published in *Global Governance*, Vol. 16, Issue3, 2010, pp. 323–329.

的新因素考察》一文以欧盟与北美为例探讨了国际移民多边管理的趋势，认为经济一体化与经济安全成为国际移民管理的两大重要因素。她同时指出了由于欧洲有较多的关于移民治理的机构如欧洲委员会（European Commission）、欧洲安全合作组织（the Organization for Security and Co-operation in Europe，简称 OSCE）等，因此，国际移民组织在亚洲区域合作治理移民进程中扮演关键角色而在欧洲移民区域治理进程中扮演相对不积极的角色。[①]

罗密欧·马特沙（Romeo Matsas）的《国际移民的全球治理：以比利时为例》一文首先分析了比利时存在的国际移民治理困境，然后分析了国际层面、国内层面展开的移民治理。[②] 2008 年他又发表了《移民与发展全球论坛：全球治理的新途径》一文，主要对建立"移民与发展全球论坛"的概念、移民与发展融合的制度框架性以及现实性、必要性进行了分析，最后得出结论："移民与发展全球论坛"是全球移民治理的一个新方法。[③] 罗密欧的这两篇论文均以案例分析为主，探讨国际移民的全球治理。

第三，国际移民治理与其他领域治理相互借鉴的研究文献。

杰西卡·格林（Jessica Green）的《环境与移民的全球治理：我们能学到什么?》一文，主要探讨了与环境全球治理相对比，移民全球治理存在的不足。文章指出可以学习全球环境治理的一些方面，如设置议程、限定问题等，从而提高全球移民治理的水平。[④]

第四，国际移民治理机制建设、模式的研究文献。

凯瑟琳·纽兰的《国际移民治理：机构、进程与制度》一文，通过分析"自上而下和自下而上"的国际治理理念如何适用于国际移民领域，探讨了一些国际机构、特设论坛在全球移民治理中的作用，并提出设立国际移民治理新机构的建议（成立新的机构、把国际移民组织合并到联合国等）。文章同时指出国际

---

① Hélène Pellerin, Economic Integration and Security: New Key Factors in Managing International Migration, *Immigration and Refugee Policy*, Vol. 10, No. 6, 2004.

② Romeo Matsas, *Note on the Global Governance of International Migration: A Belgian Perspective*, On June 12, 2006, the Royal Institute for International Relations (IRRI-KIIB), in partnership with the Belgian Federal Public Service for Foreign Affairs, organized an expert seminar on the global governance of international migration. http://www.egmontinstitute.be/speechnotes/06/060612-Migration/Program.htm; the present note is based on this seminar's proceedings but also draws on other sources. Its content is not necessarily attributable to the experts having participated in the seminar nor does it involve any endorsement from the Belgian authorities.

③ Romeo Matsas, The Global Forum on Migration and Development: A New Path for Global Governance?, Paper Presented at the 2008 ACUNS (Academic Council on United Nations System, 联合国系统学术委员会，联学委) Annual Meeting, 2008.

④ Jessica F. Green, Global Governance for Migration and the Environment: What Can We Learn from Each Other?, *GCIM*, No. 46, 2005.

移民组织仅是联合国体系之外为其成员国提供服务（service – provision）的组织，并论述了该组织进入新千年之后拓展其全球移民治理的范围，尝试成为一个全球移民治理主体所作的努力。①

雷伊·考斯洛斯基（Rey Koslowski）2004 年和 2008 年相继发表了 2 篇相关论文：《构建流动与安全的国际制度的可能性》② 和《全球流动与国际移民机制的需要》③。后一篇论文是在前一篇论文观点基础上写就的。该论文试图探讨国际移民机制构建的可能性、必要性和现实性。

贝莫·戈什于 2000 年主编的《管理移民：是时候建立新的国际机制?》共收录了 9 篇论文。主编本人开篇探讨"有秩序移民的新的国际机制"；马克·米勒（Mark Miller）探讨了冷战后国际关系中的国际移民，其他论文则将国际移民的国际法权利、冷战后的被迫移民等作为研究的对象。④ 贝莫·戈什发表于 2007 年的《管理移民：一个缺失的国际机制》一文，分析了国家打开国门和关闭国门的利弊，认为两者都不现实，建议应该管理移民和规范开放政策。作者提出构建由"共享目标、规范框架和协调机制安排"等 3 个方面组成的国际移民机制。⑤

米歇尔·卡莱茵·所罗门（Michele Klein Solomon）的《通过政府间协商机制管理国际移民》一文，通过阐述国际移民的特点及评价当下的移民治理模式，分析了区域磋商机制、国际移民组织框架下的国际移民论坛、伯尔尼倡议的优缺点。最后得出结论：国家间的磋商机制有助于促使国家及利益相关方协调一致并增强移民治理的有效性。⑥

（2）国际组织或研究机构关于国际移民治理的观点：凯瑟琳·纽兰（Kathleen Newland）与迪麦仇斯德米特里奥斯·帕帕迪麦秋（Demetrios Papademetriou）

---

① Kathleen Newland, The Governance of International Migration: Mechanisms, Processes and Institutions, *GCIM*, 2005. 这篇文章是提交给国际移民全球委员会的工作报告，后在《全球治理》杂志上发表。Kathleen Newland, The Governance of International Migration: Mechanisms, Processes and Institutions, *Global Governance*, Vol. 16, Issue3, 2010, pp. 331 – 343.

② Rey Koslowski, Possible Steps towards an International Regime for Mobility and Security, *Global Migration Perspectives*, No. 8, 2004.

③ Rey Koslowski, Global Mobility and the Quest for an International Migration Regime, in *Conference on International Migration and Development: Continuing the Dialogue · Legal and Policy Perspectives*, the Center for Migration Studies (CMS) and the International Organization for Migration (IOM), New York, 2008.

④ Bimal Ghosh ed. , *Managing Migration: Time for a New International Regime?*, Oxford: Oxford University Press, 2000.

⑤ Bimal Ghosh, Managing Migration: A Missing Regime?, in Antoine Pécoud, Paul F. A. Guchteneire eds. , *Migration without Borders: Essays on the Free Movement of People*, UNESCO /Berghahn Books, 2007, pp. 97 –118.

⑥ Michele Klein Solomon, International Migration Management through Inter-State Consultation Mechanisms, *Prepared for United Nations Expert Group Meeting on International Migration and Development*, 2005.

提交到加州大学"全球冲突与合作研究院"（UC Institute on Global Conflict & Cooperation, IGCC）的报告——《管理国际移民：一个逐渐显现的国际机制？》，通过分析20世纪90年代西方工业国家在移民政策与实践上的变化即移民控制政策更为严格，说明国家对难民、移民的反应被融合进对国际难民机制的质疑，预示着一个新的移民机制的诞生。最后得出结论：由于缺乏统一的移民标准、规范、原则，这一新的机制建设尚早。在未来，国家应该制定减少对移民、难民权利侵犯的法规。①

2004年，英国皇家学会在"全球治理：下一个边界"报告中认为"全球治理"已被广泛使用，却出现滥用的状况，因此该文是为了明确其内涵而作。通过分析社会和治理的关系总结了全球治理的原则，如全球治理不是建立一个新政府而是需要规则和制度，即一种多层次的治理。报告还分析了全球治理是为了提供公共物品，如国际稳定与安全、国际法秩序、开放包容的世界经济体系、全球福利、共同打击犯罪、阻止国内和地区冲突的责任等。至于国际移民问题，则认为移民来源国和接受国都不可能单独应付数以百万国际移民跨国迁移带来的挑战，只有通过共同努力，并认为加迪什·巴格瓦蒂关于建立一个世界移民组织的建议值得考虑，国际移民组织、国际劳工组织、联合国难民署应辅助该组织的运作。②

国际移民问题全球委员会（Global Commission International Migration，简称GCIM）于2005年发布了一份报告，认为在国际移民领域，治理有多种形式，包括移民政策和个别国家的计划、国家间的讨论和协议、多边论坛和磋商机制、国际组织的活动以及国际法律和规范。同时探讨了国家间的讨论和协议、多边论坛和磋商机制、国际组织的活动以及国际法律和规范等形式的关系。提出了国际移民治理包含4个挑战：国家层面的政策连贯性、政策制定与实施的一致性、能力的强化和国家间的进一步合作。国际移民问题全球委员会支持多边治理，最后提出解决途径：创建一个新机构、合并国际移民组织与难民署以及国际移民组织加

---

① Kathleen Newland, Demetrios G. Papademetriou, Managing International Migration: Elements of an Emerging International Regime?, 2009, http://igcc. ucsd. edu/research/IDDC/immigration/presentations/Newland. pdf。这篇论文是作者提交给"全球冲突与合作研究院"的工作报告，该研究院隶属于加州大学，它致力于通过研究及教学活动重点培养解决国际问题及保持和平的下一代。研究主要涉及能够阻止全球冲突、促进和平的安全、环境和经济政策。

② Royal Institute for International Relations, Global Governance: The Next Frontier, Egmont Papers, Brussels: Academia Press, 2004.

入联合国以创建一个国际移民的全球性机构。①

2006 年联合国召开国际移民与发展的高级论坛，发布了《全球化和相互依存：国际移民与发展》的报告，其中强调国家与移民相关目标的核心利益，增强国际移民发展的影响；保证正规途径的移民；提供移民权利的保障等。在制度框架下，增强全球移民组织的作用，组建一个成员国主导、UN 支持的协商论坛，讨论国际移民、分享国家经验以及利害相关者都能参与的国际组织。② 论坛仅发布了一份报告，并未达成有约束力的协议。参与者都未料到这次会议之后全球成立了"移民与发展全球论坛"（Global Forum on Migration and Development，简称 GFMD）。该论坛至今已召开 6 次会议：第一次，布鲁塞尔（2007 年）；第二次，马尼拉（2008 年）；第三次，雅典（2009 年）；第四次，墨西哥（2010 年）；第五次，瑞士（2011 年）；第六次，毛里求斯（2012 年）。③

乔治敦大学国际移民研究院（Institute for the Study of International Migration，简称 ISIM）的国际移民治理研究。ISIM 建议政府与国际组织建立有效提高移民治理合作效率的机制，与国际移民组织合作为瑞士提供国际移民的法律框架。认为移民治理主要集中在两个方面：一是规范性的法律框架；二是国际移民治理的组织机构。现存的国际法律规范提供了有益的规范和法律框架贡献，如管理人们跨境迁移的权力、国际移民的权利和责任、管理国际移民的国家合作。然而，国际法和国际准则的差距仍然存在，国际迁移便利化和控制"不受欢迎"运动之间的紧张关系（特别是与安全有关的问题）继续引起各国政府的重视，但很难保持适当的平衡。至于移民治理的国际机制，ISIM 将研究放在多边、地区以及国家层面的治理模式上。④

国际移民组织的研究报告。从 2000 年至今，每隔两到三年，国际移民组织就发布关于世界移民的报告："2000 年世界移民报告"⑤；2003 年"管理移民：

---

① Migration in an interconnected world：New Directions for Action, Report of the Global Commission International Migration, 2005. http://www.gcim.org/en/finalreport.html；2003 年 12 月 9 日，在前 UN 秘书长安南的号召下在日内瓦成立了国际移民问题全球委员会（Global Commission on International Migration），由 19 位以个人身份出任的专家委员组成，得到了 30 多个国家政府的支持。该委员会的任务是把国际移民问题提到全球政策议程上，分析目前研究移民方法之间的空白，检视移民和其他全球性问题之间的相互联系，并向秘书长和其他利益相关者提出适当的建议。委员会的报告和建议为联合国大会国际移民和发展问题高级别对话提供了关键性助力，http://www.gcim.org。

② UN, A/60/871, Globalization and Interdependence：International Migration and Development , 2006.

③ Annual GFMD Themes, http://www.gfmd.org/en/process/annual-themes, 2013.

④ Institute for the Study of International Migration（ISIM）, Projects on Migration and Development and Governance of International Migration, http://www.un.org/esa/population/meetings/seventhcoord2008/P14_ISIM.pdf. 该研究院属于乔治敦大学，其对国际移民进行了大量的研究，详细参见其主页：http://www12.georgetown.edu/sfs/isim/pages/Research1.html。

⑤ IOM, World Migration Report 2000.

流动中人口的挑战与回应"① 报告；"2005 年的世界移民报告：国际移民的成本与收益"②；"2008 年世界移民报告：全球经济演变中移民劳工流动的管理"③；"2010 年世界移民报告之移民的未来——塑造变革的能力"④；"2011 年世界移民报告之关于移民的有效沟通"⑤；"2013 年世界移民报告之移民的幸福与发展"⑥。这些报告提供了关于当下国际移民新趋势、新问题及其治理状况的内容。

2. 国内关于国际移民治理的相关研究

从国内研究来看，主要侧重于以下三个方面：

一是研究中国非法移民治理问题的文献。如王显峰的《当代中国非法移民研究》⑦ 和吴化的《全球化与中国非法移民问题的治理》⑧ 等。

二是解释和介绍西方国家、欧盟移民治理状况的文献。如陈志强、赵梓晴的《德国移民问题的形成与治理》⑨、陈志强的《全球化语境下的欧洲化移民治理困境》⑩、宋全成的《欧洲移民研究：20 世纪的欧洲移民进程与欧洲移民问题化》⑪、文峰的《欧盟非法移民治理研究》⑫ 以及王彩波、曾水英的《移民难题、公共治理与政策选择——全球化背景下的欧盟移民问题探析》⑬ 等。

三是有关移民法律法规的文献。如徐军华的《非法移民的法律控制问题》、翁里的《国际移民法理论与实践》⑭、刘国福的《移民法：国际文件与案例选编》⑮ 等。

总体而言，国际移民治理的研究仍处于初级阶段。学者对移民治理的分析基本上是在进入新千年之后开展起来的，而且这些学者中很多都在国际组织任职，更多讨论则来自于国际组织关于移民治理的研究与报告，这也是新千年之后

---

① IOM, World Migration Report 2003：Managing Migration—Challenges and Responses for People on the Move.

② IOM, World Migration Report 2005：Costs and Benefits of International Migration.

③ IOM, World Migration Report 2008：Managing Labour Mobility in the Evolving Global Economy.

④ IOM, World Migration Report 2010：Future of Migration：Building Capacities for Change.

⑤ IOM, World Migration Report 2011：Communicating Effectively about Migration.

⑥ IOM, World Migration Report 2013：Migrant Well-being and Development.

⑦ 王显峰：《当代中国非法移民研究》，暨南大学博士学位论文，2004 年。

⑧ 吴化：《全球化与中国非法移民问题的治理》，《太平洋学报》2007 年第 12 期。

⑨ 陈志强、赵梓晴：《德国移民问题的形成与治理》，《上海商学院学报》2010 年第 2 期。

⑩ 陈志强：《全球化语境下的欧洲化移民治理困境》，《华东经济管理》2010 年第 10 期。

⑪ 宋全成：《欧洲移民研究：20 世纪的欧洲移民进程与欧洲移民问题化》，济南：山东大学出版社 2007 年版。

⑫ 文峰：《欧盟非法移民治理研究》，广州：暨南大学出版社 2012 年版。

⑬ 王彩波、曾水英：《移民难题、公共治理与政策选择——全球化背景下的欧盟移民问题探析》，《河南社会科学》2008 年第 2 期。

⑭ 翁里：《国际移民法理论与实践》，北京：法律出版社 2001 年版。

⑮ 刘国福：《移民法：国际文件与案例选编》，北京：中国经济出版社 2009 年版。

的事。

由此来看，国际移民治理思想被国际组织推动，并被国际组织发展成为其官方理论和哲学。在加强国际移民治理模式的探讨中，国家的、区域的以及全球的模式成为学者们分析的主要维度。在探讨国际移民治理的分析中，学者们也分析了国际移民组织在国际移民治理中扮演（试图或应该承担）的角色，结论大都一致认为这一组织现有的规模及特点不能使其成为全球移民治理制度的组织载体。①

（五）现有研究存在的问题及研究趋势

1. 研究中存在的问题

第一，学理上，国外研究虽已探讨了国际移民组织在移民治理领域中的功能，但主要注重历史资料的整理；国内研究目前处于介绍性阶段，对该组织在全球移民治理进程中的角色、功能、移民治理经验等进行系统研究的成果处于空白。

第二，国外对国际移民治理的研究着重于更为宏观层面的研究与把握——探讨全球移民治理的机制建设问题，对国际移民治理的内在机理研究相对宽泛；国内研究着重于中国和西方国家移民治理的现实和移民法律法规的介绍和解释，主要是把移民作为一种国内因素来看待，缺少全球治理的高度，且较少结合中国国内外来移民的治理现状及为其提供的借鉴。

第三，国际移民组织在全球移民治理进程中的地位与作用，相关文献虽有涉及，但并未深入探讨。因此，仍需进一步进行理论与实证上的分析。

第四，全球移民制度研究仍处于讨论期。国际社会能否建立一个国际移民治理制度？如果能，其动力机制、模式、内涵有哪些？制约因素是什么？应朝着哪个方向发展？这些问题都是应该重新再定位及再思考的问题。

以上有关国际移民组织及国际移民治理的研究虽有不足，但为未来研究预留了空间，并为之奠定了基础。

2. 研究趋势

第一，伴随着移民问题在国际政治议程上的比重日益增加及国际移民组织影响力的提升，从学理上对国际移民组织研究将会进一步深化。

第二，国际移民组织的移民治理模式及其加强移民问题治理的措施、具有的

---

① Kathleen Newland, Demetrios G. Papademetriou, *Managing International* Migration: Elements of an Emerging International Regime?, 2009, pp. 6 – 7, http://igcc. ucsd. edu/research/IDDC/immigration/presentations/Newland. pdf. Kathleen Newland, The Governance of International Migration: Mechanisms, Processes and Institutions, *Global Governance*, Vol. 16, Issue 3, 2010, p. 332.

移民治理经验及对中国的启示、国际移民组织未来发展的制约性因素等问题，仍需大量实证性的考察。

第三，对国际移民治理的主体、模式及其效果的研究，以及西方国家、国际组织的移民治理经验对中国的启示将成为进一步研究的对象。

第四，在国际移民领域中的其他国际组织与国际移民组织之间在功能、作用上的一致与冲突，会成为学者研究的一个兴趣点。探讨国家之间的纷争与合作早已不是新鲜话题，而探讨相同或相似功能领域国际组织之间的纷争与合作却是学术界常忽略的一个问题。正如美国学者入江昭所言："国际组织发展如此迅速，所以不难想象，它们之间的相互关系可能会呈现出一种无政府状态。"① 故探讨并重视它们之间的关系将有助于避免这种"无政府状态"的发生。

第五，关于全球移民治理制度建设的探讨不会停止，仍会持续下去。学理上的探讨与国际社会的现实如何紧密联系在一起，并提出有效建构国家比较认同的关于移民问题的"共有知识"的途径，关于国际移民的研究不应仅仅停留在"纸上"，而应更加注重现实的考量。目前来看，国家之间容易解决的问题，就极少寻求国际制度。然而，联合国难民署及国际移民组织在处理难民问题上给予国家不少期待。国际劳工组织亦能为国家处理和保护在国外的本国劳工的合法权益方面提供建议与帮助。这一系列事实表明，国家与国际组织在移民领域有合作的利益基础，制度建设有其必要性、可能性的一面。

三、相关术语界定

1. 国际组织

《国际政治大辞典》对此给了一个普遍认可的概念及分类："广义的国际组织包括政府间国际组织和非政府间国际组织。政府间国际组织是若干国家为了特定目的以条约为依据而建立起来的一种常设组织。非政府间国际组织是不同国家间的个人或团体结成的组织。狭义的国际组织仅指政府间国际组织。"② 本书使用狭义上的概念，国际组织指的是"政府间国际组织"。

2. 移民、迁移与国际迁移、国际移民

在国际层面上，尚不存在普遍接受的有关移民（Migrant）的定义。根据国际移民组织的《移徙词汇》："移民这个术语通常被理解为包括如下所有情况：

---

① ［美］入江昭著，刘青、颜子龙、李静阁译：《全球共同体：国际组织在当代世界形成中的角色》，北京：社会科学文献出版社 2009 年版，第 200 ~ 201 页。

② 刘金质、梁守德、杨淮生主编：《国际政治大辞典》，北京：中国社会科学出版社 1994 年，第 31 页。

相关个人出于'个人便利'的原因，而非出于外部强迫因素的干预，自由做出移徙的决定。此术语因此适用于为提高物质或社会条件、改善本人或其家庭的发展前景，而迁移至其他国家或地区的人员和家庭成员。"① 很明显，这里指的是"正规移民"，不包括非正规移民。而且这是将"移民"作为一个特定群体在名次意义上的理解。如果将"移民"作为一种行动来理解，就是指跨越国际边境或在一国内部进行迁移的过程。② 迁移（Migration）指的是人口的流动，包括各种人员的迁移，不管时间长短、组成和原因；也包含难民、流离失所人员、背井离乡人员和经济移民的移徙。国际迁移（International Migration）是指离开原籍国或惯常居住国的人的迁移，目的是在他国永久或临时居住下来。因此，国际迁移时需要穿越国际边界。国际移民（International Migrants）是指进行跨境迁移的人。在使用及分析的过程中，根据具体情境进行界定。

3. 移民的类型

斯蒂芬·卡斯尔斯（Stephen Castles）把移民分为"临时劳工移民、高技术和商业移民、非法移民、庇护寻求者、被迫移民、家庭团聚型移民、回溯移民"。③ 本书将按照此种分类分析国际移民问题。

关于国际移民的内涵和分类，学者及国际组织的阐释很多，且各个国家在制定本国的移民政策时往往会采纳不同的"版本"。这无疑说明了国际移民问题的复杂性。如何构建一个关于国际移民"共识性"的规范性认知，意义不仅在于学术上的探讨，更在于能否促使国家全面认知国际移民，并能够规束国际移民的迁移行为，进而保护移民者的权利。

4. 共有知识

温特在表述"共有知识"（Consensual Knowledge）时使用了较多的概念，如共有知识、文化、信念、规范等。但基本上把共有知识等同于文化，而规范、规则、制度、法律、习俗、信念、意识形态等具体的文化形态都是由共有知识建构而成的。他同时指出共有知识指的是个体施动者相互之间的认识（即主体间共识），是通过意愿加信念等式的信念部分解释社会现象的。④ 费丽莫把共有知识主要看作"国际规范"⑤。本书综合以上分析，认为共有知识指的是行为体之间

① 《移徙词汇》（中文版），国际移民组织 2008 年，第 43 页。

② 《移徙词汇》（中文版），国际移民组织 2008 年，第 45 页。

③ Stephen Castles, *International Migration at the 21st Century*: *Global Trends and Issues*, UNESCO：Blackwell Publishers, 2000, pp. 270 – 271.

④ ［美］亚历山大·温特著，秦亚青译：《国际政治的社会理论》，上海：上海人民出版社 2008 年版，第 157～158 页。

⑤ 参见［美］玛莎·费丽莫著，袁正清译：《国际社会中的国家利益》，杭州：浙江人民出版社 2001 年版。

共同享有或相互关联的一种规范、信念、理念、程序、规则等的结合体。但在国际移民的某些领域如全球移民治理理念仅作为一种理念而非具有约束性的程序和规则。因此，本书排除了共有知识具有的"程序、规则"的含义因素，把共有知识作为一种主体间共享的"正确"的"意愿、信念和认知"。

四、基本思路、研究框架结构以及研究方法

（一）基本思路

全球移民治理的关键不是"阻止"移民这一现象的发生，而是使其更加"有序"。这恰恰是本书研究对象——国际移民组织宗旨中直接明确提到的内容——"促进移民有序地迁移"。然而，就目前而论，有关国际移民组织参与全球移民治理的实践及其在全球移民治理进程中的地位和作用，国内外所开展的研究相对不足且大多停留在事实的描述层面，缺乏深刻的理论洞悉和实证研究。因此，在国际移民问题日益成为国际议程重要组成部分的时候，进一步深入地探讨国际移民组织的全球治理作用就显得很有必要。

本书试图以国际移民组织为个案研究对象，在全球移民问题治理兴起的背景下，从"理论、历史和实践"三大路径展开对国际移民组织及其移民治理的分析与探讨。从"理论"层面上分析国际组织在缺乏国家所拥有的枪炮、金钱及强有力的国内法基石的情况下如何参与全球治理进程并发挥影响力等内容；在此前提下，通过"历史"探源，分析国际移民组织的角色转型，探讨国际移民组织的移民治理内容及模式；从"实践"层面，通过分析国际移民组织移民治理的典型案例，系统解读国际移民组织在全球移民治理进程中如何发挥自身的影响力、发挥了怎样的作用以及何以能发挥作用等问题，并力求为全球移民治理提供一个分析思路，并确立一个全面认识国际移民组织在当今全球移民治理进程中的地位与作用的分析框架。这样既对考察国际移民组织在全球移民治理进程中的影响、作用及其移民治理经验有着重要意义，同时也能通过对国际移民现实状况的考察，把对全球移民治理的认知放到可考察的现实基础之上，从而摆脱"神马浮云"的泛泛而谈。

（二）研究的框架结构

本书包括绪论、正文（共分为六章）、结语三大部分。

绪论即为本章内容。主要论述了本书的选题缘起、研究意义及本书的核心问题、国内外研究现状及发展趋势以及相关术语的界定、本书的研究框架和研究方

法、创新与不足。

正文部分是从第一章到第六章。正文主要内容如下：

第一章和第二章论述本书的立论内容：国际组织能够参与全球问题治理，且发挥独特优势，得以形成参与全球问题治理的"多维"结构模式。通过分析全球化背景下国际移民的新特征及其挑战性，笔者认为国际移民问题治理形成了以国家为中心的治理和非国家行为体治理及其互动治理的复合结构。

第三章考察国际移民组织如何通过历史的历练及现实的能力建设使其能够成为全球移民治理的重要主体（为何能成为全球移民治理的重要主体），并在此过程中形成以"参与移民的国别治理为核心，以参与移民区域治理进程为辅助，同时辐射至移民全球治理的一个'同心三环'模型"。同时，在不同的层面，国际移民组织又通过不同的方式参与其中（作用方式），进而形成独特的全球移民治理模式，这是本章着重要解决的问题。本章重点论述了国际关系理论视角下国际组织"被国家"的命运，明确了国际移民组织并不具备国家行为体所拥有的枪炮、金钱及强有力的国内法基石。那么，国际移民组织是如何发挥作用和影响力的呢？如下图所示，这是一个循环式的发展路径。①是国家对国际移民组织的控制性。这成为我们认识国际移民组织自主性[①]扩展的重要步骤，也是其能够实现角色转型的基石。原因在于国际移民组织诞生时并没有什么自主性及扩展的前景，随着被国家创立之后，其演化的方式可能并非是它的创立者所想要的；②是国际移民组织发挥影响力和作用的重要途径，它往往通过目标置换以及操纵意愿、观念、信息、认知和价值来影响国家在全球移民问题领域中的认知与行为；③在发生作用之后，①可能会逐步下降，从而进一步推动②、③的发展。但③阶段中的国家或自动或被动地接纳共有知识。

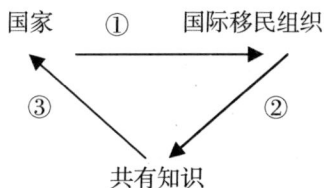

国家　　①　　国际移民组织

③　　　　　　②

共有知识

第四章，在前三章的基础上进行实证考察，通过国际移民组织参与国际移民的全球治理、区域治理与国别治理的具体实践活动，选择典型案例，对国际移民组织的作用进行全面考察，证明了国际移民组织能够作为国际移民问题领域一个重要的行为体，而且日益显示出其重要性。

第五章在前文论证的基础上，总体上论述了国际移民组织在全球移民治理进程中的影响和作用、特征与经验以及发挥作用的限度及其制约因素，并对国际移民组织职能作用的未来发展作一前瞻式的描述。

第六章考察了国际移民组织与中国的关系历程，并通过国际移民组织帮助中国提高移民治理能力的个案分析，论证了双方加深关系互动的缘由。总结国际移民组织的移民治理实践及其对中国移民治理的启示，对中国应对可能出现的移民潮进行前瞻性的思考。

结语是对全书研究进行总结，并提出了本书研究的理论思考。

（三）研究方法

目前关于国际组织各方面的研究，理论的、实证的研究成果颇丰。但对于国际移民组织的研究相对不足，对其功能、作用进行学理上的探讨也有所欠缺。故本书综合运用国际组织研究方面的成果，对国际移民组织及其在全球移民治理进程中的作用进行了学理上的分析及实证上的考察。笔者在研究过程中主要采用了以下方法：

历史分析法（Historical Analysis）是运用发展、变化的观点分析客观事物和社会现象的方法。本书采用历史分析法，对国际移民组织六十余年的历史，尤其是对其角色的变化进行诠释。力图展示不同时期国际移民组织在国际移民出现新特点以及国际格局发生变化时，其自主性权力的拓展（在地域范围和治理功能上的转型）。

文本解读法（Text Interpretation Method）是研究者通过对"文本"的解读挖掘其深层含义。本书运用文本解读方法，试图对国际移民组织官方网站公布的相关会议文档及其章程以及联合国、联合国难民署、国际劳工组织等组织公布的文件进行整理、分析，挖掘国际移民组织的全球移民治理功能和作用。

案例分析法（Case Analysis Method）是研究者基于特定目的，选择少数甚至单一事例或事例的某一方面，联系其发生条件与环境而进行的深入分析与解释。① 本书对国际移民组织参与移民的全球治理、区域治理与国别治理均举出实例，论证国际移民组织发挥了怎样的作用及如何发挥作用的问题。

---

① 李少军：《论国际关系中的案例研究法》，《当代亚太》2008 年第 3 期，第 116 页。

层次分析法(The Analytic Hierarchy Process) 是一种定性和定量相结合的、系统化和层次化的分析方法。通过层次的划分，把复杂的国际关系现象分解成几个相对容易界定的变量，然后根据各个变量的发展变化去揭示各种国际关系现象发生的原因和变化的规律。[①] 国际关系学界大都同意，要使国际政治得到最好的理解，可以把国际关系中的多重因素分解成不同的类型或层次，以便进行思考和分析。因此，在论述国际移民组织角色变化的进程中以及阐释国际移民组织参与全球移民治理进程中，本书采用层次分析法，从国际组织自身内部因素、国家层面以及国际体系角度探讨国际移民组织角色变迁的动力及其能够发挥影响力和作用的原因、发挥作用的限度等问题。

五、本书的创新与不足

本书试图从以下几个方面进行创新：

（1）研究内容上，目前国内系统研究国际移民组织的成果相对不足，本书尝试整合学界目前的研究成果，并结合国际移民组织的新变化、新情况、新材料进行理论思考和实证考察。

（2）研究视角上，从全球治理的需求和供给视角探讨国际移民组织及其移民治理在当前研究中相对新颖。

（3）结合中国的移民治理现状，对中国与国际移民组织之间的关系进行考察，使中国能够吸收和借鉴该组织的移民治理经验以提高本国的移民治理能力。

当然，本书仍存在一些不足和需要完善的地方：

（1）本书论证上存在不够严谨、不够有力的情况，需要进一步推敲词句、锤炼逻辑思路。

（2）移民问题的复杂性远远大于本书所举之案例，案例仍需进一步细化。此外，由于国际移民组织官方网站并未充分提供有关其发展状况及实施项目计划的全部具体资料，搜集资料方面存在困难，致使在论述过程中多次出现运用二手资料的情况。

（3）由于笔者学力有限以及资料相对不足等主客观原因，本书在有些地方还有很大的理论思考提升空间。许多相关问题仍应进一步加强理论思考，如国际移民组织作为一个政府间机构，大国意志、国际政治如何对该组织进行影响；成员国是否会主动接纳国际移民组织建构的共有知识等。

[①]　秦亚青：《层次分析法与国际关系研究》，《欧洲》1998 年第 3 期，第 6～8 页。

第一章　非传统全球性问题、
全球治理与国际组织

随着全球化进程中相互依赖广度与深度的拓展，各国人民和组织之间的联系不断加强、关系日益紧密，同时国际社会逐步孕育出一种超越并高于各个行为体个体利益的全球共同的或公共的利益，这些共同的利益通过各种各样的全球性问题表现出来，环境问题、恐怖主义等非传统性问题真正成为人类必须共同面对的全球性公共问题。① 由此带来的是"国际社会对主权国家之外治理需求的不断增加"。传统"主权国家"概念图式下的治理远不适应国际环境的全方位全球化，国际组织等非国家行为体在促进非传统全球性问题的解决上作用凸显，全球治理应运而生。其中，国际移民及其带来的问题因其全球性、跨国性、流动性、交叉性等特征日益从国内问题上升为跨国性问题，全球移民治理提上日程。

第一节　全球治理的需求和供给

一、争论中的全球治理理论

全球化和冷战的结束促使国际社会处于一种更为"强势"的相互依赖之中，国际社会不断发生着全球性的变革。其中，全球性问题强烈冲击着以国家为中心的传统管理模式。在国际社会中，国家被内嵌进复杂的关系网络中，不再是绝对自由的意志个体。有些全球性问题让国家来解决显得大而无当，但有些问题国家力有未遂。② 由此，"全球治理"理论在围绕如何应对全球性问题上开始兴起，

---

① 苏长和：《全球公共问题与国际合作：一种制度的分析》，上海：上海人民出版社 2000 年版，第112 页。

② ［美］保罗·甘乃迪著，刘若飞译：《挑战世纪：二十一世纪的前景与中国的未来》，呼伦贝尔：内蒙古文化出版社 1998 年版，第 111 页。现在翻译为保罗·肯尼迪。

并被国际组织推波助澜地成为一个并非昙花一现的概念,① 亦被政治学、经济学、管理学、社会学、国际关系学等学科广为运用。学者们对全球治理的内涵、特征、模式进行了较为广泛的分析与探讨。② 然而,这一概念并未因为广为使用而成为一个具有明确内涵的术语。"作为一个新生的、发展中的理论,全球治理的概念及其本质内容不仅有争议,而且存在诸多不确定性。"③ 国内外学者试图给予其一个明确的内涵,但仍是众说纷纭。

国外全球治理理论的著名代表人物詹姆斯·罗西瑙(James Rosenau)把治理定义为:"通行于机制空隙之间的那些制度安排,或许更重要的是当两个或更多机制出现重叠、冲突时,或者在相互竞争的利益之间需要调节时发挥作用的原则、规范、规则和决策程序。"④ 另外,戴维·赫尔德(David Held)认为:"全球治理不仅意味着正式的制度和组织——国家机构、政府间合作等制定(或不制定)和维持管理世界秩序的规则和规范,而且意味着所有的其他组织和压力团体——从多国公司、跨国社会运动到众多的非政府组织——都追求对跨国规则和权威体系产生影响的目标和对象。"⑤ 罗伯特·罗茨(Robert Rohdes)则归纳了作为最小国家的治理、作为公司管理的治理、作为新公共管理的治理、作为善治(good governance)的治理、作为社会控制体系的治理和行为自组织网络的治理六种治理形态。⑥ 格里·斯托克(Gerry Stoker)将这个有组织的分析框架表述为

---

① 1989 年,世界银行首次提出治理概念。1995 年全球治理委员会对治理概念进行全面概况。全球治理委员会(Commission Global Governance)在其 1995 年发表的《我们的全球伙伴关系》的研究报告中指出,治理是各种公共的、私人的个人和机构管理其共同事务的诸多方式的总和。它是使相互冲突的或不同的利益得以调和并且采取联合行动的持续的过程。它既包括有权迫使人们服从的正式制度和规则,也包括各种人们同意或以为符合其利益的非正式的制度安排。它有四个特点:第一,治理不是一整套规则,也不是一种活动,而是一个过程;第二,治理过程不是控制,而是协调;第三,治理既涉及公共部门,也涉及私人部门;第四,治理不是一种正式的制度,而是持续的互动。载于〔英〕瓦尔·卡尔松、什里达特·兰法尔主编,赵仲强等译:《天涯成比邻——全球治理委员会的报告》,北京:中国对外翻译出版公司 1995 年版,第 2 页。此后尽管学者们从不同学科角度探讨"治理"一词的内涵,但仍旧没有脱离全球治理委员会给予其的内涵。可见,国际组织在全球化进程中往往有意或无意地促成了某种共有知识的建构。此后,世界银行、联合国开发署、联合各国教科文组织都对治理进行了界定。

② 参见俞可平主编:《治理与善治》,北京:社会科学文献出版社 2000 年版。本书收录了 14 篇国外学者关于治理的探讨,其中俞可平教授为本书做的引论及其论文《中国公民社会的兴起与治理的变迁》成为诸多学者引述的内容。

③ 蔡拓:《全球治理的中国视角与实践》,《中国社会科学》2004 年第 1 期,第 94 页。

④ 〔美〕詹姆斯·N. 罗西瑙主编,张胜军、刘小林等译:《没有政府的治理——世界政治中的秩序与变革》,南昌:江西人民出版社 2001 年版,第 9 页。

⑤ 〔英〕戴维·赫尔德等著,杨雪冬等译:《全球大变革:全球化时代的政治、经济与文化》,北京:社会科学文献出版社 2001 年版,第 70 页。

⑥ 〔英〕罗伯特·罗茨:《新的治理》,俞可平主编:《治理与善治》,北京:社会科学文献出版社 2000 年版,第 86~106 页。

五个互补但不竞争的观点：①治理指的是出自政府但又不限于政府的社会机构和行为者；②治理理论明确提出在解决社会、经济问题过程中，各方的界限和责任是模糊的；③治理理论认为涉及集体行动的各公共机构之间存在权力依赖；④治理最终形成的是关于自主、自治的行动者网络；⑤治理理论认识到办事的能力不在于政府下命令的权力或者政府的权威，政府可以运用新工具和技术来掌舵和指引，以增强自己的能力。这些能力可能体现为建构和消解联盟与协调的能力、合作和把握方向的能力、整合和管制的能力。①

相较于国外研究而言，国内的全球治理研究起步较晚，但国内学者在国外研究的基础上进一步提出了自己的观点和看法。② 著名学者俞可平教授认为所谓全球治理，是指"通过具有约束力的国际规制解决全球性的冲突、生态、人权、移民、毒品、走私、传染病等问题，以维持正常的国际政治经济秩序"③。蔡拓教授在总结了诸多学者和国际组织的观点之后提出了自己的理解，认为所谓全球治理，指的是"以人类整体论和共同利益论为价值导向的，多元行为体平等对话、协商合作，共同应对全球变革和全球性问题挑战的一种新的管理人类公共事务的规则、机制、方法和活动"④。李兴教授认为，所谓全球治理，是指"国际行为主体旨在解决全球性问题与公共事务中的理念与行为、程序与机制"⑤。

综上所述，可以看出，全球治理理论处于宽泛的讨论期、争执期，并未达成一致的意见。由于全球治理理论莫衷一是的状态，致使有学者并不看好或者说对其有不信任和怀疑的态度；有学者认为全球治理是一个具有宏伟壮志的内涵，却是一个脆弱的概念。⑥ "它建构的'治理社会'只是一个乌托邦式的幻想"。⑦ 但笔者认为不能因为"全球行为体利益的分散性和实力的不对称性导致各行为体难以采取集体行动"⑧ 的现实而忽视了全球治理理论应有的价值。全球治理理论的

---

① ［英］格里·斯托克：《作为理论的治理：五个论点》，俞可平主编：《治理与善治》，北京：社会科学文献出版社 2000 年版，第 31～51 页。

② "中国学者只是在 1995 年的会议综述中提到全球治理的概念，而 1996—1998 年却没有涉及此概念的文章。1999—2001 年学者对全球治理的论述日渐增加，2002—2005 年对全球治理的研究就处于平稳的状态。随着时间的推进，学者对全球治理研究的范围和深度不断拓展，也比较理性地对待全球治理问题和全球治理理论的研究。"白云真：《全球治理问题研究的回顾与前瞻》，《教学与研究》2007 年第 4 期，第 80 页。

③ 俞可平：《全球治理引论》，《马克思主义与现实》2002 年第 1 期，第 25 页。

④ 蔡拓：《全球治理的中国视角与实践》，《中国社会科学》2004 年第 1 期，第 95～96 页。

⑤ 李兴：《论全球治理与中国外交新思维》，《毛泽东邓小平理论研究》2006 年第 1 期，第 55 页。

⑥ ［瑞士］皮埃尔·德·塞纳克伦斯著，冯炳昆译：《治理与国际调节机制的危机》，《国际社会科学》1998 年第 3 期，第 92～94 页。

⑦ 唐贤兴：《全球治理：一个脆弱的概念》，《国际观察》1999 年第 6 期，第 21～24 页。

⑧ 蓝剑平：《国内关于〈全球治理〉理论的研究进展：一个文献综述》，《中共福建省委党校学报》2008 年第 12 期，第 71 页。

出现"在一定程度上弥补了国际关系研究长期局限于国家实力和正式制度而导致的目光短浅、狭隘的缺陷，为思考和解决国际问题和全球性问题提供了更宽广的视角"①。同样，其一是全球治理的出现也使国际关系事务"可以被概念化为通过一个二分体系管理——它可被称为世界政治的国家及国家政府间体系；其二是由新近作为拥有主体的竞逐性权威源泉出现的各种类型的其他集团组成多元中心体系（Multi-Centric World）。它们同以国家为中心（State-Centric World）的体系时而合作、时而竞争，且不断相互作用"②。

同时，以上争论也并非完全是"异质性"的，亦存在"同质性"的一面，如在全球治理的要素上有着明显的共识，即在"治理主体、治理缘由（包含了治理的客体）、治理运作和治理效果"4个维度考察全球治理。③ 罗西瑙把理解治理的要素分解为4个问题："谁治理？为何治理？治理者如何治理？治理产生什么结构（影响）？"④ 换言之，为何全球治理？全球治理的主体是谁？全球治理主体如何治理？全球治理的效果如何？以上学者的分析基本上围绕这4个问题展开。以斯托克的论述为例，可以回答这4个问题：第一，多主体治理。以国家政府为中心的观念已经不能不适应现实的发展，国家部分权力让渡于国际组织及全球性问题"去地域化"的特征使得政府与其他组织的共治成为一种可能；第二，治理的原因在于解决社会、经济问题及政府功能失灵的问题；第三，各行为体之间的"合作"治理才是解决问题之道；第四，全球治理最终使各行为体和相关机构把它们的资源、技能以及目标糅合在一起，形成长效机制，以更好地处理全球性问题。

二、全球治理：（目的＋手段）＋（理念＋机制）＝进程

本书认为全球治理不是一个普通的概念，也不是一个包罗万象的概念，而是有着特别内涵向度的概念。仅看到"全球治理理论设计的国际社会太过理想化，

---

① 杨雪冬：《全球化：西方理论前沿》，北京：社会科学文献出版社2002年版，第201页。

② ［美］詹姆斯·罗西瑙：《全球新秩序中的治理》，［英］戴维·赫尔德、安东尼·麦克格鲁编，曹荣湘、龙虎等译：《治理全球化：权力、权威与全球治理》，北京：社会科学文献出版社2004年版，第75页。

③ 俞可平教授把全球治理的要素分解为全球治理的价值、全球治理的规制、全球治理的主体或基本单元、全球治理的对象或客体以及全球治理的结果5个要素。换言之，即为什么治理？依靠什么治理或如何治理？谁治理？治理什么？治理得怎样？（俞可平：《全球治理引论》，俞可平主编：《治理与善治》，北京：社会科学文献出版社2000年版，第25页。）与本书提到的4个维度没有差异，本书把治理的客体融入治理的原因之中。

④ ［美］詹姆斯·N.罗西瑙主编，张胜军、刘小林等译：《没有政府的治理——世界政治中的秩序与变革》，南昌：江西人民出版社2001年版，第35页。

一是忽视了强权政治对他人进行统治的残酷现实；二是在国际社会的'无政府状态'下排斥了国家作为主要调节者的作用"①。这一论断仍未超越传统的主权范式"想象"。事实上，全球治理并未忽视国际社会的这一基本现实，而是在此基础上进行反思的结果。本书综合国内外学者的观点，对全球治理进行了这样的界定：全球治理是"目的＋手段"与"理念＋机制"的总和，是一个进程。

"目的＋手段"：把全球治理视为目的反映是人类对美好未来的追求和期待。作为手段的全球治理是指为了实现美好未来的目标，国际社会解决全球性问题的方式逐渐从"统治"（domination）向"治理"（governance）的转变。全球治理突出了应对全球性问题中国家个体利益与全球公共利益之间协调的重要意义，国家个体的自私行为可能导致的严重后果将影响至全人类的安全。于是，为了寻求符合相互依赖、日益加深的国际政治的一个理想制度安排，人类提出了许多可能性安排。然而，乌托邦式完美社会的最优选择遥不可及，人类必须退而求其次，满足于次优选择——建设一个愿意"善治"（good governance）的国际社会。

"理念＋机制"：全球治理作为一种理念，是指国家单边行动的倾向向多边、多层次谈判与合作解决问题的理念转变。这是涵盖国家、各种政府间组织、非政府组织及跨国公司等众多国际关系行为主体的综合性治理理念。斯蒂芬·克拉斯纳（Stephen Krasner）认为国际机制是指一系列隐含的或明确的原则、规范、规则以及决策程序，行为体对某个既定国际关系问题领域的预期围绕着它们而汇聚在一起。原则是指对事实的因果关系和诚实的信仰；所谓规范是指以权利和义务方式确立的行为标准；所谓规则是指对行动的专门规定和禁止；所谓决策程序是指普遍的决定和执行集体选择政策的习惯。②从克拉斯纳的定义可以看出，原则作为一种信念、信仰，没有约束力。规范、规则以及决策程序就具有约束力。但奥兰·扬（Oran R. Young）认为原则和规范并不具备强约束力，而规则和决策程序规定了国家可以做和不可以做的内容，并通过决策程序可以对国家的违约行为进行一定的惩戒，具有较强的约束力。③综合两位学者的观点，本书认为作为一种机制的全球治理，指的是有约束力的规则和决策程序以及约束力较弱的原则和规范的总和。

---

① 蓝剑平：《国内关于"全球治理"理论的研究进展：一个文献综述》，《中共福建省委党校学报》2008 年第 12 期，第 71 页。

② Stephen Krasner, *Structural Causes and Regime Consequences: Regimes as Intervening Variables*, in Stephen Krasner ed., International Regimes, New York: Cornell University Press, 1983, p. 2

③ ［美］奥兰·扬著，陈玉刚、薄燕译：《世界事务中的治理》，上海：上海人民出版社 2007 年版，第 26～44 页。

全球治理理念和全球治理机制相辅相成。前者是国际社会打破传统的主权治理理念，寻求多元化"全球治理主体"的"合作治理"理念；后者是将全球治理理念转化为实际行动，通过国际机制监督其运行。有效的机制对治理供给而言是必需的，但只有机制往往是不够的。如果没有支持性的"知识"及源自社会团体觉悟的合法性意识，那么高度地遵守权利和规则方面的规定计划是不可能的。相反，如果没有设计出很好的游戏规则（国际法律规范），即使是很强的共有知识亦可能无法满足治理的需要。①

全球治理是"目的＋手段"与"理念＋机制"的总和，更表现为一个进程。无论学界争论中的全球治理内涵、特征、模式有多大差异，作为一个进程的全球治理则是必然的趋势。肯尼思·华尔兹在分析国际政治现实时，把国际体系分为结构和进程两部分。但他往往注重了无政府状态的国际体系结构对国家单元的影响，较少关注国际体系的进程，从而在高度简约的国际政治理论下出现了解释不足的可能。忽视了进程，也就意味着结构是基本不变的、静态的。单元互动的进程构成了体系的结构，然而，只要单元之间进行互动，结构就必然发生变化，这只是时间上的问题。因此，对于作为进程的全球治理而言，本书认为全球治理指的是"在全球治理实践的互动中，全球治理行为主体制定有约束力的规则和决策程序以及约束力较弱的原则和规范以达到追求一个善治型全球社会目的的一个进程"。本书把全球治理作为"目的＋手段"与"理念＋机制"的总和为一个进程，对于合理理解和认识全球问题治理的需求和供给有着重要的意义。

三、全球问题治理的需求和供给

（一）全球治理的需求：回应非传统全球性问题的相互依赖

非传统全球性问题相对于传统性全球问题而言，指的是除国家政治、军事等高级政治所带来的问题（如核不扩散、战争冲突等）以外的其他对主权国家及人类整体生存与发展构成威胁的因素，涵盖了低级政治领域如贸易金融、环境、能源、难民、恐怖主义等所带来的问题。非传统全球性问题与传统性全球问题因共有的全球性特征常常交织在一起，如地区冲突与战争产生大量难民及流离失所者，原因属于传统问题，而后果属于非传统问题。然而，全球治理理念的产生更多地来自于非传统全球性问题相互依赖的特性。

---

① ［美］奥兰·扬著，陈玉刚、薄燕译：《世界事务中的治理》，上海：上海人民出版社2007年版，第2页。

如果说20世纪60年代前由于科技水平的限制及"二战"后各国均面临着经济恢复、社会发展的现实状况使各国间处于弱相互依赖的关系的话，那么20世纪70年代以来，各国间关系则处于强相互依赖的状态。尤其是罗马俱乐部发布的《增长的极限》，使全球性问题成为世界各国人民关注的主要内容。冷战结束后，被分割的两个世界成为一个整体，各种非传统性问题迅速从国内问题转为全人类共同面对的问题，诸如恐怖主义、生态环境安全、经济危机、资源短缺、疾病蔓延、食品安全、信息安全、科技安全、经济安全、非正规移民、走私贩毒、有组织犯罪等问题迅速国际化。它们直接或间接地影响到了每个个体的利益和安全，包括国家、国家的公民以及全球其他行为体。全球化又强化了这些问题之间的交叉性和解决方式相互依赖性的特征。总之，在一个高度相互依赖的国际社会中，相互依赖的内在逻辑决定了非传统全球性问题的特征及其治理之道。

第一，国际间的相互依赖决定了非传统全球性问题的普遍化、多样化、动态化、尖锐性、超越意识形态性特征，[①] 并使它们不只是某一国家或地区的事，也是全世界共同面对的、关系到整个人类生存和发展的问题。罗伯特·基欧汉（Robert O. Keohane）和约瑟夫·奈（Joseph S. Nye）指出，所谓世界政治中的"相互依赖"是指"以国家之间或不同的行为体之间相互影响为特征的情形"[②]。"相互依赖"被提出之后，成为一个风靡全球的概念。之后，"全球化"一词也承受了近似的命运。他们指出："20世纪70年代，'相互依赖'的说法不绝于耳；到了90年代，'全球化'风靡世界。"[③] 尽管这两个概念"流行"于不同的时间段，但两者之间有密切的联系。全球化的深入与扩展使各国间的相互依赖呈现加速式的增加。因此，每一个问题的出现及其传导机制都会在国际社会的强相互依赖中迫使每个个体受到不同程度的影响，如难民潮、流离失所者的无序活动等，小至影响国内居民的日常生活，大到干扰周边国家、地区的边境安全。同时，全球化进程中全球性问题的特征不同程度地加深了全球社会的相互依赖程度，增加了国家交往中成本与收益计算的难度。从国家利益出发的传统外交理念开始融入全球公益、人类公益的内容。

第二，非传统全球性问题在一定程度上具有极强的"公共性"和负外部性特征，促使全球性公共事务治理必须摒弃封闭的国家中心主义及简单的市场行

---

① 蔡拓：《全球治理：来自中国的理解与实践》，蔡拓主编：《全球治理与中国公共事务管理的变革》，天津：天津人民出版社2005年版，第20~21页。

② ［美］罗伯特·基欧汉、约瑟夫·奈著，门洪华译：《权力与相互依赖》（第3版），北京：北京大学出版社2002年版，第9页。

③ Robert O. Keohane, Joseph S. Nye Jr., Globalization: What's New? What's Not (And So What?), *Foreign Policy*, No. 118, 2000, pp. 104 – 119.

为，重视非国家行为体的治理功能。由于国家权威式微和边境的可渗透性逐步模糊了国内政策与国际政策间的界线。因此，从公共事务的角度思考全球性问题的治理已成为国际社会的共识。① 苏长和教授把全球性问题归为"全球公共问题"，如军事安全领域——国家面临着集体安全或共同安全的问题；经济领域——稳定的汇率制度、跨国资本的管理等；环境领域——环境领域中的公共问题如臭氧层的损耗、温室气体的排放等。② 很显然，无论是传统性问题还是非传统全球性问题均具有极强的跨越边境性和公共性特征，也就具有了经济学上"公共物品"（Public Goods）的属性。对于任何公共物品而言都具有非竞争性（Non-Rival）与非排他性（Non-Excludable）两个特征。所谓非竞争性是指同一单位的公共物品可以被许多人消费，它对某个消费者的供给并不减少对其他消费者的供给，换言之，一个人对该产品的消费并不影响其他人对它的消费。所谓非排他性是指任何消费者都无法排斥其他人消费该种产品，任一个消费者都可以免费消费公共物品。③ 例如，全球环境污染对每个国家来说都是一种公共物品，即使那些不是环境污染的制造国，也会因为环境污染而自动"消费"污染，给自己带来消极后果。换言之，这类国家并不会因为自己不是污染的制造者，就会被自动置身于环境污染的消极效应之外。④ 由此可见，全球性问题的制造者和被牵涉进来的其他利益相关者都无法免除全球性问题带来的现实威胁和潜在威胁。这一例子同时强调了非传统全球性问题具有的负外部性特征。所谓负外部性特征，是指全球性问题致使各利益有关者均无法置身事外，都可能成为全球性问题的受害者或潜在受害者。因此，全球公共问题的这种特性，决定了其治理之道不能简单地借助自上而下的国家计划或者凭借全球市场中介的无为而治的方式来寻求解决途径。传统意义上，世界事务的处理依赖于封闭式的正统外交协商，但现在越来越多的跨国性的公共议题团体已开始积极参与进跨国性决策的讨论。⑤

第三，为了应对非传统性全球挑战，必须进行统一的协调与多边的协作行动，促使更多的行为体之间广泛协商并共同参与全球性公共事务的治理进程。大多数国家都已认识到集体行为的重要性，单靠某个国家的独立行为并不能有效解

---

① ［法］玛丽·克劳德·斯莫茨：《治理在国际关系中的正确运用》，俞可平主编：《治理与善治》，北京：社会科学文献出版社2000年，第272页。

② 苏长和：《全球公共问题与国际合作：一种制度的分析》，上海：上海人民出版社2000年版，第5～8页。

③ 吕振宇：《公共物品供给与竞争嵌入》，北京：经济科学出版社2010年版，第26～46页。

④ 刘宏松：《国际组织与非传统性公共安全问题的国际治理》，《上海行政学院学报》2006年第1期，第74页。

⑤ 彭锦鹏：《全观型治理：理论与制度化策略》，《政治科学论丛》（台湾）2005年第23期，第71页。

决全球性问题。国际社会迫切需要富有创造性的制度安排，以便能够使政府、公共和私人组织以及全世界的个人、国际组织通力合作，共同应对紧迫的全球性问题。强调各个行为体的参与，并不意味着全球性问题就能够得到较好的治理，但是没有行为体的共同参与，问题可能会更加严重。此种情况下，要求全球社会必须沿着"地方—地球"的坐标来对我们的生活和行动、组织和制度进行重新定向、重新安排。① 因此，我们应该强调的是各国应意识到彼此之间的强相互依赖使得全球性问题不是某一国单独面对的，也并非通过单边行动就能解决，统一的协调与多边的协作行动对全球性问题的治理显得关键而迫切。

第四，相互依赖带来的全球性问题的风险不仅"绑架"了国家（国家政府治理角色的转型），同时亦"绑架"了国际组织，它们的治理角色也不得不随之发生变化。角色的变化指的是功能的变迁。20 世纪 70 年代前，工具理性指导下的西方国家强化政府的"统治"职能，从摇篮到坟墓的保姆型政府事无巨细。但 1973 年的石油危机引发的经济危机，致使西方国家的财政赤字迅速扩大，同时政府的税收大幅度下降，从而导致"混合经济、充分就业、收入再分配和社会福利"作为福利国家的标准因为政府所面临的危机陷入困境。人们对福利国家作为解决问题的危机管理者的信心也随着危机的扩大化而迅速降低。由此而论，政府管理面临的新危机呼吁政府职能的转型。从全球问题治理角度而言，国内问题与全球性问题之间界限的模糊也常迫使国家转变职能以适应这一外在环境的全球化。同样，在全球化相互依赖的进程中，无论是国家还是国际组织都面临着不同的挑战。全球治理危机事实上也是各种行为体所面临的"危机管理的危机"。国际组织如何避免危机管理的危机，强化其国际治理的角色，避免"病态"（Pathogies）的发生，② 克服全球治理失灵的出现成为关键性的问题。国际组织为了适应这一风险而变革功能的事实，往往不再被动地承担各项工作和权力，而是积极"扩张"和"外延"其职能范围。

非传统全球性问题的出现是"复合相互依赖"这一把"双刃剑"的重要表征。为此，我们必须打破传统的思维习惯。因为相互依赖并不意味着合作、互利（Mutual Benefit），③ 且相互依赖并不意味着问题的减少。相反，却使问题更为复

---

① 王诗宗：《治理理论及其中国适用性》，杭州：浙江大学出版社 2009 年版，第 20 页。

② 参见：吉乌利奥·M. 加拉罗蒂：《国际组织的局限性：国际关系管理中的系统失灵》，［美］莉萨·马丁、贝思·西蒙斯编，黄仁伟、蔡鹏鸿等译：《国际制度》，上海：上海人民出版社 2006 年版，第 416～456 页。［美］迈克尔·巴尼特、玛莎·费尼莫尔著，薄燕译：《为世界定规则：全球政治中的国际组织》，上海：上海人民出版社 2009 年版。Michael N. Barnett, Martha Finnemore, The Politics, Power and Pathologies of International Organizations, *International Organization*, Vol. 53, No. 4, 1999, pp. 699 – 732.

③ ［美］罗伯特·基欧汉、约瑟夫·奈著，门洪华译：《权力与相互依赖》（第 3 版），北京：北京大学出版社 2002 年版，第 10 页。

杂与多元、解决的难度及成本亦大大增加。尽管如此，由于非传统全球性问题带来的严重性后果，同时也由于非传统问题相较于传统问题而言，解决的难度即国家达成一致的成本通常相对较低。因此，全球的相互依赖促使国际社会完善全球治理体系以迎接这些挑战。① 如果说客观世界的结构发生的根本变化导致国家制定政策所围绕的重心发生了相应变化，那么全球性问题就导致了国际社会对全球治理的需求，全球问题治理也就面临着供给的问题。

（二）全球治理的供给：多行为体公共物品的供给

国际社会一方面有着"全球问题治理"的需求，另一方面也面临着治理所需要的公共物品供给的问题。公共物品一旦供给不足，全球治理需求便无法得到满足，人类社会将面临更加无序的状态。当然这种极端的例子只能回到战争频发的年代，在没有国家愿意提供维持和平的公共物品的情况下，战争则成为常态。相反欧洲近百年的和平则是英法等国提供"维持均势"的公共物品的直接结果。同样也有很多全球性问题并没有足够的公共物品去满足其治理需求，但国际社会仍旧在总体无序的状态中实现局部有序的发展。公共物品供大于求似乎不太可能发生，数量繁杂的全球性问题总能让国际社会措手不及（如自然灾害、公共卫生等突发的公共危机）。然而，问题的复杂并不能阻扰人类试图去满足这一治理需求的探索与努力。为了解决这些问题，必须有行为体愿意提供满足全球问题治理需求的公共物品。

在国内公共管理事务中，政府、市场的失灵提出了政府公共事务的统治向治理理念转变的"需求"，认为应该从"国家——市场"的二元结构走向"国家——社会——市场"三方共管的"协调治理"（谁治理/如何治理）。那么，治理运用到国际关系研究，力图突出那些特别是在现实主义和新现实主义研究中常常被忽视的行为体的社会地位，把人们的注意力引向全球公共事务领域的需求、对构建对话与参与机制的要求，迫使人们思考如何把多个系统相互联系起来。② 这表明了全球问题治理的需求（为何治理）是由许多相互联系起来的"系统"（谁治理）共同提供（如何治理），国家政府主导下的全球公共事务管理需要重新调整。

究竟由"谁"提供"供给"来满足全球问题治理的需求？也就是"谁是治理者？"的问题。从各个学者提出的观点着手或能够明确这一问题的答案。俞可

---

① Oran R. Young, *International Governance：Protecting the Environment in a Stateless Society*, New York：Cornell University Press, 1994, p. 181.
② ［法］玛丽·克劳德·斯莫茨：《治理在国际关系中的正确运用》，俞可平主编：《治理与善治》，北京：社会科学文献出版社 2000 年，第 279 页。

平教授认为全球治理主要是"各国政府、国际组织、各国公民为最大限度地增加共同利益而进行的民主协商与合作,其核心内容应当是健全和发展一整套维护全人类安全、和平、发展、福利、平等和人权的新的国际政治经济秩序,包括处理国际政治经济问题的全球规则和制度"①。罗西瑙认为全球治理的主体"既包括政府机制,同时也包含非正式、非政府的机制"②。皮埃尔·德·塞纳克伦斯(Pierrede Senarelens)认为其是"国际社会中治理被视为多数协议形成的一种规范系统,它可以在没有政府的正式授权和具体批准的情况下贯彻实施某些行动项目"③。格里·斯托克认为,"出自政府但又不限于政府的社会机构和行为者"④。罗伯特·基欧汉和约瑟夫·奈认为全球治理主体指的是"需要不同性质组织参与的一套提高协调性、创造疏导政治和社会压力安全阀的治理机制"⑤。

以上学者论述的关键点集中在"谁是治理者?"这一问题上,明确了这一问题,也就明确了如何回答其他两个问题,即"治理者如何治理?治理产生什么结果(影响)?"⑥ 对此不同学者给了不同的答案,如"各国政府、国际组织、各国公民"、"正式及非正式的国际规制"、"管理机制"、"由多数协议形成的规范系统"、"政府、政府的社会机构和行为者"。词语上的差异,并不利于我们对这一问题的直观认知,但词语使用上的差异往往能够说明该问题的复杂性并没有十分贴切的词汇对其进行全观型的描述。有一点是明确的,即对国家为主要行为体角色的质疑。在全球问题治理需求急剧膨胀的全球公共生活中,国际社会逐步认识到"各国政府并未完全垄断一切合法的权力,政府之外,社会上还有一些其他机构和单位福祉维持秩序,参加经济和社会调节(提供公共物品)"⑦。因此,在全球问题治理的公共物品供给上的角色囊括了国家、正式和非正式的程序和制度、国际组织、非政府组织(包括国内与国际的非政府组织)以及跨国公司等行为体。行为体的广泛性是不是意味着合作能够得以进行、问题得以解决呢?正如追

---

① 俞可平:《全球治理引论》,《马克思主义与现实》2002年第2期,第25页。

② [美]詹姆斯·N.罗西瑙主编,张胜军、刘小林等译:《没有政府的治理——世界政治中的秩序与变革》,南昌:江西人民出版社2001年版,第5页。

③ [瑞士]皮埃尔·德·塞纳克伦斯著,冯炳昆译:《治理与国际调节机制的危机》,《国际社会科学》1998年第3期,第94页。

④ [英]格里·斯托克:《作为理论的治理:五个论点》,俞可平主编:《治理与善治》,北京:社会科学文献出版社2000年,第31~51页。

⑤ Robert O. Keohane, Joseph S. Nye, Introduction, in Joseph S. Nye and John D. Donahue eds., *Governance in a Globalizing World*, Washington DC.: Brookings Institute Press, 2000, pp. 12 – 14.

⑥ [美]詹姆斯·N.罗西瑙主编,张胜军、刘小林等译:《没有政府的治理——世界政治中的秩序与变革》,南昌:江西人民出版社2001年版,第35页。

⑦ 译者的话:从无政府走向世界治理。[美]詹姆斯·N·罗西瑙主编,张胜军、刘小林等译:《没有政府的治理——世界政治中的秩序与变革》,南昌:江西人民出版社2001年版,第5页。

问"两极与多极国际格局哪个更稳定"一样，对于此类问题的解答，只能通过经验性的考察，才能够拥有足够充分的证据进行论证。无论如何，国际社会能够意识到其他非国家行为体作用的重要性，已经是在修正传统的主权观念了，这种非线性的反思对客观认知与解决全球性问题将会产生有益的帮助。实际上，全球系统中的各个元素愈发一致和兼容，它们试图为全球问题治理提供的公共物品——建立共同的安全、繁荣与包容。为了解决和避免体系出现治理的失效，这些要素必须更加紧密联系，形成共同认知，回应全球性问题带来的挑战及其治理挑战。正如玛格丽特·撒切尔夫人著名的"TINA"（There is No Alternative）论断一样，在全球性问题挑战面前——人类"没有选择的余地"。

非传统全球问题治理公共物品供给仍旧有一些障碍。一方面，非传统性全球问题的产生，客观上促使全球治理的出现，但全球治理的出现，并不必然导致全球性治理制度的产生。换言之，全球问题的治理只是为国家之间在这些问题上的合作（建立一种制度）提出必要性和可能性。另一方面，非传统全球问题治理公共物品供给涉及多个领域，具有不同特征，国际行为体的立场和利益也会有所区别。与国际政治相关的非传统性全球问题牵涉国家行为体的不同领域，如政治、经济、军事安全、文化、移民等问题领域；国际公共物品在不同的领域便具有了不同的特质，包括"强非竞争性特征和强非排他性特征"、"强非竞争性特征和弱非排他性特征"、"弱非竞争性和强非排他性特征"以及"弱非竞争性和弱非排他性特征"。"两强"特征是纯粹的国际公共物品，国家往往愿意提供有效机制以保障供给。"一强一弱"、"两弱"特征则是混合型国际公共物品，这种混合型的就会混入竞争性与排他性，从而致使国家并不愿意积极主动地提供公共物品。如全球各个议题领域尤其是传统军事安全问题领域中集体行动的困境尤为显著。在非传统问题领域，事实上也呈现了这一复杂性，如环境领域的制度建设问题仍处于宽泛的争执期。因此，在明显缺乏如国家一样的权力及中心权威的国际关系中，"没有政府的治理"是不可回避的困境。然而，同样明显的是，非传统全球性问题的解决通常也存在一定程度的程序和制度性安排。存在这样一种中央权威缺失却仍能在全球范围内"强制"实施某些决定的秩序，首当其冲的任务就是探究通常与治理相连的那些职能部门在不具备政府制度的世界政治中如何履行其职责以及能在多大限度内履行其职责。[1] 其中，国际组织成为进一步研究的对象。在具有"一强一弱"、"两弱"特征的全球问题治理公共物品供给上，国际组织应该发挥其功能属性，一方面自身提供，另一方面促使国家提供必要的

---

[1] ［美］詹姆斯·N.罗西瑙主编，张胜军、刘小林等译：《没有政府的治理——世界政治中的秩序与变革》，南昌：江西人民出版社2001年版，第7页。

公共物品。

在没有中央权威的全球公共领域中仍旧维持着一种没有"世界政府的治理"的秩序状态，其中，国际组织在全球问题治理的多维度网络中是最积极、最主动的参与者和推动者。[①] 国际组织是为世界提供必要的全球性公共物品的重要行为体，它们正是"适应"全球性公共物品的供给需求，旨在提供全球问题治理制度这一公共物品的多边合作机构。[②] 它们的治理职能几乎覆盖了全球公共生活的所有领域。但有些学者认为，由于国际组织及国家治理的失灵（如联合国的维和行动未能阻止卢旺达的大屠杀；1973 年的石油危机引发的经济危机，致使西方国家的财政赤字迅速扩大，与此同时政府的税收则大幅度下降，政府增进社会福利的能力急剧下降，政府管理失灵），全球治理才得以凸显。同时，全球治理更强调的是非政府组织在全球治理进程中发挥的功效。正如全球治理委员会所论："从全球角度来看，治理在世界层次上一直被主要视为政府间的关系，如今必须看到它与非政府组织、各种公民运动、跨国公司和世界资本市场有关，凡此种种均与具有广泛影响的全球大众传媒相互作用。"[③]

然而，正如前文所分析的全球性问题所具有的独特性特征，致使每一个行为体（国家、非国家行为体）自主或不自主、主动或被动地参与进去，其解决当然也迫使每一个行为体都不可能单独作为。本书认为无论是专门性的还是综合性的（地区性的还是全球性的），国际组织在相互依赖日益加深的全球化进程中和日益增多的全球性问题扩展化过程中扮演治理主体的角色都日趋重要。那么，国际组织在全球问题治理的进程中究竟有着怎样的关键意义、国际组织有哪些全球治理功能使其能够参与全球问题治理进程、国际组织如何参与并推动该治理进程以及其参与治理的效果如何等都是值得深入探讨的问题。

第二节　国际组织与非传统全球问题治理

全球治理的出现折射了全球相互依赖进程中当代全球经济和国际社会变革致使主权国家概念图式下的传统治理模式难以有效应对全球性问题的事实。当然，

---

① 苏长和：《全球公共问题与国际合作：一种制度的分析》，上海：上海人民出版社 2000 年版，第 305 页。

② 刘宏松：《国际组织与非传统性公共安全问题的国际治理》，《上海行政学院学报》2006 年第 1 期，第 75 页。

③ The Commission on Global Governance, *Our Global Neighbourhood*：*The Report of the Commission on Global Governance*, USA：Oxford University Press, 1995, pp. 2 – 3.

"难以应对"并非意味着不能、无法治理，全球性公共问题的出现带来了全球治理模式的兴起与变迁。其中，国际组织作为全球治理行为主体日益凸显了它在全球问题治理中的重要影响力，发挥了重要作用，并通过多维度的治理结构推动全球问题治理的实践进程和理念构建。由于多种制约因素的存在，并不能排除"治理失灵"现象的发生，更不能因此而否认国际组织在全球治理进程中的地位与作用。

一、国际关系理论辩论中的国际组织功能分析

正如前文所分析，为了应对全球性问题的挑战，迫切需要全球各个行为体参与到提供公共物品以满足全球问题治理的需求进程中来。国际组织因其特殊功能，成为全球问题治理的急先锋与积极推动者。国际组织应该发挥其功能属性，一方面自身提供，另一方面敦促国家提供必要的公共物品。然而，国内社会有政府、法律及强制机关为国内公共事务供给必要公共物品提供保障。显然，国际社会面临着缺乏一个中央权威和产权无法明确的困境，却要为全球问题治理提供公共物品而采取高度集中的行动是不现实的。那么，国际组织到底是如何发挥功能、推动全球问题治理的呢？国际关系理论对其进行了一定的分析与论证。

（一）"权力与制度之争"中的国际组织功能

现实主义与新自由制度主义之间的辩论，由于前者强调权力结构是影响国家是否提供公共物品的自变量，而后者强调制度①是影响国家是否提供公共物品行为的干预变量，故简约为"权力与制度之争"。在经典现实主义看来，处于"中心"位置的永远属于"国家"，而国际组织是国家的"附属品"，被国家创立、被国家左右，显然国际组织处在世界政治的"外围"。国际社会的和平这一公共物品是靠国家的权力政治及权力均势来维系的。然而，20世纪以来国际政治的现实并未如现实主义所主张的权力平衡（均势）能够维系和平那样，两次世界大战的爆发推倒了权力均势能够维系世界和平的基本价值取向。传统均势政策的失效"反映出在相互依赖日益加深的国际政治生活中，个体理性的简单相加往往会导致集体的非理性结果—国际公共物品供给的缺失"②。国际安全领域的和平维系在经典现实主义的国家权力均势思想指导下出现了问题，国际经济领域的稳

---

① 基欧汉认为国际制度包括国际组织、国际机制、国际条约。因此，本书有理由认为国际组织在国际关系理论中占据着极大的比重，尤其是全球问题治理出现之后，国际组织的重要作用日渐凸显。

② 刘宏松：《国际防扩散非正式机制研究》，复旦大学博士学位论文，2007年，第18页。

定问题也成为考量新现实主义理论的一个例证。

以查尔斯·金德尔伯格（Charles P. Kindleberger）和罗伯特·吉尔平（Robert Gilpin）为代表的新现实主义从国际政治经济学领域开创了"霸权稳定论"，即必须有一个"霸权国家"来提供国际公共物品才能维持国际社会的稳定。在1919—1939年长达二十年的经济萧条时期，暴露了国际社会缺乏整体性治理理念而采取以邻为壑政策的必然结果。正如金德尔伯格所言："一个国家借助关税、货币贬值或外汇管制来改善自己生产的商品的地位时，它的贸易伙伴由此在福利方面受到的损失有可能超过它自己的得益，以邻为壑的战术会引起报复，以致每个国家追逐其自身利益的行为反而以害己告终。"金德尔伯格尽管认为国家的经济利益有时是互补的，有时是相互对立的，其后果并非由一个或两个国家所决定，而是依存于大家的行动，① 但他仍旧认为20世纪的二十年经济萧条持续时间之长的部分原因和破坏程度之深的大部分解释就是："英国没有能力继续发挥其世界经济体系的保险者的作用，而美国1936年又拒绝扮演这一角色。"② 他直接明了地认为国际经济稳定的公共物品的缺少来自于英国的衰落和美国并没有及时接过这一接力棒。他还着重强调了国际经济和货币体系如世界经济会议如果没有领导国的存在，它们促进国家提供国际经济领域所需公共物品并走向合作就显得十分乏力。"1933年的世界经济会议如同1927年的世界经济会议一样，并不缺少各种各样的计划和主张。问题在于有能力承担领导的那个国家（美国）被国内问题搞得茫然失措，置身事外而未发挥作用。"③ 这表明了国际组织在提供国际公共物品上仍旧需要依赖于霸权国家的存在。吉尔平进一步深化了金德尔伯格的霸权稳定论，认为自由经济制度是霸权的产物，没有霸权就没有自由经济的繁荣和发展。一个居霸权地位的自由稳定国的存在，是世界市场经济充分发展的必要条件。霸权国常常能够"自我牺牲"来提供国际公共物品（如国际安全与和平、自由开放贸易制度、稳定的国际货币、有效的国际经济援助等），但国际公共物品具有的"公共"的特性，使不承担国际公共物品责任的其他国家可以"搭便车"，自动享受其他国家提供公共物品所能带来的好处。这种独有的特性，决定了国际公共物品常常处于供应不足的状态。所以，如果没有一个霸权国愿意为国

① ［美］查尔斯·金德尔伯格著，宋承先、洪文达译：《1919—1939年的世界经济萧条》，上海：上海译文出版社1986年版，第10~11页。
② ［美］查尔斯·金德尔伯格著，宋承先、洪文达译：《1919—1939年的世界经济萧条》，上海：上海译文出版社1986年版，第12~13页。
③ ［美］查尔斯·金德尔伯格著，宋承先、洪文达译：《1919—1939年的世界经济萧条》，上海：上海译文出版社1986年版，第357页。

际体系的稳定提供必要的国际公共物品，那么国际体系就会陷入混乱。① 这表明霸权国的需要决定了国际组织的存在和运行，霸权国家的实力成为国际组织存在和运行的基石。现实主义视角下的国际组织只是权力的依附者。

然而，20 世纪 70 年代国际社会发生了一系列重大事件，如布雷顿森林体系瓦解、美国入侵越南失败、石油危机爆发等。这些重大事件事实上表明了美国霸权在走向衰落，但国际社会的合作并未随之立即崩溃。是什么因素导致各个国家仍旧愿意与其他国家合作提供公共物品，从而建构一个相对完整的全球问题治理系统？换言之，如果在霸权衰落之后或不存在霸权国的情况下，国际社会应采取什么途径进行全球问题治理呢？② 新自由制度主义理论把国际机制这一非结构因素看作世界政治的基本特征（国际权力配置与非国家行为体的行为）中间的调节性因素。该理论认为国际机制能够对国家采取的合作或冲突的行为施加一种影响。③ 也就是说，国际机制能够作为一个调节性变量促进国家为全球问题治理提供公共物品，它们往往通过"降低国家合法交易的成本，增加非法交易的代价，减少行为的不确定性"等方式，促使国家愿意参与到国际公共物品供给的合作行动中来。这进一步说明了国际机制"何以能"及"多大程度上可以能"的问题。相反，如果缺乏国际机制，信息就会不完全，交易成本就会增加，国家间的相互依存程度就会降低，合作就会变得相当困难。故美国在战后、20 世纪七八十年代霸权衰落的过程中，仍旧有国际机制在运转，并为国际社会提供公共物品。④新自由制度主义为国际组织在全球政治中预留了"空地"，使其成为与权力结构一样的能够影响国家提供国际公共物品而采取合作行为的重要变量。

（二）"制度与文化之争"中国际组织的全球治理功能

建构主义强调国际体系的结构不是物质因素而是观念因素对国家是否提供国际公共物品有着重大影响，即体系的结构是文化。故把新自由制度主义与建构主

---

① 参见［美］罗伯特·吉尔平著，杨宇光等译：《国际关系政治经济学》，北京：经济科学出版社1989 年版，第 102 ~ 109 页。

② 刘宏松：《国际防扩散非正式机制研究》，复旦大学博士学位论文，2007 年，第 19 页。

③ 参见：［美］罗伯特·基欧汉、约瑟夫·奈著，门洪华译：《权力与相互依赖》，北京：北京大学出版社出版 2002 年版（英文发表时间：1977 年）；［美］罗伯特·基欧汉著，苏长和等译：《霸权之后：国际政治经济中的合作与斗争》，上海：上海人民出版社 2006 年版（英文发表时间：1984 年）；［美］肯尼思·奥耶编，田野、辛平译：《无政府状态下的合作》，上海：上海人民出版社 2010 年版（英文发表时间：1986 年）；Robert O. Keohane, *International institutions and State Power: Essays in International Relations Theory*, Boulder, Colorado: Westview Press, 1989; Arthur A. Stein, *Why Nations Cooperate: Circumstance and Choice in International Relations*, Ithaca and New York: Cornell University Press, 1990.

④ ［美］罗伯特·基欧汉著，苏长和等译：《霸权之后：世界政治经济中的合作与斗争》，上海：上海人民出版社 2006 年版，第 86 ~ 109 页。

义之间的辩论简约为"制度与文化之争"。国际组织研究内含在国际机制（制度）研究之中。20 世纪 80 年代末、90 年代初至今，新自由制度主义与建构主义进行了国际制度理论的再次辩论，争论的核心问题是国际制度以何种方式促成国家为提供公共物品而开展国际合作。新自由制度主义认为，在国际体系结构不变的情况下，在国家间交往的交易成本过高、可靠信息不足的情况下，国际制度可以通过提供可靠信息、控制交易成本促进国家以合作为基础提供国际公共物品。而建构主义认为通过国际规范、国际制度建构国家身份认同和利益，进而促使以国家合作为基础提供国际公共物品。① 显然，两者选择的角度不同，新自由制度主义是经济学、公共选择领域的理性选择模式，强调国际组织通过规则和决策程序产生作用；建构主义是人类学、社会学领域的建构主义模式，强调国际组织通过原则和规范产生作用。但是"只要这场辩论不至于退化成关于一种信条或者另一种信条优先性的、毫无结果的交流，所有那些对理解国际制度的作用感兴趣的人就会从这场智力对话中受益"②。因此，这种学理上的辩论有益于我们对现有全球问题治理的理解及国际组织如何促进国家为全球问题治理提供公共物品的认知。

综合观之，宏大国际关系理论即"从现实主义到新自由制度主义再到建构主义"的探讨主题从"国际组织是否可以促成国家为提供公共物品而开展国际合作"转为"在多大程度上能够促成"再转为"以何种方式促成"的问题上来。这三者的辩论焦点集中在：国际组织是否可以和国家一起被安置在一个共同的秩序系统中，获得某种合法的和相应的权威？如何促进国家以合作为基础提供国际公共物品？能否为全球性问题的解决提供合理的治理模式？简言之，主要涉及两大问题：一是作为全球治理主体的国际组织是否发挥作用；二是如何发挥作用。这些均是理论上需要深入探究、实证③上需要深度论证的问题。

---

① 参见［美］亚历山大·温特著，秦亚青译：《国际政治的社会理论》，上海：上海人民出版社 2008 年版。

② ［美］奥兰·扬著，陈玉刚、薄燕译：《世界事务中的治理》，上海：上海人民出版社 2007 年版，第 196 页。

③ 建构主义学者已经从实证上证明了国际组织能够通过共有规范的传播、使共有规范内化为国家的私有知识，影响国家的认知，构建国家的身份与利益，进而促使国家为国际社会提供公共物品。参见：［美］玛莎·费丽莫著，袁正清译：《国际社会中的国家利益》，杭州：浙江人民出版社 2001 年版。［美］迈克尔·巴尼特、玛莎·费尼莫尔著，薄燕译：《为世界定规则：全球政治中的国际组织》，上海：上海人民出版社 2009 年版。［美］彼得·卡赞斯坦主编，宋伟、刘铁娃译：《国家安全的文化：世界政治中的规范与认同》，北京：北京大学出版社 2009 年版。其中，因翻译的学者不同，玛莎·费丽莫和玛莎·费尼莫尔为同一个人。

二、国际组织参与全球问题治理的功能表现

国际组织在遭受各种批判之后能否依旧作为重要的治理行为体存在呢？如国际货币基金组织因未能阻止金融危机的爆发而饱受非议。2008 年之后持续很长时间的金融危机中各个国家行为体仍旧作为理性的行为体来采取应对措施，在应对金融危机中，许多国家采取"利己"行为，贸易保护与货币贬值的举措使得危机进一步持续。2010 年召开的 G20 峰会作为非正式国际机制虽然宣称国家不能通过货币的相互贬值来推动国内经济的恢复，但是这一国际机制的有效性、强制性显得过于苍白。① 因此，从历史上来看，国际组织无法避免治理失灵的困扰。然而，这一问题的存在并不能否认它们在解决全球性问题过程中已经或可能发挥的重要作用。WTO 在解决贸易争端方面、在经济领域提供多边发展帮助方面都有着较大的作用。联合国难民署在冲突危机后难民和流离失所者安置上做出了重要贡献。其他各个全球性问题领域的国际组织在一定程度上都发挥着为推动全球性问题的解决提供公共物品的治理功能。总体而论，国际组织的全球治理功能主要体现在以下 3 个层次：

第一，从国家角度而言，国际组织在全球问题治理中能够为国家提供一定的帮助：一是重塑国家利益，即帮助国家知道它们"需要为何"。全球性问题带来的潜在威胁，国家有时并不十分清楚，而国际组织能够扮演教导、传授的角色使国家对全球性问题的威胁形成一定的认知。如世界卫生组织常常通过相应数据的统计及相关疾病危害的考察分析来推动一些国家全面认知艾滋、非典等重大流行疾病。在世界卫生组织的推动下，国家有可能把艾滋病防治、非典防治等纳入国家利益之中。二是为国家提供信息服务功能。国际组织在全球层面能够提供一些共享信息，这些信息可以为国家政府所利用，从而为问题的解决提供必要条件。三是有助于形成合作习惯——使国家和政府间组织变得习惯于一起合作，各类型的政府间组织即使不能从根本上解决全球性问题，但至少让国家习惯于用"对话与合作"的方式解决争执。在大多数情况下，国家的偏好是一个"习得"的过程，国际组织的论坛框架能够对国家"合作与对话"的偏好产生某种影响。

第二，从国际体系角度来看，国际组织在全球问题治理中主要有以下几个方面的功能：一是促使全球性问题进入全球议程。日益全球化的社会中，全球性问题的出现日益导致了国家间处理问题上的相互依赖。但并非所有问题都会引起国际社会的重视，国家也并不都能认识到问题的严重性及解决的紧迫性。国际组织

---

① http：//finance. sina. com. cn/focus/2010G20_ Seoul/index. shtml，2010.

能够推动某些国家未曾关注或不愿关注的非传统性问题上升为国际议题。二是信息收集、分析以及供给的功能。全球问题的应对首先面临着相关问题信息的收集，国际组织可以在全球性危机爆发之中、之后利用相关人力收集信息，并能组织大批该领域的专家对信息、数据进行分析、整理，进而提出一份翔实的工作报告及问题的应对措施。三是原则、规范的制定与传播功能。全球问题治理并非一蹴而就，国家有时出于"私利"采取欺骗的行为会影响到治理的实效。通过国际组织制定的一些原则、规则，能够规范、协调个体利益与群体利益。四是组织实施操作性活动的功能。全球问题伴随着大量并发性的问题，能及时应对一系列问题的仍是反应较快的国际组织。在实施救援行动中，国际组织亦能够协调各人道主义组织进行救援。五是促进国际制度创建及发展的功能。在某些全球性问题领域已经建立了国际制度，但是在某些领域仍旧缺乏统一的协调制度。在推动全球问题治理的过程中，国际组织有时主动推动相关国际制度的创建。在已有议题领域中的国际制度，国际组织往往促使其更加完善，如联合国难民署推动着国际难民制度的完善。

第三，就全球公民社会的角度而论，有助于培养全球公民意识，提高全球公民社会在推动全球性问题解决中的地位，进而能够促进"共同合作"，管理国际公共事务。全球公民社会尽管还只是一个理论上、探讨中的概念，但全球公民社会（非政府组织、全球公民网络、全球公民运动）在推动全球问题治理进程中发挥着特有功效，其作为"全球公民社会最集中的精神体现（所表达的全球意识和全球价值取向）"的非政府组织（国际的或国内的）的作用日渐显现。联合国不仅吸收了大多数国家行为体，还融合了大量的非国家行为体，其中非政府国际组织在传统的军事安全领域以及诸如经济、环境领域的作用日益明显。如在非政府组织的努力下，"尊重人权"被作为联合国的四个目的之一写入宪章，并建立了联合国人权委员会。[①]

探讨了国际组织在全球问题治理上的功能表现之后，对国际组织参与全球治理的多维结构进行讨论，对于全面了解和把握国际组织作为全球治理主体的关键意义尤为必要。

三、国际组织参与全球问题治理的多维网络

国际组织具备了推动全球问题治理的功能，但它如何发挥作用就成为考察国

---

① 王杰、张海滨、张志洲主编：《全球治理中的国际非政府组织》，北京：北京大学出版社2004年版，第168～204页。

际组织功能能否展现不可忽视的问题。在全球治理模式发生变化的同时，国际组织积极适应该变化，逐步形成了自身参与全球问题治理的模式，参与和推动全球问题的治理。传统意义上治理主要是以主权国家为主的治理，如今伴随着全球相互依赖进程中当代全球经济和国际社会的变革，这一治理模式逐渐发生变化。目前，全球问题治理的立体网络是这一变化的直接后果。如图 1-1 所示，它大致包含"三大治理维度、一个整体型治理"，即 A——"全球领域各非国家行为主体之间互动"的治理模式、B——"区域国家间合作"的治理模式、C——国家"私人部门——公私合营部门——公共部门"协作的治理模式以及 D——"以上三种治理模式联动的整体型"治理模式。由此可见，全球问题治理的立体网络反映了全球治理模式的变化。

第一维度 A——"全球领域各非国家行为主体之间互动"的治理模式。主要指的是政府间国际组织、非政府国际组织、跨国公司等非国家行为体之间的互动，但并非不相关的组织之间的联系与互动。相似问题领域的国际组织往往能够基于可能要解决的问题而加强彼此之间的沟通与交流。

第二维度 B——"区域国家间合作"的治理模式。由于全球问题的全球性、公共性、渗透性、关联性使其最终解决并不能仅依赖于国家行为体的"单边行动"和脱离国家行为体的非国家行为体的"全球行为"。同时，大多数国家认识到政府之间的共同谅解比较容易在区域层次取得，使国家更加强调问题的区域合作治理，区域内国家之间合作成为必要。如区域合作实践的典型代表——欧盟，它除了强调传统安全领域的合作外，对非传统性问题的区域国家间合作倾向愈加凸显。

第三维度 C——国家"私人部门——公私合营部门——公共部门"协作的治理模式。全球问题解决的方案——无论是全球安排还是区域安排仍需落实到国内公共事务管理层面上。在全球问题治理达成共识之后，治理的具体方案、措施仍需国家执行。国内不同部门——"私人部门、公私合营部门与公共部门"落实具体方案、项目，通过几大部门间的协调与合作，从而达到对全球问题的控制与管理。如欧盟针对希腊危机提出的解决方案，仍是希腊政府和其私人部门及公司合营部门的共同协力拉动经济，从而渡过危机。

立体的治理结构 D——A、B 与 C 维度相结合的"整体型治理结构"。这一治理结构强调全球层次非国家行为体、区域间国家、国家内部不同部门等各个层次的"整体性治理与协作"，对于解决此类全球性问题大有裨益。因为有些全球性问题依赖于其中任何一个维度的治理都无法很好解决，如国际难民问题。三个治理维度的结合与互动能更好地推动全球问题治理的有效与成功。

对于国际组织而言，积极、主动、创造性地参与各个维度的治理，加强不同

"治理维度"的"联动"作用，成为国际组织发挥功能的主要途径。

首先，积极参与全球层次 A 维度的治理。国际社会中存在众多的特别议题领域的组织，A 维度各组织之间的互动对全球问题的治理事实上是有益的。因此，某一国际组织与其他国际组织在国际社会中常常通过相互影响与协作来推动全球问题的解决。

其次，主动参与区域层次 B 维度的治理。由于国际组织被国家权力的"上移"赋予其发挥作用的功能性权威，并且在"专属"问题领域具有的专门性权威，使其获得一定自主性权力，在促使国家参与到推动全球问题治理行动中具备了一定的自主性。在区域维度的治理模式中，区域治理的成效越来越明显。国际组织为了增强自身影响力，往往会主动参与全球问题的区域治理进程。

再次，创造性介入国家层次 C 维度的治理。因为国家往往是全球问题的制造者或受害者，是最为直接的利益攸关者，也是全球问题治理公共物品的提供者和执行者，故这一模式最为关键。国际组织参与推动国家层面的治理模式为全球问题解决提供了必要条件。创造性地介入国家层次的治理是国际组织发挥作用的重中之重。这一方面表现为国际组织与国家政府部门进行全球问题的治理合作；另一方面表现为在针对某一具体问题项目的落实时通常与国家内部的私人部门或公私部门进行沟通与合作。

最后，参与并推动"全球、区域、国家"三个治理维度的联动。国际组织通过活跃于不同区域层次的治理，加强各层次治理的联动，有助于更加有效地解决全球问题。从宏观角度来说，国际组织参与全球、区域层面的治理更多涉及全球问题治理的共有观念及制度建设；而从微观角度论，国家层面的治理主要涉及的是在共有观念和制度框架下付诸具体的行为实践。无论全球问题治理在哪种维度上运作，也不管其处于何种文化、历史背景之下，全球治理系统中的任何维度上的任何单位层次都无法单独完成。这样看来，如果国际组织能够推动三者间的联动，那么全球性问题的治理尤其重要。

在现实实践中，不同的全球性问题领域存在着不同的治理模式，有的奉行"自下而上"（国家到区域再到全球）的治理，有的奉行"自上而下"（全球到区域再到国家）的治理，这两种治理逻辑的"光谱"互动促成了全球化进程中全球治理结构的变迁。在这一变迁进程中，国家行为体、非国家行为体（如国际组织等）之间的互动决定了全球治理的未来方向。①

---

① 赵可金：《全球公民社会与民族国家》，上海：上海三联书店 2008 年版，第 423 页。

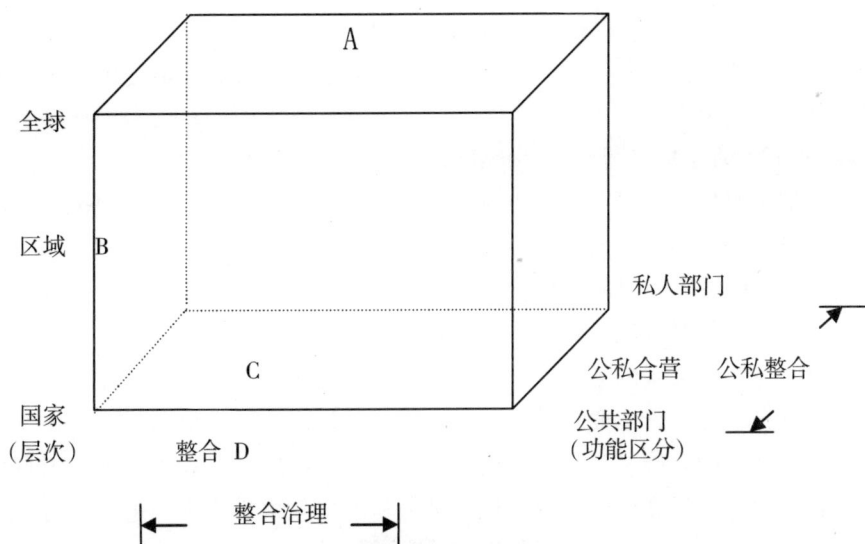

图 1 - 1 整体型治理的四个维度[1]

以上探讨的国际组织在三个维度的治理模式中参与全球性问题的治理有些抽象、笼统，具体的操作实践则复杂很多，这里仅作宏观上的定性分析。本书的第四章将从实证的角度对国际组织参与全球性问题的治理作具体分析，对理论分析模型进行确证性分析。

第三节　国际组织的全球问题治理有效性问题

国际组织参与全球问题治理时，必须面临治理有效性的问题。其中一个关键之处，就是影响和制约国际组织能否有效发挥作用的因素。分析这些制约因素，有助于理解采用何种评价模式更能准确考察国际组织治理功能有效性的问题。

一、国际组织全球问题治理有效性的制约因素

1. 国际组织自身的局限性

国际组织有限的人力、物力及财力，"质疑中"的合法性和授权性，有待完善的组织结构等问题的存在，致使国际组织在参与全球问题治理的过程中面临诸

---

① 彭锦鹏：《全观型治理——理论与制度化策略》，《政治科学论丛》（台湾）2005 年第 23 期，第 71页。本书在此基础上作了修改。

多限制与羁绊。在处理问题时，成员国力量对比的复杂性、成员国利益的矛盾性和差异性，导致当前成员国之间的矛盾激化、利益无法调和，最终国际组织治理功能的有效性也大打折扣。

2. 要解决的全球问题结构的特殊性

问题结构包括"问题属性（Problem Sttributes）、行为体特征（Actor Characteristics）、非对称性（Asymmetries）、社会背景（Social Setting）"等4个维度。问题属性是指问题本身具有的属性；行为体特征是指问题利益攸关方的数量及寻求解决该问题方法时各利益攸关方拥有的不同利益；不对称性是指问题对于各问题利益攸关方之间关系的不对称；社会背景指的是问题产生的社会背景。① 全球问题各有差异，这一特质要求其治理之道不能一概而论。如果国际组织在参与全球问题治理进程中未能考虑到全球问题结构的4个维度，仅仅以国际组织自身的热情去解决问题，那么全球问题治理的难易程度也就很难明确，进而会对问题的成功解决与否有着较大影响，国际组织治理功能的有效性亦会受到挑战。

3. 国际社会的无政府状态

国际社会的深层次结构即国际社会的无政府状态是考察国际组织功能有效性绕不开的困境。无政府性是指由于国际社会不存在阻止任何一个国家使用武力的中央（统一）权威，全球的和平与公正随时面临险境。由此看来，在明显缺乏一个中心权威的国际关系中，国家有可能"想当然"地根据自身国家利益来实施对外行为，从而使全球问题治理无法摆脱"无政府"治理的困境。国际组织参与全球问题治理的初始、治理的进程、治理的后果也将会不同程度地受到这一结构性因素的影响。

4. 国家的主权属性

在全球财富和生产力的分配发生急剧变革的全球化进程中，主权国家仍是捍卫国家在全球经济竞争中利益的主要政治实体。显然，现代民族国家体系就成为一种"限制性因素"，它将总是试图阻扰以超越主权国家政治的方式处理国际关系的企图。② 同时，全球问题治理的公共物品具有"非竞争性与非排他性"的特征决定了国家都可能是潜在的搭便车者。雷特·哈丁（Garrett Hardin）的"公用地的悲剧"及曼瑟·奥尔森（Mancur Olson）的"集体行动的困境"已经清晰表明了在联合提供公共物品上存在的集体行动困境，这为分析非传统全球问题治理

---

① ［美］奥兰·扬著，陈玉刚、薄燕译：《世界事务中的治理》，上海：上海人民出版社2007年版，第196页。

② ［英］戴维·赫尔德著，胡伟等译，《民主与全球秩序：从现代国家到世界主义治理》，上海：上海人民出版社2003年版，第79页。

过程中存在的非合作现象提供了极好的理论说明。① 因此，主权属性下的公共物品搭便车的国家行为严重制约着国际组织在提供公共物品或促使国家提供公共物品上的积极性。

二、评价模式

诚如上文所言，国际组织参与全球问题治理的成效，必然要考虑到各种制约性因素，但这并不是说在受到诸多限制的情况下，国际组织无所作为，何况某些国际组织的治理实践已经足以表明国际组织能够有所作为。如何对其评价关系到实践中国际组织参与全球问题治理能否扬长避短、顺势发展的问题，以下 2 种评价模式对分析国际组织治理有效性进行了较好的评价尝试。

1. "结果导向型"的评价模式

此模式强调从治理的结果考察治理的有效性问题，即国际组织在多大程度上成功解决了导致它们建立的问题。考察具体问题的执行情况或许对我们考察国际组织治理功能的有效性大有裨益。要讨论这一问题，需要使用一些评估指标，比如经济标准强调效率，即以更小的成本达到最好的结果。政治标准直接关注社会公正的问题，讨论制度安排的结果以及程序或过程方面的公正。然后再对这些不同领域的分类指标进行定性和定量分析，便能考察国际组织功能的有效性了。当然，此种治理模式强调制度安排所产生的结果是可持续的。如果在考察联合国功能时，我们选择其在维持全球和平与公正方面的功效，显然会得出联合国在这方面表现十分"乏力"、"无力"的结果。

2. "过程导向型"的评价模式

强调从治理的进程考察治理的有效性问题，即在治理进程中问题治理的压力在一定程度上得以缓解。这一评价模式考虑到相应的制约性因素以及问题解决的"渐进性"特征（并非所有问题的解决都能很快达到预期目标，它是一个渐进的解决过程），这样或能客观、公正地评价国际组织功能的有效性。联合国在促使全球和平与公正方面并非无所作为，如果没有联合国这一平台的协调，全球和平与公正的实现可能困难更大。全球和平与公正在联合国的努力下取得了一定的可喜成果，尽管远未达到人们的预想。全球公正的例子从联合国的自身实践即可看出：从被美苏两大国家左右到逐步成为发展中与发达国家共同组成的多边机构。联合国维和部队在海地等国的维和行动多少缓和了当地的混乱局面，维系了当地

---

① 苏长和：《全球公共问题与国际合作：一种制度的分析》，上海：上海人民出版社 2000 年版，第 14 页。

有限的和平与治安秩序。

事实上，单一评价模式在分析国际组织治理绩效时均存在一定的局限性。因为某个问题在国际组织实施治理行为之后的消失或者缓解，并不能证明国际组织在这个过程中是一个因果性的施动者。反过来，某个问题并未在国际组织实施了治理行为之后消失，也不能证明其治理没有产生任何影响。如果一味追求以解决问题为根本来评价国际组织治理的功效，那么可能会导致治理的最终不成功。因此，如果仅以治理结果为考核标准，并不能全面地理解治理的有效性问题，必须考虑"过程导向型"的评价模式。当然，也不能完全忽视治理的结果，否则一味地追求过程的满足感，也可能导致最终治理的不奏效。对国际组织治理绩效的评判必然要考虑到上文所提到的制约性因素，在使用两种评价模式时，还应结合具体案例进行具体考察。例如，国际能源署（International Energy Agency，简称IEA）是在 1973 年石油危机之后火速被西方国家建立，以应对由于突发的石油危机带来的西方国家经济危机。然而从成立至今，如果从治理结果来看，它在应对石油危机中根本无法有效控制石油价格，但谁也不会否认其在石油危机中为国家提供信息（石油来源地等）所做的努力。①

---

① ［美］罗伯特·基欧汉著，苏长和等译：《霸权之后：世界政治经济中的合作与纷争》，上海：上海人民出版社 2006 年版，第 210～220 页。

第二章　全球化进程中的国际移民问题与治理

　　研究全球化和相互依赖的成果尽管丰富，但对全球化现象（主要是指全球性问题）的研究并不均衡。研究者的注意力通常集中在全球化对经济、政治、生态和文化等方面的影响，而人口的迁移问题（国际移民问题）却常常被置于全球化及国际政治的主题以外。[①] 事实上，全球化与国际移民有着密切的联系：一方面，人的社会行为、动机和价值在许多方面决定了全球化进程的性质；另一方面，移民本身也受到全球化的影响。[②] 国际移民是一个"古老"的全球化现象，目前的全球化使移民及移民问题更为国际化、普遍化。[③] 伴随着全球化的深入发展，国际移民呈现出新特征并带来新挑战。国际移民的治理问题被提上了全球化时代的国际议程。

第一节　全球化背景下的国际移民进程与特征

　　历史上的国际移民处于相对自由的状态，即使在 1648 年威斯特伐利亚体系确立主权国家在国际社会中的地位之后，移民流动在较长时间内依旧松散、自由。然而，随着民族主义的兴起和民族国家对"主权"属性的巩固，人口的自由跨境迁移逐渐成为各国关注的重要内容。欧美国家开始引入移民法、护照和其他入境的法律及行政障碍，对人口的流动进行管理和限制，人口的跨境迁移就不再自由，并逐步成为一种局部现象。因此，现代意义上的"国际移民"无疑是近代民族国家从概念到实体都清晰化之后，才作为一种具有"特殊意义"的社

---

　　① James F. Hollifield, The Politics of International Migration: How Can We "Bring the State Back in"? in Caroline B. Brettell, James F. Hollifield eds., *Migration Theory: Talking across Disciplines*, Routledge, 2000, pp. 137 – 176.

　　② ［俄］戈尔巴乔夫基金会编，赵国顺等译：《全球化的边界：当代发展的难题》，北京：中央编译出版社 2008 年版，第 210 页。

　　③ Ian Goldin, Kenneth A. Reinert, *Globalization for Development: Trade, Finance, Aid, Migration, and Policy*, World Bank Publications, 2007, p. 243.

会现象进入当代人类密切关注的视野之内。[①] 但透过人类的移民史可以发现，人类的移民活动伴随着人类的产生与发展历程。大规模的跨境迁移是公元1500年以后，即地理大发现之后，人类开始了较大范围与规模的移民进程。全球化的深入发展使国际移民的种类、特征以及迁移原因都发生了天翻地覆的变化，国际移民从局部现象成为真正意义上的"全球现象"。与此同时，国际移民的全球化呈现出新的特征，也带来诸多新问题。

一、国际移民历史的嬗变

1. 重商主义时代（Mercantile Period）的国际移民（1500—1800年）

这一时期的世界移民一部分来自欧洲，源于商业资本主义支撑下的殖民地扩张及本土的商品经济繁荣。在近300年间，欧洲逐步建立了在美洲、非洲、亚洲和大洋洲的殖民地。尽管这一时期从欧洲本土迁出移民的确切数目难以考证，但足以让欧洲控制世界大部分地区。对欧洲而言，这一阶段主要有4种类型的移民：土地征服者（agrarian settlers）、官员和技工（administrators and artisans）、种植园主（plantation owners）和海外服役的罪犯（convict migrants sent to sere their sentences overseas）。[②] 除了欧洲殖民者的世界范围迁移之外，这一时期的世界移民还有一部分来自殖民地劳工的迁移。尽管欧洲移民中很少有人直接从事种植活动，但是美洲等地种植园经济的崛起，使得前工业时代的外来国际移民成为种植业劳动力的主要补给。其中主要是从非洲被贩卖到美洲的1 000万非洲奴隶作为大量廉价的劳动力补充。[③] 此时，大量东亚的劳动力尤其是华人劳工也来到了美洲。[④]

2. 工业革命时期（Industrial Period）的国际移民（1800—1900年）

始于19世纪早期的国际移民潮，根源于欧洲农业秩序的衰败、工业制度的出现以及资本主义在前殖民地的扩张，这为大量欧洲人口移出欧洲提供了强有力的"推"的因素。1870年后的美国开始搭上第二次工业革命的快车，工业经济

---

① 李明欢：《国际移民的定义与类别——兼论中国移民问题》，《华侨华人历史研究》2009年第2期，第1页。

② Michael Hefferman, French Colonial Migration, in Robin Cohen ed. , *The Cambridge Survey of World Migration*, Cambridge：Cambridge University Press, 1995, pp. 33 – 38.

③ Douglas S, Massey Patterns and Processes of International Migration in the 21st Century, Paper Prepared for Conference on African Migration in Comparative Perspective, Johannesburg, South Africa, 2003, p. 1.

④ Jin Hui, Chinese Indentured Labour：Coolies and Colonies；Steven Vertovec, Indian indentured Migration to the Caribbean, in Robin Cohen ed. , *The Cambridge Survey of World Migration*, *The Cambridge Survey of World Migration*, Cambridge：Cambridge University Press, 1995, pp. 51 – 62.

的发展急需大量的劳动力为欧洲移民提供了"拉"的因素。美国为那些背井离乡者、未能在新经济和新生活秩序中安身立命的人以及寻求政治庇护的人承诺了一个新的开始。仅在1900年，就有大约4 800万欧洲人移民，这一数字约占欧洲当时人口的12%。其中英国移居海外的移民占其总人口的41%。[1] 大部分欧洲移民移居到美国，换言之，美国移入人口主要由欧洲移出人口组成。1840—1860年间，超过400万人移入美国，这一数字相当于美国当时自由人口的30%。[2] 同一时期，还有一部分亚洲人移入美国，但远远少于欧洲迁移人口。欧亚两洲的移民源源而来，不仅为美国经济的发展提供了充足的劳动力，而且许多熟练工人还带来了必要的技术和经验。

3. 资本主义进入帝国主义阶段，尤其是两次世界大战时期的国际移民（1900—1950年）

这一时期大量资本、原材料从欧洲流向美洲、亚太地区。伴随这一进程的仍是人口的大规模迁移。自由资本主义进入垄断资本主义阶段之后，以商品输出为主的对外扩张模式转变为以资本输出为主。生产资本与借贷资本向殖民地的流动带来了新的工业劳动力的需求。欧洲的工业化管理人员与技术工人伴随着资本的输出向欧洲之外迁移。普通劳动力的需求也客观地造成了部分殖民地劳动力资源随着殖民者资本的脚步在全球流动。但"一战"阻止了这一进程，欧洲向外迁移的移民进入有限迁移阶段，同时1930年代的经济危机加剧了这一局面。"二战"爆发造成的人口迁移不再仅是自愿移民，非自愿移民的数量日益增加，如难民、流离失所者。[3]

4. 后工业革命时期（Post-Industrial）的国际移民（1960年代中期至今）

这一阶段被称为移民的全球化阶段。此时的移民输出国已经不再仅仅是欧洲国家的"专利"了，非洲、亚洲、拉美地区的国家逐步成为自愿移民的输出国。传统的移民接收国也发生了变化，西欧国家如德国、法国、比利时、瑞典和荷兰也吸引了大量的外来移民。1970年代，长期作为移民输出国的意大利、西班牙、葡萄牙开始接纳从中东和非洲而来的移民。1973年石油危机之后，波斯湾国家开始吸引大量的劳工移民。1980年代，国际移民开始迁移至亚洲国家，尤其是新的工业化国家和地区，如日本、韩国、新加坡、马来西亚、泰国、中国台湾和

---

① Douglas S. Massey, Economic Development and International Migration in Comparative Perspective, *Population and Development Review*, Vol. 14, No. 3, 1988, pp. 385 – 386.

② ［美］马丁·N. 麦格著，祖力亚提·司马义译：《族群社会学》（第6版），北京：华夏出版社2007年版，第129页。

③ Diana Kay, The Resettlement of Displaced Persons in Europe, 1946 – 1951, in Robin Cohen ed., *The Cambridge Survey of World Migration*, Cambridge：Cambridge University Press, 1995, pp. 154 – 158.

香港。① 1980 年代末期，苏联的解体再次导致了"南北"大移民。

冷战后，在两极格局分割下的两个市场真正得到了"一体化"，世界经济、贸易的全球化已成为普遍趋势。"美国梦"的召唤使美国成为头号移民输入国。然而，伴随着移民的到来，媒体及本土人开始质疑移民会削弱资本主义国家的财富，冲击资本主义文明，使得资本主义国家成为无源的多文明社会。② 加上移民产生的问题日益显著，作为移民输入国的美国实施了严格的移民政策（如 1994 年美国出台"反移民法案"）以禁止大量移民的移入，2001 年"9·11"事件爆发后更是如此。但这样的措施并未减少移民的数量，非正规移民、寻求庇护者的数量反倒急剧攀升，人口贩卖的跨国犯罪也进入泛滥期。③ 这里并不是把非正规移民产生的根源归结于国家移民控制政策的实施，但这一政策间接或直接地导致了非正规移民数量的上涨。美国已经发生过类似事件，如 1976 年美国对西半球地区实施移民国籍限制制度，引发了大量非法入境事件。④

综合以上对国际移民历史四阶段的考察，可以发现几点变化：一是移民输入国与输出国在不同阶段发生变化。前三个阶段，欧洲是移民来源的主要地区，美洲、太平洋、亚洲是移民接收的主要地区。第四个阶段，移民输入国及移民输出国发生了变化，欧洲成为移民接收地，北美洲尤其美国仍是移民接收地。与此同时，移民来源地不再是欧洲，而是来自于南方国家——拉美、亚洲、非洲。随着亚洲经济的腾飞，亚洲四小龙及泰国、马来西亚成为移民接收国。移民输入国与输出国的置换，"推—拉"因素以及世界体系——中心与外围学说可以解释其中的缘由。发展中国家的经济发展并未阻止其国民移居海外的脚步，发达国家的移民控制政策也未能阻止移民的大量迁入。二是移民种类的变化。公元 1500 年以后，移民不再局限于殖民者、奴隶、新教分子。随着民族国家的确立，移民涵盖了正规移民、难民、流离失所者、非正规移民等。而后，随着全球化进程的真正展开，国际移民又呈现出新的时代特征、产生新的影响。

---

① Loiskandl Helmut, Illegal Migrant Workers in Japan; Fee Lian Kwen, Migration and the Formation of Malaysia and Singapore, in Robin Cohen ed., *The Cambridge Survey of World Migration*, Cambridge: Cambridge University Press, 1995, pp. 371 – 375, pp. 392 – 396.

② 参见［美］塞缪尔·亨廷顿著，周琪等译：《文明的冲突与世界秩序的重建》，北京：新华出版社 2010 年版。

③ Stephen Castles, Why Migration Policies Fail, *Ethnic and Racial Studies*, Vol. 27, No. 2, 2004, pp. 205 – 227; W. A. Cornelius, Death at the Border: Efficacy and Unintended Consequences of US Migration Control Policy, *Population and Development Review*, Vol. 27, No. 4, 2001, pp. 661 – 685.

④ 王显峰：《中国的非法移民研究》，暨南大学博士学位论文，2004 年，第 25 页。

二、全球化进程中国际移民的新特征

"全球化"这一术语所包含的在技术、制度、组织、社会和文化等方面的种种变化造就了一个新世界。在这个世界中，远行千万里去寻求一种新生活不再是一种不可能的梦想，而是变成了现实的可能。正如全球化研究的著名代表人物戴维·赫尔德所言："有一种全球化形式比其他任何全球化形式都更为普遍，它就是人口迁移。"[1] 现代的交通工具等物质条件、各个国家和地区经济社会发展的不平衡以及经济全球化的到来，使移民成为一种必然流动的趋势，同时其流动方向和规模以及途径方式等都与以前有了很大的区别。

（一）国际移民的频率加速、数量增加

当前，由于经济全球化趋势以及通信、交通的进步，希望有能力移居别处的人数已经大为增加。如表 2-1 所示，以两极格局的结束为分水岭，国际移民的数量从 1985 年的 1.11 亿到 1990 年的 1.55 亿，增长了 28%。"冷战"结束后，国际移民占世界人口的比例尽管维持了一段时间的平衡，但国际移民的数量仍在持续增加，从 2005 年开始，这一比例达到 3%。2010 年国际移民的总数突破 2 亿，达到 2.14 亿，是 1960 年的近 3 倍。

表 2-1　国际移民的估算数据及占世界人口的比重（1960—2010 年）[2]

年份	国际移民的估算数据（百万）	占世界人口的比重（%）
1965	78.4	2.4
1970	81.3	2.2
1975	86.8	2.1
1980	99.2	2.3
1985	111	2.3
1990	154.9	2.9

---

①　[英] 戴维·赫尔德等著，杨雪冬等译：《全球大变革：全球化时代的政治、经济与文化》，北京：社会科学文献出版社 2001 年版，第 392 页。

②　表格 1-2、2-2、2-3、2-4 均来自于 C. R. Abrar, Coordinator RMMRU, International Migration: Patterns and Trends. http://www.rmmru.net/NTSWorkshop2008/Day1-DR%20CR%20Abrar.ppt；相关数据来源于 UN, International Migration Report 2006: A Global Assessment；UN, Trends in Total Migrant Stock: The 2003 Revision；UN, Trends in Total Migrant Stock: The 2005 Revision；其中 2010 年的数据来源：IOM, World Migration Report 2010. UN, Trend in International Migration Stock: The 2008 Revision.

（续上表）

年份	国际移民的估算数据（百万）	占世界人口的比重（%）
1995	165	2.9
2000	175	2.9
2005	190.6	3.0
2010	214	3.1

（二）女性移民的比重日益增加

如表2-2所示，1965年，生活在出生国之外的国际移民人口中，女性约占47.1%。此后，女性的比例一直有略微的上升趋势。进入20世纪90年代后，女性移民的比重仍旧持续增加，从1995年的49.3%到2005年的49.6%，增加了0.3个百分点。到2010年，在国际移民中女性的比例已达到一半：50.1%。流动人口中女性比例持续在欧洲最高（52.3%）。此外，在另外3个主要地区的女性移民也超过男性移民人数：2010年，大洋洲占51.2%，拉丁美洲、加勒比地区和北美均占到国际移民总数的50.1%。

表2-2　女性移民占据国际移民总数的比重　　　　（单位:%）

年份	女性移民占据国际移民总数的比重
1965	47.1
1975	47.4
1985	47.2
1995	49.3
2005	49.6
2010	50.1

（三）国际移民的流向发生变化

如表2-3所示，1985年之前，亚洲的移民数量居世界首位，1985年达到3 720万；欧洲与北美其次，分别是2 350万、2 210万。1990年代以来，伴随着"冷战"的结束及全球化的进一步扩展，欧洲的国际移民数量急剧膨胀。进入2000年后，欧洲成为吸引移民最多的地区，2005年达到6 410万，亚洲、北美地区位居其次。如图2-1所示，2010年，欧洲有超过7 000万的移民，占国际移

民总数的 1/3。亚洲为第二大移民洲，其次是北美洲。很明显，欧洲从移民迁出国转变为移民输入国，亚洲作为传统的移民地区仍保持较大移民数量，北美、大洋洲的移民数量在急剧增加。原本落后的拉美、加勒比海地区以及非洲国家的移民数量也呈上升趋势。尽管如此，从表 2-4 仍可明显看出，发达国家吸引移民数量所占国际移民总数量的一半以上，如 2005 年占到 60.5%。

表 2-3　不同地区的国际移民数量　（单位：百万）

年份	非洲	亚洲	欧洲	拉美与加勒比	北美	大洋洲
1965	9.5	28.2	16.7	5.9	12.7	2.1
1975	11.0	28.0	20.2	5.7	15.3	3.6
1985	14.4	37.2	23.5	6.3	22.1	4.2
1995	18.0	47.2	55.3	6.0	33.6	5.6
2005	17.0	53.3	64.1	6.6	44.5	5.0
2010	19.3	61.3	69.8	7.5	50	6.0

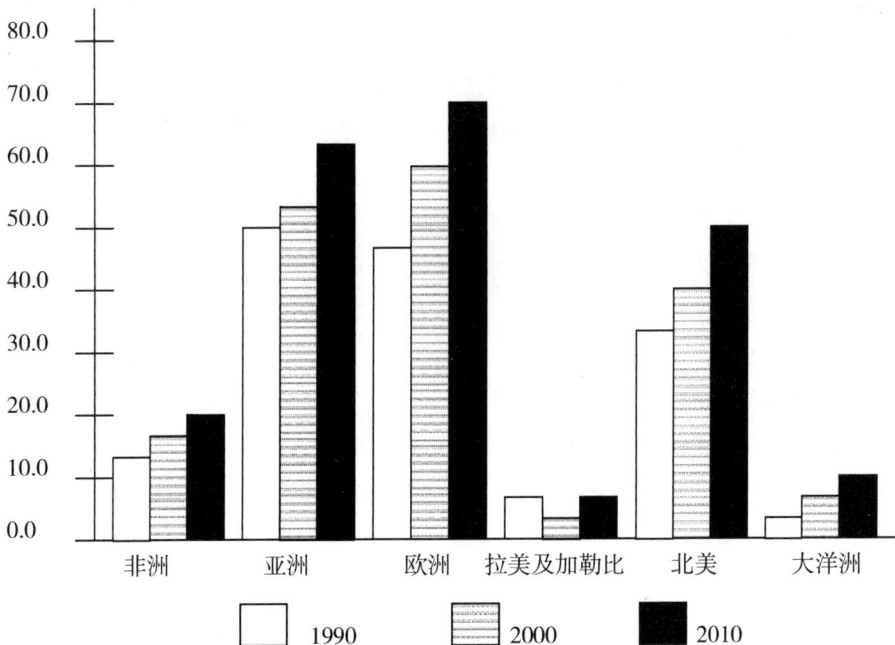

图 2-1　主要地区的国际移民估计数字　（单位：百万）①

————————————

① UN, Trend in International Migration Stock：The 2008 Revision, p. 2.

表 2 - 4　主要区域国际移民所占的比例　　　　（单位:%）

年份	较发达的国家	欠发达国家	最不发达国家
1965	45.2	54.8	8.9
1975	48.9	51.1	7.9
1985	48.3	51.7	8.2
1995	57.5	42.5	7.4
2005	60.5	39.5	5.5
2010	59.7	40.3	5.4

（四）国际移民问题复杂化趋势明显

移民与社会、经济、文化、公共安全与公共健康之间的关系日益使移民问题成为国家外交政策中的重要问题。[1] 移民问题的复杂性在于不同的移民在不同空间和不同时间里能产生相似的问题，但问题的性质与解决之道各不相同。比如安全问题是移民活动必然带来的问题之一，但是在当时、当地的危机层次与解决的办法大相径庭。

1. 移民与安全

移民活动是全球化的一个重要因素，也是侵蚀民族国家权威的力量之一。在大多数移民目的国看来，本土社会日益害怕移民社区的存在，尤其是那些来自与极端主义和暴力联系密切的陌生文化中的移民者。[2] 如果说移民安全在相当长时期内更多地被看作是传统的社会安全，但 2001 年 "9·11" 事件之后，它与毒品、武器一起成为威胁国家安全的一个首要问题。

2. 移民与发展

移民是促进共同发展的一种理想途径。移民发挥了积极作用——提供劳动者以满足发达经济国家和增长强劲的发展中经济国家的劳工需求，同时减轻原籍国的失业和就业不足的压力，并在这个过程中产生有益于后者的侨汇、储蓄和知识。根据原籍国和目的国的互补性，移民能够改善这两类国家的经济和社会状况。然而，发达国家的移民控制政策越发苛刻，并不利于两者关系的良性互动。欧洲在 20 世纪 50 年代的经济发展需求大量的劳工，此时鼓励劳工（Guest Work-

---

[1] Didier Bigo, Security and Immigration: Towards a Critique of the Governmentality of Unease, *Alternatives: Global, Local, Political*, 2002. http://www.highbeam.com/doc/1G1-84338226.html.

[2] Global Commission on International Migration (GCIM), *Migration in an Interconnected World*, Geneva: GCIM, 2005, p.8.

er）的到来。但 20 世纪 70 年代后经济危机的影响以及这些外来劳工已经开始定居，而且随着家庭团聚的缘故，外来人从客人（guest）转变为永久居民（permanent resident），使对本土人工作的冲击成为现实。正如有学者分析指出，"我们需要的是工人，但'人'来了（We ask for worker，but people come）"。[1] 20 世纪 90 年代之后非正规移民的蜂拥而至，带来了很多社会问题。本身即为移民国家的美国，从"二战"结束后也开始制定严格的移民限制政策，从对亚裔的固定配额（而对白人限制较少）到之后的每年固定人数。如果各国起初关注的是外来移民对移居国的贡献的话，现在另外一种声音则在重新思考外来移民对移居国的政治、经济、文化等方面的影响。至此，移民成为一把"双刃剑"。

3. 移民与认同

移民全球性的出现使民族认同与民族主义问题空前突出，许多国内冲突与民族文化认同关系密切。那些无法在全球经济中支配自己命运的人对民族认同与民族国家的态度更加敏感，外来移民如何实现民族认同与移入国公民认同的统一是一个现实问题。尽管国家的地域边界仍在构筑"贫富"分割的空间，但不可否认，人口的频繁流动使空间的封闭成为历史，保持国家的"纯度"及国人的忠诚度所面临的挑战越来越大。全球化加速了人类流动的步伐，扩大了迁徙的规模，多元文化的融合以及移入国公民身份的认同如何实现的问题成为移民领域的世界性挑战。

4. 移民与环境

一方面来自于环境因素对移民的影响，另一方面来自于人口的迁移对环境的影响。全球经济逐步出现的结构转变与气候变化的影响可能会对国际移民的规模产生影响，为国际社会提出管理及保护领域新的挑战。[2] 当然，这里的环境既包括社会经济环境也包括自然生态环境。经济中心的转移往往伴随着人口的迁移。同时，随着人类对生态环境的重视和生活水平的提高，宜居的环境总是能吸引外来人口的流入。但是，人口与环境之间是一种很脆弱的平衡关系。外来人口的大量涌入可能会打破原来形成的脆弱平衡状态，从而对当地的就业岗位、土地、水源以及其他资源形成威胁。虽然保持适度的移民可能对环境能形成良性互动，但是"适度"需要科学的调配以及强有力的管理，这在当今全球范围内是很难实现的。因此，因移民而带来的社会环境和自然环境的波动甚至恶化屡有发生。

总之，国际移民的话题，从 20 世纪 90 年代开始逐步成为国际社会关注的重

---

① Roxanne Lynn Doty, *Anti-immigrantism in Western Democracies: Statecraft, Desire and the Politics of Exclusion*, England: Routledge, 2003, p. 14.

② Susan Martin, Climate Change, Migration, and Governance, *Global Governance*, Vol. 16, Issue 3, 2010, pp. 397 – 414.

点。此前并非不重要，只是国际移民可能导致的潜在矛盾与问题如冰山一角，尚未大面积浮出水面。冷战的结束为全球"一体化"提供了契机，使国家之间的联系、人员之间的流动呈现前所未有的景象，各种类型的移民不觉间突然"冒了"出来。这对本土人而言，各种肤色、文明之间的碰撞不可避免地出现恐惧、排外、仇视等情绪。从政府到民众的视野不再局限于移民给国家、社会、本土人带来的"利益"的一面，也看到了其带来的巨大挑战。

第二节　全球化进程中国际移民问题的挑战性

伴随着全球化这一客观进程，国际移民数量的增加及自然灾害与地区冲突导致的难民数量的增加，移民问题日益成为一个需认真对待的问题。同时，移民已经不再如历史上相对的单一性与持久性，现在逐步转为临时性或循环性。很多国家的民众正在跨境迁移，越来越多的国家开始受到移民问题的影响。正如联合国前秘书长安南在 2002 年所言："我们是时候应对移民问题的各个方面进行全面考察了，因为移民问题涉及成千上万的人们，并影响到原籍国、过境国及目的国（countries of origin，transit and destination）。"[1] 国际移民造成的一系列负面影响，向国际社会提出了新的挑战。[2]

一、人才移民的南—北不对称依旧突出对世界的稳定与发展提出挑战

经济全球化的深入扩展，知识经济和信息技术革命的快速发展，使人才像资本、信息、商品等生产要素一样在全球范围内流动和配置，人力资本对经济发展的贡献率不断增加。尽管人才的跨国流动是一种世界性的经济和社会现象，但由于发达国家所具有的政治、经济及社会环境优于发展中国家，大量人才在推—拉力作用下，呈现明显的南—北不对称性。全球大部分的人生活在 175 个发展中国家，但全球大部分的财富与收入集中在 25 个发达国家。因此，向发达国家移民的人日益增多。2000 年，经合组织的国家拥有 200 万留学生，一半以上来自经合

---

　　① UN, A/57/387, Strengthening of the United Nations: An Agenda for Further Change Report of the Secretary-General, *General Assembly*, 2002, p. 10.

　　② Michele Klein Solomon, Kerstin Bartsch, the Berne Initiative: Toward the Development of an International Policy Framework on Migration, 2003, http://www.migrationinformation.org/feature/display.cfm? ID=114.

组织成员之外的国家，这一部分留学生到美国学习的占 34%，英国占 16%，德国占 13%，法国占 11%，澳大利亚占 8%。[①] 当今世界，所有受过高等教育的移民一半以上都流向美国，1/4 的留学生是去美国深造，他们当中大约一半的留学博士最终都会留在美国工作。1990—2000 年，美国一共接纳了 415 万名 25 岁及以上受过高等教育的移民人才。欧盟当时 15 个成员国在 10 年间也接受了 236 万名移民人才。[②] 流入发达国家的人才，对其而言是"人才获得"（Brain Gain），但对发展中国家来说，则是"人才流失"（Brain Drain）。人才外流对发展中国家的损失不可低估。发展中国家与发达国家应采取措施使"人才流失"和"人才获得"在非此即彼的零和博弈中逐渐朝着"人才环流"（Brain Circulation）的新趋势发展。一旦不能获得很好解决，发展中国家就有可能持续陷入"越不发展人才流失越严重；人才流失越严重就越不发展"的困境。

二、难民问题多样化挑战着国际社会的治理能力

难民定义的范围和深度及其法律地位经过两次世界大战的洗礼和人权事业[③]的影响得以明确化并走向成熟。然而，难民的数量并未因为世界大战、冷战的结束而减少，地区性冲突、战乱导致的难民数量反而急剧增加。与此同时，"新式"难民不断涌现，诸如由自然灾害、政治等因素造成的难民类型；因气候、环境发生急剧变化而失去家园，他们不得不成为流离失所者，成为气候难民。"国际环境法律和发展基金会负责人介绍，据估计，气候变化将使一些小岛国和沿海地区被淹没，到 2050 年，可能会在全球造成 2～10 亿的'气候难民'。"[④] 旷日持久的冲突与灾害正在世界各地创造出新的"半永久型"全球难民局势。"2011年，共有 4 300 万人因冲突逃离家园，约有 5 000 万人因灾害而流离失所"[⑤]。21世纪初，阿富汗、刚果民主共和国和索马里等国家依然冲突不断，并引发新的难民潮，导致这些国家及其邻国遭受难民问题的持续困扰。根据联合国难民高级专员安东尼奥·古特雷斯（Antonio Guterres）2010 年 10 月 4 日在日内瓦万国宫举行的联合国难民署第 61 届执行委员会议上所言，在全球各地已注册身份的近 660

[①]　Philip L. Martin, Susan Forbes Martin, Patrick Weil, *Managing Migration：The Promise of Cooperation*, Kentucky：Lexington Books, 2006, p. 1, p. 31.

[②]　王辉耀：《人才战争》，北京：中信出版社 2009 年版，第 114～115 页。

[③]　1950 年《欧洲人权公约》第 6 条、1966 年《公民及政治权利国际公约》第 3 条、1969 年《美洲人权公约》第 5 条、1981 年《非洲人权和人民权利宪章》和 1984 年《禁止酷刑公约》第 7 条等。

[④]　《气候难民》，《新知》2010 年 5 月，第 35 页。

[⑤]　《全球被迫移徙和流离失所总数超 7200 万》，http：//www.china.com.cn/international/txt/2012 - 10/17/content_ 26815514. htm。

万难民当中，至少有 80 万人现在亟须在第三国得到重新安置，但每年实际的安置机会尚不足十分之一。此外，因自然灾害和冲突而被迫流离失所的人员现有 2 700 万之多，另有 1 200 多万人属于无国籍者，他们也需要获得更有效的人道主义援助和安置。2009 年是全球难民遣返工作 20 年来最困难的一年：仅 25 万难民返回家乡，这一数字仅相当于近 10 年遣返难民年平均数字的四分之一。[①] 据联合国难民署的统计数据显示，2011 年全球大约有 1 542 万难民。[②] 红十字会与红新月会国际联合会于 2012 年 10 月 16 日发布的《2012 世界灾害报告》显示："目前全世界被迫流离失所或移徙的人数已超过 7 200 万，约占世界人口的 1%。……约有 2 000 万处于长期流离失所状态。"[③] 虽然，由统计口径的不一致以及采集数据样本的技术因素造成各个报告的难民数据可能会不一样，但是绝对数量巨大并且存在大量长期流离失所者是各个研究机构的共识。国际社会的难民保护面临前所未有的挑战。

三、非正规移民尤其是人口偷渡与贩卖常态化、链条化对国际社会的管理提出挑战，且此种类型移民的权利常常受到侵犯

正规移民是指家庭团聚、高层次人才等类型移民。非正规移民相对于正规移民而言，包括非法滞留的游客、偷渡移民、贩卖的人口等，其中人口贩卖和人口偷渡问题严重挑战着国家的治理能力。以人口贩卖为例，它是仅次于毒品和武器走私的第三大高利润非法走私活动，被称为"现代形式的奴隶"(modern slavery)活动。国际移民组织的受害人数据库共有 9 000 多个案件。大多数报告认为，贩卖的地理范围已经扩大，多数受害人为妇女或儿童。在 150 个国家中，每年与贩卖有关的起诉案件数量居高不下，2003—2004 年期间平均为 7 300 件。[④] 联合国毒品和犯罪问题办事处保存了从各种来源获得的关于偷渡人口的描述，大约有 4 500 个案件，其中 70 个案件与女性受害人有关，32% 涉及儿童。尽管这些资料并不能涵盖世界各地的贩卖活动，但它们显示，若按严重程度排列，受害人主要来自亚洲、独联体国家和非洲。受害人通常从低收入国家流入中等收入国家，或

---

① 《难民高专：持久冲突创造新的难民人口》，http：//www. un. org/chinese/News/fullstorynews. asp? NewsID = 14219。

② UNHCR, Global Trends Report 2011，http：//www. unhcr-centraleurope. org/en/news/2012.

③ 《全球被迫移徙和流离失所总数超 7200 万》，http：//www. china. com. cn/international/txt/2012 - 10/17/content_ 26815514. htm。

④ U. S. State Department, 2005.

者从任何这些国家流入高收入国家。[①] 2010 年美国公布的人口贩卖调查报告中提到，全球包括成年人和儿童在内的强制劳工（Forced Labor）、债役工（Bonded Labor）[②] 和强迫卖淫（Forced Prostitution）的人数达到 1 230 万人。强大的利益诱因导致人口贩卖的链条无所不及。在人口贩卖中，妇女的比例最大，占到总数的 56%。更多的妇女由于经济、家族、社会的压力被迫从发展中国家"推出来"。近些年出现了贩卖女性移民的新航线，如从马达加斯加到黎巴嫩，从埃塞俄比亚到波斯湾国家，从印度尼西亚到马来西亚、中东国家和地区。[③] 她们被迫从事卖淫和高强度的劳动，也经常受到虐待。根据国际劳工组织最近的全球估计数据显示，在 1 230 万遭受强迫劳动的受害者中，有 139 万人被迫参与商业性剥削，其中 40%～50% 是儿童。[④] 这些被压迫的移民，他们的权利受到侵害，并未获得国际组织或国家的充分保护。

四、"移民与反移民"矛盾的日益凸显给国家移民政策带来挑战

随着全球化的逐步加深，劳动力作为一种资源，其跨国、跨区域流动日益频繁。时代变迁致使移民问题更加突出，反移民运动和思潮风起云涌。移民与反移民的矛盾也就随着移民活动的深入而长期存在并日益激化。据国际移民组织的报告称："移民越来越被当作今日社会所面临的各种各样内部问题，尤其是失业、犯罪、毒品，甚至恐怖主义问题的替罪羊。"[⑤]

反移民问题在现实层面上，经常是政府和民众相互作用、相互影响之后的结果。从国家层面来说，一方面，相当部分发达国家政府由于其面临着老龄化社会的到来，需要大量年轻劳动力弥补本国劳动力的不足，从经济和社会发展层面考虑，不断出台新政策吸收高层次技术人才。另一方面，它们又采取"反移民措施"严格控制低层次移民的移入。这反映了发达国家移民政策"吸纳"、"融合"与"控制"的矛盾心理。就普通民众而言，主要是因经济上的竞争挤压和心理上的传统意识而从利益和文化的层面上反对外来移民。在反移民过程中，变量较多。其中有对自身经济利益分配受损的忧虑，有对外来人口冲击本族社会主宰地位的愤愤不平，有对外来文化的天生敏感，当然也充斥着对自身狭隘的个人或者

---

① UN, A/60/871, p. 17.

② 债役工往往是由于本人或者家庭成员欠下他人债务而不得不为他人工作以抵消债务，如"父债子还"，抵债劳动工作的目的在于还债而不是取得劳动报酬。

③ Trafficking in Persons Report, 2010, p. 7, p. 34. http://www.state.gov/g/tip/rls/tiprpt/2010/.

④ 《联合国儿童基金会：全球儿童状况》，http://www.unicef.org/chinese/media/media_ 45451.html。

⑤ 《反对种族主义、种族歧视、仇外心理和有关不容忍行为世界会议》，南非德班，2001 年 8 月 31 日至 9 月 7 日，http://www.un.org/chinese/events/racism/migration.htm。

群体利益的维护。因此，普通民众既然无法预知所有的变量，只好依赖于民族文化、种族以及意识形态决定自己的立场，把移民看作不确定因素——某种同他们的本身信念、价值观相背离的外来事物。然而，由于经济全球化中的利益分配不合理以及各国各地区发展的不平衡是其深层次原因。移民与反移民二者的复杂关系将会长期存在下去。

第三节　全球移民治理的兴起

正如前文对国际移民问题挑战的分析，传统意义上的移民"零和"博弈在新世纪之后已经显得不合时宜。国际移民问题应与其他全球性问题一样亟须治理而逐步被纳入全球治理议程。围绕着全球移民治理的目的、理念和机制，国际社会不断探索着全球移民治理的途径。

一、全球移民治理的内涵

按照本书给出的"全球治理"的分析框架，全球移民治理也是"目的＋手段"与"理念＋机制"的总和的一个进程。作为目的，反映的是人类对美好未来的追求——有序、自由移民时代；作为手段，反映的是解决国际移民现实问题的从统治、控制方式向治理方式的转变。作为一种规范理念，推动的是全球移民问题的多层次谈判与合作治理理念。作为一种机制，指的是能够保证全球移民问题治理需求所需公共物品有效供给的"原则和规范、规则和决策程序"。其中"原则和规范、规则和决策程序"指的是有约束力的规则和决策程序以及约束力较弱的原则和规范的总和。如此，全球移民治理机制具体包含了参与者（国家或非国家行为体）之间达成的约束力较弱的原则、规范以及具有约束力的规则和决策程序等。全球移民治理的共有知识和全球移民治理的机制相辅相成、共同作用。作为一个进程，全球移民治理的模式仍在讨论中，不同模式可能预示不同的效果。综上所述，全球移民治理指的是"在全球移民治理实践的互动中，全球治理行为主体采取不同的治理模式达成某些国际移民共有知识以及通过制定有约束力的规则和决策程序、约束力较弱的原则和规范以达到实现人类有尊严的生活、有秩序移民目的的一个进程"。

二、全球移民治理的复合结构

通过本书的文献综述，我们可以看出全球移民治理的研究文献尽管不多，但很多学者、国际组织的报告及出版物已经在探讨国际移民治理的问题。如艾莲娜·佩乐茵认为国际移民治理不仅仅是国家主导及国家之间的治理，区域合作治理也非常重要。① 米歇尔·卡莱茵·所罗门既探讨了全球移民治理，更分析了区域治理对国际移民治理的重要意义。② 罗密欧·马特沙认为既要重视移民的国内治理，也要重视移民的全球治理两个方面。③ 除了学者对国际移民治理模式进行了探讨之外，国际组织或机构也对其进行了探讨。如国际移民问题全球委员会认为"国际移民多边治理包括 3 个方面：一是在国家层面协调和增强国家治理能力；二是在地区层面加强国家之间的协商和合作；三是在全球层面加强各国政府之间以及国际组织之间更有效的对话和合作"④。乔治敦大学国际移民研究院认为国际移民治理应在多边、地区以及国家层面上努力。⑤ 国际移民组织提出了国际移民治理"需要增强国家治理的能力并提高其移民政策的内在统一性；强化区域国家间的协商和合作；加强国家和国际组织在全球层面的治理"。⑥

综合学者、国际组织以及研究机构的分析，可以得到以下认知：尽管研究者对全球移民治理抱有很大兴致，但对全球移民治理的难度尤其是国际移民制度建设的难度有客观认识。他们在国际移民治理上达成了基本共识：国际移民治理单靠国家 C 维度的治理是不现实的，全球 A、区域 B 维度的治理势在必行。因此，强化这三个方面的协调、互动，加强各层面治理的联动即 D 维度的整合型治理，更能有效地应对国际移民问题。但大家依旧认为，在探讨全球移民治理问题时，

① Hélène Pellerin, Economic Integration and Security: New Key Factors in Managing International Migration, *Immigration and Refugee Policy*, Vol. 10, No. 6, 2004, pp. 7 – 8.

② Michele Klein Solomon, International Migration Management through Inter-State Consultation Mechanisms, prepared for United Nations Expert Group Meeting on International Migration and Development, 2005.

③ Romeo Matsas, Note on the Global Governance of International Migration: A Belgian Perspective, 2006, the Royal Institute for International Relations (IRRI – KIIB), in partnership with the Belgian Federal Public Service for Foreign Affairs, Organized an Expert Seminar on the Global Governance of International Migration.

④ Migration in an Interconnected world: New Directions for Action, Report of the Global Commission International Migration, 2005.

⑤ Institute for the Study of International Migration (ISIM), Projects on Migration and Development and Governance of international Migration, http://www. un. org/esa/population/meetings/seventhcoord2008/P14 _ ISIM. pdf.

⑥ IOM, World Migration Report 2003: Managing Migration - Challenges and Responses for People on the Move, pp. 65 – 78.

国家仍是国际体系的基石。① 从治理主体的角度来看，目前关于全球移民治理的模式形成了以国家为中心的国际移民治理与以非国家主体为主的移民治理的多元主体及其两者互动的复合模式。

（一）挑战中的国际移民的国家治理

在国际移民问题领域的主权概念图式下，国际移民治理在主权国家看来，原本就是其主权范围之内的职责，如国家移民政策就是主权国家的特权。它们决定着谁可以移入，谁不能移入，移民的数量等。② 如果说冷战期间的移民政策排除了国内经济、社会情况主要由外交和意识形态来控制，那么，目前国家移民政策的制定与变革更加关注国内公众反应及经济发展情况等国内因素。由于缺乏关于国际移民治理的基本规则或制度，许多国家采取单方面行动处理移民问题。但这并不意味着主权国家排斥合作，因为它们一般签订双边协定进行移民治理。如移民输出国常常寻求就移民治理或就它们的公民在国外的权利和生活条件与移民输入国谈判并签订双边协定。20 世纪六七十年代，这种双边协定曾在面向西欧的劳工移民活动中起主要作用，大大改善了移民及其家属的社会保障和权利。近年来，日益复杂的移民问题致使签订双边协定的难度提升。

当下国际移民的规模已经达到前所未有的态势（35 个人中就有一个是移民）③ 及移民带来的跨国性问题的挑战性，对国家通过单边或双边管理国际移民的移民治理提出了极大挑战。对于发达国家而言，数目庞大的非正规移民的涌入，对国家边境安全及社会安全带来严重影响；对于发展中国家而言，高技术移民的移出对本国经济发展带来严峻挑战。④ 这些情况促使国家政府日益意识到移民领域的共有利益以及通过强化移民治理的合作与协调来维护本国的国家利益，而且只能通过更加广泛的平衡方法以及通过加强区域对话、合作的方式来保障国际移民治理的有效性。⑤ 正如前文所言，全球化的相互依赖促使国家治理观念的

---

① Romeo Matsas, Note on the Global Governance of International Migration: A Belgian Perspective, *the Royal Institute for International Relations* (IRRI-KIIB), in Partnership with the Belgian Federal Public Service for Foreign Affairs, Organized an Expert Seminar on the Global Governance of International migration, 2006, p. 7.

② Aleinikoff T. Alexander, Chetail Vincent, *International Legal Norms and Migration*, The Hague: TMC Asser Press, 2003.

③ Michele Klein Solomon and Kerstin Bartsch, the Berne Initiative: Toward the Development of an International Policy Framework on Migration, April 2003, http://www.migrationinformation.org/feature/display.cfm?ID = 114.

④ Ian Goldin, Kenneth A. Reinert, *Globalization for Development: Trade, Finance, Aid, Migration and Policy*, World Bank, 2006, p. 243.

⑤ Michele Klein Solomon, Migration Policy, Research and Communications, Launch Seminar of the Mediterranean Edition of the Handbook on Establishing Effective Labour Migration Policies, 2007.

变化，在国际移民治理领域也同样如此。尽管在国际移民治理政策的许多方面还存在分歧，但大多数国家一致认为，解决这些问题不能简单地依靠军事手段或执法方式，还需要依靠发展合作政策，以达到国家在国际移民治理上的目标。在国际移民复合结构的治理体系中，国家的地位与作用不容忽视。国家过松、过严的移民政策对外部世界的影响远远超过了以往任何时候，加快地区内部的移民治理进程显得尤为迫切，跨地区之间的治理交流也很必要。

（二）正在实践中的国际移民的区域治理

根据国际组织达成的协议和承诺是否对成员国产生法定性的权利与义务关系，国际组织有了正式与非正式之分。非正式的国际组织之所以呈现"非正式"的特征，是因为组织达成的相关协议和承诺只是一种共识，并不能在法律约束力上限定成员国的权利与义务，充其量是产生道德上和政治上的约束力。① 从这一角度来看，国际移民的区域治理进程包括两大方面：一方面是通过如欧盟、北美自由贸易区等正式机制协调区域内国家间的移民问题治理的对话、交流与合作；另一方面则是通过非正式移民治理磋商机制协调区域内国家间的移民问题治理的对话、交流与合作。

全球化及国际移民问题的复杂性促使国家加强了区域内国家间的对话、交流与合作。全球化进程同时伴随着地方化，一体化又伴随着碎片化，由此带动了区域合作、区域一体化和区域主义的振兴。② 因此，在全球化时代，区域合作成为国家间利益博弈的利器。由于国家对经济一体化及在某些情况下对政治一体化的推动，出现了若干关于工人流动内容的区域组织，如作为区域一体化典范的欧盟。与此同时，非传统威胁的相互依赖为区域合作提供了新的催化剂，寻找应对非传统威胁带来的安全挑战的途径（全球公共事务治理）是国家愿意进行区域合作的一大动因。非正规移民如人口的偷渡与贩卖日益增加，对区域国家间的关系产生重大影响，国家日益意识到处理此类问题时加强国家间合作的必要性。国际移民问题结构所揭示的国际移民问题的特殊性，致使如何规范和丰富移民的范畴（如人口跨国偷渡、贩卖与劳工移民等）很难在全球层面达成一致。因此，通过强化国际移民问题的区域治理，可能会增进共识，从而提高治理的有效性。由于认识到政府之间的共同谅解比较容易在区域一级取得，故已经出现若干区域和分区域的磋商机制，它们常常由国际会议或研讨会促成。每一个磋商机制都使某个区域的国家代表汇聚在一起，包括国际组织、非政府组织等也积极参与讨

---

① 刘宏松：《正式与非正式国际机制的概念辨析》，《欧洲研究》2009 年第 3 期，第 91～106 页。
② 赵可金：《全球公民社会与民族国家》，上海：上海三联书店 2008 年版，第421～422 页。

论。诸如难民署、国际移民组织和国际移民政策发展中心，为促成和保持这些磋商机制的势头提供了宝贵的实质性支助和后勤保障。①

1. 正式区域机制的移民治理

早在 20 世纪 70 年代，欧盟便开启了区域内劳工的自由往来机制。《申根协定》② 签订之后，欧盟实现了成员国之间人员的自由流动。在其他区域，促进人员流动或工人流动的协定已成为建立共同市场或自由贸易集团的规范框架下的组成部分，但进展情况都不如欧盟。例如，西非国家经济共同体（Economic Community of West African States，简称 ECWAS）和中部非洲经济和货币共同体（Central African Economic and Monetary Community，简称 CAEMC）关于人员自由流动的议定书尚未得到执行。在美洲，南方共同市场已通过各种文书促进缔约国之间的游客和商务旅行者的流动，而北美自由贸易协定则载有向其缔约国熟练工人发放特别签证的规定。尽管东盟在一体化进程中已经迈出了较大步伐，但目前在东盟成员国内部实现人员自由流动是极不现实的，该区域在加强国家间移民问题治理上仍处于初级阶段。无论如何，正式的区域组织基本上把国际移民问题治理纳入区域合作之中。

2. 非正式区域机制的移民治理

与正式的区域机制把国际移民问题治理纳入到区域机制讨论并试图合作解决的目标一致，20 世纪 90 年代以来全球各区域出现的移民治理区域磋商机制（Regional Consultative Processes on Migration，简称 RCPM），是国家加强区域合作治理的主要内容之一。

现有的区域磋商机制按照区域分布有：在欧洲与苏联地区，最早的是由 UN-HCR 于 1985 年发起的欧洲、北美、澳大利亚关于庇护、难民和移民政策的政府间磋商机制（Inter-governmental Consultations on Asylum, Refugee and Migration Policies in Europe, North America and Australia，简称 IGC）。1991 年由德国发起"布达佩斯机制"（Budapest Process），力求加强欧洲国家之间在加强移民管制方面的合作，旨在在东南欧、黑海国家以及丝绸之路地区开发一个"有序迁移"

---

① 联合国经济和社会事务部 2004 年报告，ST/ESA/SER. A/235。"审查和评价实现《国际人口与发展会议行动纲领》各项目标和目的的进展情况"，第 29 ~ 30 页。

② 《申根协定》的主要内容包括：相互开放边境，包括在协定签字国之间不再对公民进行边境检查；外国人一旦获准进入"申根领土"内，即可在协定签字国领土上自由通行；设立警察合作与司法互助制度等。申根公约的目的是取消相互之间的边境检查点，并协调对申根区之外的边境控制。即在成员国相互之间取消边境管制，持有任一成员国有效身份证或签证的人可以在所有成员国境内自由流动。根据该协定，旅游者如果持有其中一国的旅游签证即可合法地到所有其他申根国家。《申根协定》国取消了内部边界，极大方便了人员、货物、资金和服务在欧盟内部的自由流动。

的全面、可持续的系统。① 2001 年由欧盟轮值主席国瑞典发起了"南雪平机制"（S·derk·ping Process），该机制主要为了应对欧盟东扩后可能存在的挑战以及应对加强与东部地区相邻的欧盟成员国关于庇护和移民等相关问题的合作。② 该机制于 2011 年 12 月被欧盟与东盟伙伴关系国关于移民和庇护问题的论坛（EU and the Eastern Partnership Countries on Migration and Asylum）取代，这一论坛着眼于完善东欧国家庇护与移民体系以及促进东欧伙伴关系国与欧盟之间关于庇护和移民问题的对话与交流。③ 1996 年在俄罗斯倡导下组建了"独联体和邻国关于难民、流离失所者及返回移民区域会议"（Commonwealth of Independence States Conference）。该机制于 2005 年停止工作。④ 2009 年建立的"布拉格机制"（Prague Process），着眼于强化参与国之间的移民管理合作。⑤

在美洲和加勒比海地区，1996 年，在墨西哥普埃布拉举行的关于移民问题的区域会议上，美洲部分国家发起了"普埃布拉机制"（Puebla Process），这是发达国家（美国与加拿大）与发展中国家（危地马拉、洪都拉斯、墨西哥等国）之间设立的第一个区域磋商机制，主要关注领域是移民政策和管理、移民者的人权、移民和发展。⑥ 1999 年，南美洲各国的代表在利马开会即南美国家移民会议（The South American Conference on Migration，简称 SACM），旨在强化南美洲各国在移民权利、移民数据统计以及反对人口贩卖和偷渡等相关领域的合作⑦，从此开创了南美洲各国召开年会交流关于移民问题看法和在本区域寻求合作的传统。

地中海国家 2002 年组建了移民问题部长级区域会议即 5 + 5 对话机制（5 + 5 Dialogue），旨在加强西部地中海国家间在信息交流、边境管理、移民与发展等相关领域的合作。这一机制由南欧国家与西非国家组成。⑧ 移民政策发展国际中

---

① Budapest Process，http：//www. icmpd. org/Budapest-Process. 1528. 0. html.

② The S·derk·ping Process，http：//soderkoping. org. ua/page2864. html.

③ EaP Panel on Migration and Asylum，http：//soderkoping. org. ua/page39964. html.

④ CIS Conference，http：//www. iom. int/cms/en/sites/iom/home/what-we-do/regional-processes – 1/rcps-by-region/cis-conference. html.

⑤ Prague Process，http：//www. iom. int/cms/en/sites/iom/ home/what-we-do/regional-processes-1/rcps-by-region/ prague-process. html.

⑥ The Regional Conference on Migration or Puebla Process，http：//www. rcmvs. org/Descripcion. htm.

⑦ SACM，http：//www. iom. int/cms/en/sites/iom/home/what-we-do/regional-processes-1/rcps-by-region/sacm. html.

⑧ 5 + 5 Dialogue，http：//www. iom. int/cms/en/sites/iom/home/what-we-do/regional-processes-1/ rcps-by-region/5--5-dialogue. html.

心（International Centre for Migration Policy Development，简称 ICMPD）① 于 2002年发起成立了"地中海中转国之间移民对话"（The Mediterranean Transit Migration Dialogue，简称 MTM），旨在加强地中海国家间关于过境移民、混合移民以及移民与发展等相关领域合作的共识。②

在非洲，2000 年以来已启动三个机制：一是 2000 年成立的主要涉及南部非洲国家的"南部非洲国家间移民对话"（The Migration Dialogue for Southern Africa，简称 MIDSA），旨在加强"南部非洲发展共同体"（Southern African Development Community，简称 SADC）的成员国对非盟移民框架和非盟关于移民与发展问题的共有理解，并促进参与国对南共体成员国间简化移民流动草案的认知；③二是 2001 年成立的主要涉及西部非洲国家的"西非移民对话"（The Migration Dialogue for West Africa，简称 MIDWA），主要致力于促使西非国家经济共同体（Economic Community of West African States）的参与国运用区域治理的方法讨论并治理西非国家共同面临的移民问题；④ 三是 2008 年 IGAD 成员国组建了政府间发展机构的移民区域磋商机制（Inter-governmental Authority on Development Regional Consultative Process on Migration，简称 IGAD-RCP），促进 IGAD 成员国与非洲国家联盟之间关于移民问题的共有理解，为非盟移民政策的框架提供支持。⑤ 这三个机制都力求找到区域治理方法，以扩大非洲国家对移民管理和今后的技术合作需要达成的共识。

在亚太地区，1996 年启动的"马尼拉机制"（Manila Process），重点打击和减少本区域的非法迁徙和人口贩卖。⑥ 同年启动的"亚太难民、流离失所者和移民问题政府间协商"机制（The Intergovernmental Asia-Pacific Consultations on Refugees, Displaced Persons and Migrants，简称 APC），发挥着作为本区域各国政府的咨询机

---

① 1993 年由奥地利与瑞士政府号召成立。被用作为信息协商机制的支持者，并为逐步出现的关于移民与难民问题的多边合作进程提供专业的有效性的服务。由 12 个国家（奥地利、比利时、克罗地亚、捷克共和国、匈牙利、波兰、葡萄牙、罗马尼亚、斯洛伐克、斯洛文尼亚、瑞典和瑞士）组成的国际组织，总部设在维也纳。详细请参见其主页：http：//www. icmpd. org/10. html。

② MTM, http：//www. icmpd. org/MTM. 1558. 0. html.

③ About MIDSA，http：//www. migrationdialogue. org/midsa/index. php? option = com_ content&view = article&id = 1&Itemid = 3.

④ MIDWA，http：//www. iom. int/cms/en/sites/iom/home/what-we-do/regional-processes-1/cps-by-region/rmidwa. html.

⑤ IGAD-RCP, http：//www. iom. int/cms/en/sites/iom/home/what-we-do/regional-processes-1/rcps-by-region/igadrcp. html#website.

⑥ Manila Process, http：//www. iom. int/cms/en/sites/iom/home/what-we-do/regional-processes-1/rcps-by-region/manila-process. html；该进程现在处于停滞期，被 APC 进程取代。

构作用。① 进入新千年后亚太地区国家继续探索移民治理的合作机制：2002 年组建的关于"偷渡人口、贩卖人口和相关跨国犯罪问题的巴厘岛机制"（Bali Process）和 2003 年成立的"科伦坡机制"（Colombo Process）② 关于亚洲原籍国有关劳工移民问题的部长级磋商机制。③ 2008 年在阿布杜比，亚洲原籍国、目的国之间召开了部长级关于合同劳工的和海外雇佣的磋商机制（Ministerial Consultations on Overseas Employment and Contractual Labour for Countries of Origin and Destination in Asia）即"阿布达比对话"（Abu Dhabi Dialogue），加强对移民劳工权利的保护。

这些区域磋商机制具有"非正式性、非约束性"的特征，相对灵活的特征使得它们陆续取得了一定的成效：①为本区域内参与国与其他国家分享移民治理经验，并为基于共同利益基础上的移民相关问题、政策和项目等开展讨论及分享信息提供场所；②加强了关于移民问题的区域合作，建立了信任，促进了有关移民问题的共识，并为全球移民治理论坛提供了另一种做法；③这些互动有利于各国之间发展联系，并为今后的双边和多边协定的顺利签署打下基础。④ 正是基于此，国家更加愿意加入进来。这些区域磋商机制在建立共识、推动合作以及促进能力建设方面上起到了重要的作用。这些尝试进一步推动了区域内移民来源国与目的国之间的沟通与协作，推动了国际移民的区域治理，为国际移民的有序迁移提供可能。与此同时，移民区域磋商机制进一步推动了全球移民治理的进程，如伯尔尼倡议、国际移民问题全球委员会、移民与发展全球论坛等的召开。这种作用又是相互的，通过这些全球性移民论坛形成的"共有知识"大都被用来指导移民区域治理的进程。

（三）逐步呈现的国际移民的全球治理

1. 不同移民问题领域中的国际移民法规

它主要涉及 2 个方面：一是国际移民个体的权利与责任；二是国家间合作管理人口跨国迁移的法律规范。这些法案中所载的权利以条约固定为法律形式，对同意

---

① 同时也作为讨论有关难民和流离失所者问题的一个非正式论坛。目前该机制正在作出一些努力，以便将磋商机制融入 APC，并使它成为 APC 有关非正规移民和人口贩卖问题的一个分支机构。

② 详细参见其主页：http://www.colomboprocess.org/，每年有 250 万移民劳工离开亚洲前往世界各国。南亚、东南亚国家的大多数移民工人主要前往海湾国家从事服务业、贸易和建筑。其他则前往北美、欧洲和亚洲国家区域间流动。包括 11 个国家：阿富汗、孟加拉国、中国、印度、印度尼西亚、尼泊尔、巴基斯坦、菲律宾、斯里兰卡、泰国和越南。2004 年在菲律宾、2005 年在巴厘岛召开会议。2011 年第四次会议在孟加拉国首都达卡举行。在科伦坡进程的框架下于 2008 年 4 月在布鲁塞尔召开了亚欧劳工移民协商，由 11 个科伦坡进程成员国与 27 个欧盟国家组成。

③ 最近，某些目的国也加入这一部长级磋商机制。科伦坡进程重点保护脆弱的移民，并最大限度地扩大劳工移民带来的益处。

④ 《国际移民与发展高级别对话区域后续行动：亚洲及太平洋经济社会委员会新出现的社会问题委员会第三届会议》，2006 年 12 月 12 日至 14 日，曼谷，第 8 页。

其条款的各国均具有直接的约束力。关于国际移民个体的权利与责任的法案包括宏观性的保障人权法案与各特殊领域的法案。宏观性的保障人权的法案包括《世界人权法案》（*Universal Declaration of Human Rights*）、《公民权利和政治权利公约》（*The International Covenant on Civil and Political Rights*）、《经济、社会、文化权利国际公约》（*The International Covenant on Economic, Social and Cultural Rights*）、《消除一切形式种族歧视国际公约》）（*The International Convention on the Elimination of All Forms of Racial Discrimination*）、《消除对妇女一切形式歧视公约》（*The Convention on the Elimination of All Forms of Discrimination Against Women*）和《儿童权利公约》（*The Convention on the Rights of the Child*）等；具体到跨境迁移人口（国际移民）的法案包括《保护所有移民工人及其家庭成员权利国际公约》（*The Convention on the Rights of All Migrant Workers and Members of their Families*）、《难民公约》（*The Convention Regarding the Status of Refugees*）、《关于打击陆路、海、空偷渡移民的议定书》（*The Protocol against the Smuggling of Migrants by Land, Sea and Air*）和《关于防止、取缔和惩处人员贩卖特别是妇女和儿童贩卖行为的议定书》（*The Protocol to Prevent, Suppress and Punish Trafficking in Persons, Especially Women and Children*）①等。

脆弱的但在有限实践中逐步提升的国际法是关于"国家间合作管理国际移民"的法律规范。《服务贸易总协定》（The General Agreement on Trade in Services）中国家自愿制定了特定移民准入的规则。WTO 作为执行者对违反该条例的国家可以实施惩罚。《人口贩卖与偷渡议定书》是国家达成合作比较明显的又一法律规范，它强调了国家间通过信息交流、培训等方式共同努力以阻止偷渡与贩卖。这也反映出国家通过单边行动很难有效应对影响多个国家的人口跨境问题。《难民公约》也是一个国家间合作治理移民问题相对成功的具体法案，其明确了国家间应在资金提供、难民保护上加强合作。

尽管存在以上国际移民法律规范用以保护移民个体的权利，但仍存在以下问题：

第一，对国际移民个体人权的解释存在分歧。关于国际移民个体的权利与责任的法案载明的各项人权适用于所有人，其缘由并不在于其是否拥有公民地位，而是因为大家同属于人类（to be human）。这种宽泛的理解致使在联合国人权委员会内有着旷日持久的谈判。如《保护所有移民工人及其家庭成员权利国际公约》，截至

---

① 前者共有 122 个缔约国，后者共有 135 个缔约国。这两个议定书都是有 154 个缔约国的《联合国打击跨国有组织犯罪公约》（*The United Nations Convention Against Transnational Organized Crime*）的补充。

2006 年年底只有 34 个国家批准，且大多数是移民来源国。① 产生这种情况主要有两方面的原因：从实践层面看，国际移民的复杂性与宽泛性为国家带来了技术问题及资金责任问题；从政治角度看，该公约是对国家主权属性的挑战，尤其是对国家阻止非正规移民权威的挑战。②

第二，国际社会并未形成统一的移民全球治理规范性框架。与移民相关的国际法案并未规定国家间来往的确切人数，并没有一个关于公民身份的全球性规范，亦没有一个劳工流动的国际体系等。③ 国家仍旧按照国内法及国内的需求来吸收一定数量的移民，只是人口的自由流动仍旧存在严重障碍。劳工领域本应该有着比较协调一致的全球性规范，但是 WTO 规则中关于劳工自由流动的规范并未得到各国统一的关照，更多的法律框架则来自于地区国家间或国家间双边的合作协定。

第三，一些具体的移民权利保护问题缺乏明确的法律规定。如国家具有规定公民权利的权力，却并未把"消除歧视"这一条款正式固定下来。家庭团聚虽作为人权法案中被统一认可的权利，但很难形成以家庭团聚为由，作为移民"确定性"（Established）的权利。尽管有救助海上漂移的人的责任，却没有此类人能够登陆的正式法律规范。从 1970 年代大量印支难民通过船运逃向世界其他地方的时候，由于没有明确的正式登陆法律规范，致使大量难民漂泊海上直至死亡。可见，国家常常是出于"道义"的责任而非"法定"的义务去救助此类难民。

第四，关于国际移民的相关术语争议颇多，并未达成共识。如移民劳工（Migrant Worker）、流离失所者（Displaced Person，简称 DP）、人口的贩卖与偷渡（Trafficking and Smuggling in Persons）等以及非正规移民（Irregular Migrants）与非法移民（Illegal Migrants）交叉使用。这些术语的运用依赖于不同的使用者，包括国家、联合国系统、国际组织、非政府组织等。忽视了对于移民个体而言，他的"非法"是对国内法而言，并非对"国际法"而论。如此，此类移民的权利常常会遭到侵犯，且所遭受的不公正待遇也会因这种所谓的"非法"称号而陷入持续状态。因此，明确相关术语的内涵对移民权利的保护会大有裨益。④ 推动移民"共有知识"的形成有助于国际移民法律规范的传播及移民的全球治理。

---

① UN, A/60/871, p. 77.

② The legal and normative framework of international migration, A paper prepared for the Policy Analysis and Research Programme of the Global Commission on International Migration, Susan Martin Institute for the Study of International Migration Georgetown University, 2005, p. 2.

③ T. Alexander Aleinikoff ed., *International Legal Norms and Migration*, Geneva: IOM, 2002, p. 55.

④ Jillyanne Redpath, the Importance of Common Terminology and An Overview of International Migration Law, p. 35. Inter-State and Intra-Regional Cooperation on Migration Management in the IGAD Region, a Workshop Report 12th – 14th May 2008, Addis Ababa, Ethiopia.

2. 移民全球治理的机制与进展

1994 年联合国人口发展论坛（International Conference on Population and Deceopment，简称 ICPD）在开罗举行，该会议被看作移民由国内问题转向国际问题的一个转折点，此次会议还表明国际社会已经意识到国际移民治理的挑战性。时任国际移民组织总干事的詹姆斯·珀赛尔（James N. Purcell）在会议的发言中指出："总算盼到了移民迈向了国际议题。意识到人口迁移的全球治理来自于近些年移民的新趋势。近 20 年内，总人口增长了 45%，国际移民数量加倍增加，难民数量增加了 10 倍。"① 但是，此次会议之后，全球性的国际移民会议处于停滞状态。正如戈什所言："如果国际社会对召开此类会议的价值仍存有疑虑，不能确定其主要的会议目标，甚至是不能达成某种共识的某一衡量标准的情况下，召开这样的会议没有多大建设性意义。"② 经历了 20 世纪 90 年代的停滞阶段，进入 21 世纪以后，全球性的国际移民特设论坛日益增加，增加了国际移民全球治理在国际议程上的比重。出现了如伯尔尼倡议（2001 年）、国际移民论坛（2001 年）、国际移民全球委员会（2003 年）、全球移民小组（2003 年）、联合国移民与发展全球论坛（2006年）等非正式机制。联合国、国际移民组织、联合国难民署、国际劳工组织等正式机制成为移民全球治理的"主推手"。

不可否认，国家对移民的主权治理属性和脆弱的制度安排，致使管理国际移民的国际合作更难以实现，并延缓了处理各种国际移民问题的有效国际法律和规范性框架的发展速度。③ 因此，尽管国际社会有如此众多的非正式机制和正式的国际机制以促进国际移民治理的进程，但与国际难民保护制度相比，国际社会并不存在通过有序、合作方式对人口移民进行管理的全面、协调的国际移民管理体系。④ 即便如此，在现有国家移民法律规范的前提下，非正式机制和正式的国际机制推动并形成了一系列非正式的、无约束力的以及关于国际移民问题的"共有知识"，进一步推动了现有国际移民法律规范的传播。而逐步显现的全球移民治理的全面框架作为一个共识将有益于所有国家。

综上所述，全球化进程是一种客观的历史进程，这一客观进程加速了国际移民

---

① Statement of IOM (IGO), Mr. James N. Purcell Jr., International Conference on Population and Development (ICPD), Cario, 1994. http：//www. un. org/popin/icpd/conference/una/940907162239. html.

② Ghosh Bima, Inter-State Cooperation：Global Migration. Report Prepared for the Berne Initiative Conference II. Berne, 2004.

③ The Legal and Normative Framework of International Migration, A Paper Prepared for the Policy Analysis and Research Programme of the Global Commission on International Migration, Susan Martin Institute for the Study of International Migration Georgetown University, 2005, pp. 2 – 3.

④ Michele Klein Solomon and Kerstin Bartsch, The Berne Initiative：Toward the Development of an International Policy Framework on Migration, 2003, http：//www. migrationinformation. org/feature/display. cfm？ ID = 114.

迁移的频率、规模。因而对各个国家和地区的居民生活产生或消极、或积极的影响。国际移民所带来的社会问题、安全问题等都挑战着国际社会的治理与应对能力。由此,从国际移民治理行为体的多样性角度来看,政府、全球市场、全球公民社会及国际组织均应共同努力,制定应对全球化在社会人口迁移方面挑战的有效对策。面对全球化,再造全球治理结构不是可有可无的举措,而是 21 世纪的必然要求。① 从国际移民治理的多维结构来看,增强国家移民治理的能力、强化国际移民的区域治理成效、推动国际移民全球治理的进程是十分关键和必要的。② 随着各层面之间相互协作的逐步加深,将更能增强国际移民治理的有效性。

---

① 联合国开发计划署:《1999 年人类发展报告:富于人性的全球化》,北京:中国财政经济出版社 2002 年版,第 97 页。

② Romeo Matsas, *Note on the Global Governance of International Migration*: *A Belgian Perspective*, the Royal Institute for International Relations (IRRI-KIIB), in Partnership with the Belgian Federal Public Service for Foreign Affairs, Organized an Expert Seminar on the Global Governance of International Migration, 2006, p. 6.

第三章　国际移民组织参与全球移民治理的历程

国际移民组织作为独立于联合国体系之外的移民治理领域的国际组织，成立至今一直致力于全球移民问题的治理，以促进人口有秩序地迁移。通过历史的锤炼及现实的能力建设，国际移民组织已成为全球移民治理的重要主体，并在此过程中形成了参与全球移民治理的独特模式。

第一节　国际移民组织的创立

一、"二战"前后国际移民问题多边合作的历史考察

国际移民问题治理的政府间多边合作的全球性框架实践在两次世界大战前后出现，主权国家相继成立了国际组织以解决难民问题。它们分别是 1921 年在国际联盟（League of Nations）体系下成立的难民高级专员署（the League of Nations High Commissioner，简称 HCR）、1938 年在国际联盟体系外成立的政府间难民问题委员会（Inter-government Committee for Refugee，简称 IGCR）、1943 年成立的联合国善后救济总署（United Nations Relief and Rehabilitation Administration，简称 UNR-RA）①、1946 年在联合国框架内成立的国际难民组织（International Refugee Organization，简称 IRO）。这几个组织是主权国家早期进行多边合作以解决难民问题的尝试与探索。历史知识是至关重要的，因为它能扩大和充实我们头脑中的资料库，使我们能够据此预测未来，还可以提高我们提出假设的能力，使之更接近生活的现实。② 国际性难民组织的实践活动为国际移民组织的成立及其早期移民计划打下基

---

① 联合国并非"二战"后成立的联合国，这里主要是指由抵抗法西斯主义的国家联合起来组成的国家联合体，但却是战后成立的联合国的雏形，而联合国善后救济总署作为联合国的第一个专门机构先于联合国主体成立。联合国善后救济总署于 1947 年退出历史舞台，其大部分工作移交给了 1945 年成立的联合国，其中难民安置工作则移交给了 1946 年成立的国际难民组织。

② ［美］詹姆斯·多尔蒂、小罗伯特·普法尔茨格拉夫著，阎学通、陈寒溪等译：《争论中的国际关系理论》（第 5 版），北京：世界知识出版社 2003 年版，第 23 页。

础，并为认识国际移民组织的当今发展及其影响和作用提供了历史性的分析线索。

有人认为，20世纪上半叶是"全面战争的时代"，因而也造就了一个"难民的时代"。这样说不无道理。战争是残酷的，对于生者尤甚。经过两次世界大战的洗礼，欧洲难民问题更加严重。战争导致难民的产生，但更甚的是，随着20世纪初人类科技的进步、经济社会的变化，军事冲突破坏的程度及范围急剧扩大。敌对国的人民及反抗国的人民同时成为军事攻击的目标，这种区别的消除导致了大量难民的产生。[1] 所以，不像早期被流放的人，为了坚守自己的政治和宗教信仰，免受旧政权的压迫而移民到新世界，20世纪的难民并没有共同的信念，却是被相同的不幸——残酷的战争所驱使。[2] 然而，所幸的是，国际社会已经意识到难民问题的严重性，并考虑到应该有责任向难民提供保护。在各种因素的推动下，国际难民问题的多边合作形式——难民组织纷纷成立以应对严重的欧洲难民危机。20世纪初难民问题的政治性与人道性可见一斑。

（一）处理难民问题的国际组织的建立

1. "一战"导致的大量难民亟须保护及志愿组织的推动：国际联盟体系下的难民高级专员署的成立

"一战"前后爆发的战争产生了不少欧洲难民尤其是俄罗斯无国籍难民，这个庞大难民群体的出现推动着国家走向多边合作，建立难民组织以解决难民问题。1912—1913年的巴尔干战争、1914—1918年的第一次世界大战及其后续1919—1922年的希土战争造成了所有涉及国的动荡及难民流离失所的局面。其中1915年土耳其屠杀亚美尼亚人与巴尔干战争以及1917年的俄国革命导致了难民问题的国际化。[3] 1917年俄国革命发生之后，大批俄国人逃往波兰、芬兰、法国、巴尔干国家和远东地区，1917—1921年间产生了大约100万俄国难民。1919—1922年的希土战争致使100多万安纳托利亚希腊人和亚美尼亚人成为难民。尤其是1921年全俄中央执行委员会和人民委员理事会出台的法令，剥夺了那些在外居住5年以上以及于1917年2月7日后未经授权离开俄国的人的国籍，这导致了大量俄罗斯无国籍人员的流动。与此同时，欧洲国家则认为这部分无国籍的俄罗斯难民威胁到他们国家的主权安全，致使他们在没有护照或旅游证件的情况下不能合法居住在接收国并

---

① Gil Loescher, *Beyond Charity: International Cooperation and the Global Refugee Crisis*, Oxford: Oxford University Press, 1993, p. 34.

② Vera Micheles Dean, European Power Politics and the Refugee Problem, *Annals of the American Academy of Political and Social Science*, Vol. 203, 1939, p. 18.

③ Tony Kuschner, Katharine Knox, *Refugees in an Age of Genocide: Global, National, and Local Perspectives during the Twentieth Century*, Oxford: Routledge, 1999, p. 9.

面临被驱逐的危险。① 这些无国籍难民逐步被驱逐到边境附近，从而使难民成为国家间关系紧张的原因之一，因此，难民问题的处理和战后欧洲的重建一样关键而且迫切。

但是，战后欧洲各国的经济危机、长期失业以及政治动乱严重影响着欧洲难民接收国应对大量难民涌入的能力。国际联盟（以下简称"国联"）作为当时多边合作框架的基石，被认为是唯一有能力解决这一问题的超国家政治组织，并能够超越政治权力而兼顾人道主义。出于政治责任的考虑及权宜之计，提供人道主义援助以及协调逐步成为国联责任范围内的一个组成部分。② 同时，在志愿组织的积极推动下，国联任命了高级专员。1921 年志愿组织的资源很快耗尽，且缺乏一个中心机构来协调志愿组织与各国之间的难民援助行动。在此种情况下，国际红十字会联合委员会及红十字会联盟于 1921 年 2 月 16 日建议国联成立难民高级专员署来定义难民的地位，以确保他们在俄罗斯之外的地方能找到工作或被遣返回国。之后，国联理事会就国际合作的可行性及其应采取的形式展开讨论。1921 年 9 月 1 日，理事会主席任命南森为难民高级专员。③ 主权国家与其说是受到这些规范的力量或人道主义的动机所影响，倒不如说它们被狭隘的政治利益和实用主义所左右。然而，无论国家的动机多么不纯粹，鉴于以前国家对难民问题持续的漠不关心或彼此孤立的慈善行为，各国愿意建立一个致力于难民事务的组织已经是一个重大的创新行动。④ 同时，也是各国在多边合作框架内对难民提供国际保护的第一次重大尝试。

2. 难民问题严重化、国联威信下降以及美国政府的推动：政府间难民委员会及联合国善后救济总署的成立

随着"二战"的开始，难民问题进一步扩大化，国联威信下降，这为新组织的诞生提供了外在的结构性环境。两次世界大战期间，欧洲局势发生了深刻变化：一方面 1929—1933 年的经济大萧条强烈地冲击着欧洲各国，老牌殖民帝国的经济受到重创；另一方面纳粹党在德国、意大利、葡萄牙、西班牙等国夺取了政权，致使 20 世纪 30 年代增加了新的难民，即从法西斯政权下逃出来的难民。其中，犹太难民受迫害最为严重，但很难找到"庇护"（asylum）。正如汉娜·阿伦特（Hannah Arendt）所言："一旦他们离开家园，便无家可归；一旦他们离开国家，便成为

---

① Gil Loescher, *Beyond Charity: International Cooperation and the Global Refugee Crisis*, Oxford: Oxford University Press, 1993, pp. 35 - 36.

② Louise W. Holborn, The League of Nations and the Refugee Problem, *Annals of the American Academy of Political and Social Science*, Vol. 203, 1939, p. 124.

③ Sir John Hope Simpson, *The Refugee Problem*, Oxford: Oxford University Press, 1939, p. 199.

④ ［美］迈克尔·巴尼特、玛莎·芬妮莫尔著，薄燕译：《为世界定规则：全球政治中的国际组织》，上海：上海人民出版社 2009 年版，第 116 页。

无国籍人士；一旦他们被剥夺了人权，他们便毫无权利。"[①] 1933—1939 年间，纳粹政权对待犹太人更加激进。从 1933 起大约有 17 万人离开德国；1935 年有 7 000 人离开萨尔地区，1938 年 3 月从奥地利逃出了 6 万人。[②] 由于缺乏对难民保护的国际承诺，保护从法西斯政权下逃离的犹太难民成为极大的问题。这更加恶化了因俄罗斯难民问题本就已经非常严峻的欧洲难民形势。在政治上，1931—1935 年间国联对纳粹的"绥靖政策"，致使其威信一步步降低，难民高级专员署的难民援助陷入"信誉"困境。

在这种情形下，一些犹太组织及其他私人志愿机构开始强烈要求美国政府有所作为。1935 年之后德国纳粹对犹太人迫害的相关报道已开始在美国传播，激起了美国民众对犹太难民的强烈同情心。迫于舆论压力，美国开始介入欧洲的难民问题。美国政府的参与及推动为新难民组织的建立提供了更为有力的支持。在罗斯福总统号召下先后成立了政府间难民委员会和联合国善后救济总署。

1938 年 3 月 23 日，罗斯福号召 9 个欧洲国家举行关于解决欧洲难民问题的国际会议，这次会议为埃维昂会议的召开作了会前准备。1938 年 7 月 6 日至 15 日，32 个国家响应美国号召，在法国埃维昂召开会议。尽管各国在会议上互相推卸责任，但处理难民问题的共同需要还是促成了一个国际性难民组织的诞生，会议之后便成立了政府间难民问题委员会。

早在 1941 年初，同盟国已经意识到战后将面临大量流离失所的人口。随着"二战"的深入，英国凭借其顽强的意志抵抗着纳粹的进攻，同时意识到一旦战争结束，大量流离失所者如何能立即得到食物等基本生活用品很是关键。此时美国已经卷入战争，战后世界的善后救济事宜随即被正式提上议程。由于美国能够迅速从经济危机中恢复，其经济实力决定了它能够再次主导成立一个新的难民组织。经过 3 年的筹备，1943 年 11 月 9 日，联合国善后救济总署成立。[③]

3. "二战"后大量难民影响经济恢复及冷战前奏的推动：国际难民组织的成立

"二战"后，整个欧洲大陆被战争摧毁，政治版图发生剧变。在此局势下，战

---

① Linda K. Kerber, The Stateless as the Citizen's Other：A View from the United States, in Seyla Benhabib and Judith Resnik eds., *Migrations and Mobilities：Citizenship，Borders，and Gender*, New York：New York University Press, 2009, p. 106.

② Walter Adams, Extent and Nature of the World Refugee Problem, *Annals of the American Academy of Political and Social Science*, Vol. 203, 1939, p. 32.

③ 联合国善后救济总署成立的详细过程参见：王德春：《联合国善后救济总署的诞生及其使命》，《世界历史》2004 年第 5 期；Robert H. Johnson, International Politics and The Structure of International Organization：The Case of UNRRA, *World Politics*, Vol. 3, No. 4, 1951, pp. 520－538；Grace Fox , The Origins of UNRRA, *Political Science Quarterly*, Vol. 65, No. 4, 1950, pp. 561－584.

后欧洲人口史无前例的迁移，3 000 万人背井离乡，包括由于边界的变化不想或无法返回家园的士兵和流离失所者。① 其中超过 1 200 万被迫离开中东欧家园的德国难民，与其他难民一样被迫迁移，被委婉地称为"人口转移"（Population Transfers）。② 这部分流离失所者被视为"希特勒留下来的最危险的定时炸弹"③。所以，"我们在重构战后秩序时，面临的最大问题将是重新安置由于某种原因从他们家园和各地区逃出的难民、流离失所者。问题的严重程度会导致心灰意冷，重组世界经济生活看似简单的事情……以前出现过巨大移民流动，但在这种情况下发生的人口移动是史无前例的"④。欧洲难民问题迫切需要解决，而政府间难民委员会与联合国善后救济总署都不能适应战后难民形势的需要，因此，成立一个新的国际难民机构就成为必要。

同时，冷战的序幕拉开，难民问题成为东西方交锋的重点。西方阵营不愿把流离失所者送回到苏联控制区。在英国、美国、法国控制区内的 250 万苏联人中还有不到 1/4 未被遣回苏联，另外还有 100 多万人仍滞留在难民营。⑤ 这给 UNRRA 提出了难题：是否有义务为那些不愿遣返的人提供帮助？东方阵营坚持认为只能给那些愿意遣返的人提供帮助，而西方国家坚持认为每个人都有自由选择返回或不返回的权利，不能有歧视地提供援助。无论东西方阵营如何争执，UNRRA 从人道主义出发，仍不得不继续援助无论是愿意还是不愿意遣返的难民。但正是这种"骑墙"行为导致美国的反感，加速了 UNRAA 的终结，产生了新难民治理组织。

尽管美国主导创建了 UNRRA 并为其提供大部分操作预算（占该组织预算总额的 72%），⑥ 它却持续批判 UNRRA 的操作实践，尤其是其遣返政策及在东欧国家的难民安置计划，美国认为这只会强化苏联对东欧的控制。1946 年底，美国通过不提供额外资金来终结 UNRRA，并试图建立一个新的国际难民组织，其主要任务不是遣返而是安置那些由"二战"或后续战争导致的流离失所者及难民。1946 年 12 月

---

① Tony Kuschner, Katharine Knox, *Refugees in an Age of Genocide: Global, National, and Local Perspectives during the Twentieth Century*, Oxford: Routledge, 1999, p. 10.

② Dan Stone eds., *Post War Europe: Refugees, Exile and Resettlement*, 1945–1950, p. II, http://www.tlemea.com/postwareurope/essays.asp.

③ Pieter Jan Bouman, *The Refugee Problem in Western Germany*, Netherland: Martinus Nijhoff Publishers, 1950, p. 11.

④ Leonard Woolf, Introduction. Kenneth G. Brooks, The Re-establishment of Displaced Peoples, in Julian Huxley, H. J. Leski and W. Arnold Forster, *When Hostilities Cease: Papers on Relief and Reconstruction Prepared for the Fabian Society*, London: V. Gollancz Ltd., 1943, p. 11, p. 99.

⑤ Gil Loescher, *Beyond Charity: International Cooperation and the Global Refugee Crisis*, Oxford: Oxford University Press, 1993, p. 50.

⑥ Robert H. Johnson, International Politics and the Structure of International Organization: The Case of UNRRA, *World Politics*, Vol. 3, No. 4, 1951, p. 521.

15 日，联合国大会通过了国际难民组织章程，作为联合国一个非永久性的特别机构，国际难民组织从 1947 年 7 月 1 日起开始运作，赋予其三年寿命。与此同时，IGCR、UNRRA 则退出历史舞台。

综上所述，20 世纪上半叶，大量的战争难民严重困扰着欧洲各国。如何能更好地处理难民问题成为各国迫切需要解决的难题。然而，仅靠各国政府自身的努力、国与国之间的双边协定[①]以及一些志愿组织的帮助远远不能妥善解决难民问题。严峻现实迫使主权国家不得不从多边合作的层面来考虑难民问题的解决，由此，处理难民问题的国际组织应运而生。随着美国迅速从经济大萧条中恢复，其逐步介入欧洲难民问题，并主宰了难民处理相关国际组织的命运。

（二）处理难民问题的国际组织发挥的作用

1. 为难民提供物质援助

HCR 难民援助范围最初限定在俄罗斯难民，但在南森的大力推动下，它把援助范围扩展到希腊、保加利亚、亚美尼亚、德国和奥地利等国的难民。他同时说服52 个国家接受了"南森护照"，帮助数十万无国籍的难民移居第三国。各主权国家使用"南森护照"进行难民遣返和互换协议。如 1922 年希土战争后，在南森的协调下，希腊与土耳其政府签订互换协议。根据该协议，110 万在土耳其的希腊东正教徒将迁往希腊，而 38 万在希腊的穆斯林将迁到土耳其。同时希腊与保加利亚也达成了互换 10 万难民的协议。[②] 对于俄罗斯难民而言，截至 1923 年 9 月，2 万名俄罗斯难民被安置到了 45 个国家。1936 年南森办公室实施从法国遣返亚美尼亚难民的"埃里温计划"，在埃里温共安置了大约 15 500 名难民。截至 1937 年底，共36 016 名亚美尼亚难民被安置在 5 576 间住房内，1 090 名难民被安置在 5 个大型的农垦场。[③]

按照与政府签订的协定，IGCR 与 UNRRA、IRO 以及其他国际组织一起保护和运送难民。"二战"爆发前，IGCR 共安置了 40 万难民中的大约 24 万人。[④] 1945 年联合国成立后，在英国的建议下，IGCR 与联合国合作处理难民问题。UNRRA 的援助规模巨大，在与盟军以及 IGCR 的合作下，总共遣返了 104.7 万难民：其中自德

① Phil Orchard, *Refugees and the Evolution of International Cooperation*, Paper Presented at the Canadian Political Science Association Annual Conference, 2007, p. 10.

② Gil Loescher, *Beyond Charity: International Cooperation and the Global Refugee Crisis*, Oxford: Oxford University Press, 1993, pp. 37 – 38.

③ Louise W. Holborn, The League of Nations and the Refugee Problem, *Annals of the American Academy of Political and Social Science*, Vol. 203, Refugees, 1939, pp. 126 – 128.

④ Intergovernmental Committee on Refugees, *International Organization*, Vol. 1, No. 1, 1947, p. 144.

国遣返的约 70 万人，自奥地利遣返的约 20 万人。① 1947 年，IGCR、UNRRA 退出历史舞台后，IRO 接管了它们的工作。截至 1950 年，IRO 为 150 万名难民提供了帮助，其中 790 398 名被重新安置了新家，70 253 名被遣返，这体现了该组织被创建时所遵循的西方国家的意愿——多数难民被安置，少数则被遣返。②

　　2. 促使难民定义的明晰化

　　由于难民的定义一直以来都不确定，主权国家恪守本国移民法，导致了难民的法律地位在 20 世纪前并未得到统一关照。随着难民组织的建立，难民的定义及法律地位逐步被明确化。

　　1921 年苏俄的决定导致了大量无国籍俄罗斯难民的流动。这些人既不能回国，也不能长期待在欧洲的某个国家，暂时也不能离开欧洲到美国。HCR 于 1922 年向俄罗斯难民提供"身份证件"即"南森护照"，1924 年向亚美尼亚难民提供"身份证明书"。1926 年开始界定俄罗斯难民与亚美尼亚难民的内涵，"俄罗斯难民是指具有俄罗斯血统，但不愿意被苏联保护且没有取得任何其他国家国籍的人。亚美尼亚难民是指具有亚美尼亚血统，之前属于奥斯曼帝国但又不愿受土耳其政府保护且没有取得任何其他国家国籍的人"③。随着难民数量的增多，HCR 在 1926 年 12 月向国联提出一份报告，认为难民的外延应该延伸到其他与俄罗斯难民及亚美尼亚难民的生活状况一样的战争难民上。这一定义在 1928 年通过，难民种类扩展到亚述难民、亚述—迦勒底难民及土耳其难民。1933 年的《难民公约》进一步拓展了难民地位的法律内涵，并明确了难民在接收国应该享有的教育权、就业权等权利。这一公约是为难民提供法律保护的有约束力的第一份多边文件。1938 年、1939 年分别把从德国、奥地利逃出来的难民也涵盖其中。④

　　1938 年 6 月成立的 IGCR 也对难民进行了界定，是指"那些还没有离开他们原籍国（德国、奥地利），但由于他们的政治观点、宗教信仰、种族血统等原因而必须移民的人。同时包括了已经离开原籍国并在外还未找到长期定居地的德国人及奥地利人。"之后于 1943 年扩大到苏台德地区难民、西班牙难民及德国之外的大量无国籍的难民，包括"由于欧洲战事导致的不得不离开或已经离开他们的

---

　　① ［英］阿诺德·托因比、维罗尼卡·M. 托因比编，劳景素译：《欧洲的重组》，上海：上海译文出版社 1981 年版，第 183 页。

　　② IRO Press Release, No. 189, 1950.

　　③ James C. Hathaway, the Evolution of Refugee Status International Law: 1920 – 1950, *International and Comparative Law Quarterly*, Vol. 33, No. 2, 1984, pp. 350 – 354.

　　④ Gilbert Jaeger, On the History of the International Protection of Refugees, *IRRC*, Vol. 83. No. 843, 2001, p. 731.

原籍国的难民，但必须由于政治观点、宗教信仰、种族血统等原因"①。

最初，1943 年成立的 UNRRA 把难民的定义限定在："以任何理由不能返回他们的原国籍或居住国的人应该被关注。"② 1945 年 UNRRA 通过的 71 号决议，把援助对象扩大到"那些被迫离开原籍国及前居住国的人"。而美国利用该定义的模糊性，试图把政治难民扩充进去。然而由于以苏联为首的东方阵营反对，该定义再次缩小为"必须提供受迫害的具体证据才能申请'难民身份'并得到 UNRRA 的援助"。1946 年的 IRO 成为战后第一个提供难民保护的组织。它把援助的难民定义为："那些不能被遣返的，或能够提供足够事实以'反对'其被遣返回原籍国的人。"但仍限定在特定人群即或纳粹主义、法西斯主义的受害者，或战前难民，或生活在原籍国之外且不能或不愿受到原籍国保护的人。

3. 探寻难民保护的永久性解决方案

在这 4 个处理难民问题的国际组织为难民提供保护的实践中，逐步形成了以"重新安置、遣返、就地融合"等解决难民问题的主要措施，并对难民的基本权利予以关照。HCR 及 IGCR 的主要任务是重新安置难民。在南森的领导下，国联开始试图对俄罗斯难民的就业及教育权利提供法律上的保护，但并不明显。而 IGCR 已经着手采取措施，以使难民在第三国能够就业、享受基本的医疗服务等。UNRRA 的创立主要负责把盟军占领区的难民"遣返"回原籍国。其中，提供救济物资、救济服务、善后物资、公共设施及相关服务作为其在遣返难民中必须做到的相关事宜。在 UNRRA 基本协定中，把"对战俘和流亡者的还乡也应有所准备和安排"作为目标之一。之后进一步强调，使"战俘、流亡者及其他难民返回家园"。③ 很显然，UNRRA 并未考虑到有些难民已经不愿返回故乡。④ 这说明"遣返"对于一些难民而言并非本意。IRO 已经涵盖了以上几种难民保护措施：遣返，为难民在移居国的安置、融入提供帮助，提供保健及援助。⑤ IRO 支助的 160 万难民中有 100 万被安置在第三国，73 000 个人选择了返回。⑥

---

① James C. Hathaway, The Evolution of Refugee Status International Law：1920—1950, *International and Comparative Law Quarterly*, Vol. 33, No. 2, 1984, pp. 371 –372.

② UNRRA Journal 186 for the text of Resolution 10, which established the nature of the mandate, 1943, p. 65.

③ ［英］阿诺德·托因比、维罗尼卡·M. 托因比编，劳景素译：《欧洲的重组》，上海：上海译文出版社 1981 年版，第 177 ~ 178 页。

④ Woodbridge George, *UNRRA*：*The History of the United Nations Relief and Rehabilitation Administration*, New York：Columbia University Press, 1950, p. 471.

⑤ Marianne Ducasse-Rogier, *The International Organization for Migration* (1951 –2001), Geneva：IOM, 2001, p. 13.

⑥ William Courtland Robinson, *Terms of Refuge*：*The Indochinese Exodus & the International Response*, Zed Books, 1998, p. 5.

4. 促使难民保护基本原则的形成

1933 年难民公约的第三条提出了"不推回原则",即"每个缔约国保证不能把已获准留居的难民驱逐出境,除非出于国家安全或公共秩序的需要。并承诺在他们的原籍国边境,任何情况下不拒绝入境的难民"①。然而并未对其作详细的规定,从而导致难民保护事实上十分脆弱。但是当时难民不推回原则的最早说明,在之后的发展历程中,逐步成为解决难民问题所遵循的一条基本原则。与此同时,难民国际合作也成为国际社会处理难民问题的又一基本原则。这几个国际组织本身就是国家寻求多边合作解决难民问题的产物,亦推动了国家合作解决难民问题,并成为国际社会处理难民问题的基本原则之一。

综上所述,主权国家并不承认其有义务提供难民保护,当然也不愿意接受难民定义及地位的固化与法律化。但各个处理难民问题的国际组织利用其日益增长的自主性,使难民的定义从模糊走向清晰。把难民地位的决定因素从限定在某些国家即"国籍取向"逐步转向"个人特征取向"。这些成为之后的《难民公约》所秉持的一些规范。各个国际组织提供的难民保护措施虽有所差异,但已经从实践上为今天的难民保护提供了丰富经验,这些措施也逐渐成为国际社会公认的永久性解决方案。同时,这两个原则成为当今国际难民保护所秉持的基本原则。

(三) 处理难民问题的国际组织提供难民保护的局限性

这些国际组织被主权国家创立并为解决难民问题作出了应有的努力。但是在执行主权国家委托的任务过程中,往往面临着某些局限性,从而大大限制了国际组织为难民提供保护的广度与深度。现实中的困难成为今天一些人道主义国际组织尤其是政府间国际组织不得不认真思考的问题。

第一,资金的匮乏。所有这些处理难民问题的国际组织的经费大部分来自于成员国的捐赠,一小部分来自于私人捐赠。而经费的多少往往限制了国际组织提供难民保护力度的发挥。例如对亚美尼亚难民的救助。南森于 1925 年推出一项安置计划,这一计划主要安置 25 000 名难民,需要 450 万美元的经费。② 但该计划并未得到主要捐助国英法两国的支持,南森于 1929 年不得不放弃该计划。同样,南森办公室也承受着资金匮乏的压力,接纳的资金只能用做行政费用。虽然它会得到国联的行政支持,但"难民援助资金不到位,而预计这些资金将继续来

---

① Gilbert Jaeger, On the History of the International Protection of Refugees, *IRRC*, Vol. 83. No. 843, 2001, p. 730.

② Louise W. Holborn, The League of Nations and the Refugee Problem, *Annals of the American Academy of Political and Social Science*, Vol. 203, 1939, p. 128.

自私人机构"①。IGCR 的经费主要依靠美国、英国每年提供的 500 万美元，但是两国都认为应该减少其援助额度。② 随着难民数量的急剧增加，西方国家认为 IRO 的难民安置操作费用太高，从而有意结束它的运作。③

第二，新的难民问题产生，既有的国际组织应对新的难民问题稍显乏力。在难民安置上，国联错误地判断了形势，以为难民安置会很快结束，但 1933—1939 年间，纳粹政权对待犹太人的态度更加激进，导致难民潮远远超出了国联的想象。与 HCR 一样，IGCR 也没有成功地帮助难民寻找到永久的居住地，在协调祖籍国、接收国与难民之间的关系时仍缺乏必要的法律支持和成员国政府的支持。同时，它们也无力阻止德国迫害犹太民族的行为。IGCR 曾与德国政府进行谈判，试图使德国政府停止驱逐，并允许难民携带一些他们的财产，但这样的谈判无果而终。④ UNRRA 在东西方阵营的交锋中，并未根据其任务为难民问题的解决提供一个方案，也无能力为战后的大量难民提供援助。尽管 IRO 的安置工作成绩斐然，但是该组织远远不能解决战后的难民问题，如一些被原籍国剥夺了保护但仍需要法律保护的难民以及持续从东欧国家涌入的新难民等。

第三，临时性组织的命运足以说明在成立之初其制度的安排并未得到长远规划。这四个组织成立之初，均被认为是暂时性的。HCR 成立时，国联理事会声明无责任为这一机构提供救济资金，且其工作应是暂时的。UNRRA 是具有明显战时性质的国际难民治理组织，战争期间主要配合盟国远征军最高统帅部（Supreme Headquarters, Allied Expeditionary Forces, 简称 SHAEF）对难民进行救济。IRO 主要着重于安置活动，故成员国试图提高 IRO 的效率，使其能尽快完成作为一个临时性机构的历史使命。⑤ HCR 是在国联体系下建立的，而其机制建设往往依赖于国联的理事会、大会。IGCR、UNRRA 均在美国的支持下成立，它们的组织建设仍旧处于初级阶段。在前面组织的经验教训下，IRO 有了明确的组织章程，逐步形成了较为完善的组织架构，包括国际难民组织全体理事会、执行委员会及秘书处。全体理事会由成员国组成，选举执行委员会的主席与副主席。执行

① Marrus Michael R. , *The Unwanted: European Refugees from the First World War through the Cold War*, Philadelphia: Temple University Press, 2002, p. 89.

② Intergovernmental Committee on Refugees, *International Organization*, Vol. 1, No. 1, 1947, p. 144.

③ G. Loescher, A. Betts and J. Milner, *The United Nations High Commissioner for Refugees* (*UNHCR*): *The Politics and Practice of Refugee Protection into the Twenty-first Century*, Oxford: Routledge, 2008, p. 12.

④ Breitman Richard, Alan M. Kraut, *American Refugee Policy and European Jewry*, 1933 – 1945, Bloomington: Indiana University Press, 1987, pp. 60 – 61.

⑤ Marianne Ducasse-Rogier, *The International Organization for Migration* (1951 – 2001), Geneva: IOM, 2001, p. 13.

委员会负责执行理事会的决定，同时规定了基本的决策程序，在接纳新成员时，实行多票制。① 此时的 IRO 有了较为具体的组织架构，尽管如此，由于成立的时间较短、主要捐赠国的懈怠使这一机构最终走向了解散。

第四，受制于主权国家的外交及国家利益。各个处理难民问题的国际组织很难不依赖捐赠国的援助资金。HCR 若要实施难民援助计划，南森就要有能够说服主权国家提高难民援助资金、减少移民障碍以及为生活在其国内的难民提供更多法律保护的能力。而这一能力的发挥往往受到援助国外交及国家利益的支配。对俄罗斯难民进行保护，其实是因为国联成员国对新生政权苏联充满了怀疑和敌意。同时英国、法国认为他们应该为其支持的、但战败的白俄罗斯士兵提供必要的资金与人道主义援助。② 经济大萧条致使各国政府的主导思想是"难民的到来会增加原本负担很重的就业，不利于经济的发展"。因此，各难民接收国纷纷采取严格的移民控制政策。如受孤立主义的影响，美国社会当时因反对大量犹太人移入而采用配额制；澳大利亚的"白澳政策"排除了亚洲移民等。这些严格的移民控制政策着眼于本国利益，却降低了大量难民以移民身份迁移到其他国家的可能性。此时，犹太难民面临的形势更为严峻，即使国联成员明白犹太难民的产生源于德国纳粹政府，但由于德国还是国联的成员国，为了将祸水东引，英法等国坚持认为难民问题是德国内部事务。即使德国退出了国联，英法等国也未公开批评德国对犹太人的罪恶行径。③ 这个时期的难民保护显得十分脆弱，即使存在一些保护难民的规范，但主权国家的外交及国家利益仍发挥着主导作用。

尽管国际难民组织的安置工作成绩斐然，但该组织远不能解决战后的难民问题：因健康或社会原因而不能迁移，需要持续健康服务及支助的难民问题；被剥夺了原籍国的保护但仍需要法律上保护的难民问题；持续从东欧国家涌入的新难民问题等。同时，国际难民组织三年的期限已接近尾声，成员国又不愿为之付出每年高达 1 亿的预算，这促使成员国讨论终结国际难民组织。在废止了国际难民组织之后，1950 年 12 月成立了一个非操作性机构（Non-Operational Agency）——联合国难民署——为难民提供法律和政治保护。④ 联合国难民署的成立，

---

① IRO Construction, New York, 1946, pp. 5 – 7, http：//treaties. un. org/doc/Treaties/1948/08/19480820% 2007 – 01% 20AM/Ch_V_1p. pdf.

② Gil Loescher, *Beyond Charity：International Cooperation and the Global Refugee Crisis*, Oxford：Oxford University Press, 1993, p. 39.

③ Gil Loescher, *Beyond Charity：International Cooperation and the Global Refugee Crisis*, Oxford：Oxford University Press, 1993, p. 44.

④ Edward Marks, Internationally Assisted Migration：ICEM Rounds out Five Years of Resettlement, *International Organization*, Vol. 11, No. 3, 1957, p. 482.

在一定程度上能够降低难民迁移、安置所需要的高额成本。既然国际社会已成立了一个新的处理移民问题的国际组织，为何又在此后成立另一个同一领域的国际组织即国际移民组织？

二、冷战背景下国际移民组织的诞生

国际移民组织成立于 1951 年 12 月 5 日，被命名为"欧洲移民迁移政府间临时委员会"（Provisional Intergovernmental Committee for the Movements of Migrants from Europe，简称 PICMME）。[①] 1952 年改名为"欧洲移民问题政府间委员会"（Intergovernmental Committee for European Migration，简称 ICEM）。1953 年委员会颁布"组织章程"。1980 年改名为"政府间移民问题委员会"（Intergovernmental Committee for Migration，简称 ICM）。1987 年修订章程，该章程 1989 年执行后，组织改为现名"国际移民组织"。总部设在日内瓦，现任总干事是美国人威廉·莱西·斯温（William Lacy Swing），于 2008 年上任，任期为 5 年。

（一）组建背景

第一，战后欧洲大量的"过剩人口"（Surplus Population）[②] 成为欧洲经济恢复与社会稳定的极大障碍。

经过"二战"的洗礼，欧洲大多数国家生灵涂炭，百废待兴，需要一定数量的劳动力。但是在战后重建的过程中，难民、流离失所者数量较多，欧洲在经济恢复过程中并不能容纳如此众多的"劳动力"。正如国际难民组织的总干事所言，这一问题导致的"过剩人口"一部分是战争留下来的流离失所者，战争结束一年后仍有超过 100 万的难民滞留在难民营中；[③] 另一部分是从中东欧国家涌入西欧国家寻找难民保护和经济机会的流离失所者。从 1945 年到 1948 年，超过 25 万犹太人从东欧和巴尔干国家逃离到德国和奥地利，并被安置在盟军仓促中

---

① 大多数中文网站忽视了它的早期名字，也就忽视了它作为暂时性机构的性质，这并不利于理解其之后为何能从一个临时性的机构变成一个永久性的组织。

② 本书仍采用一些学者提到的"过剩人口"而非"难民"。事实上，"过剩人口"就是难民，"二战"后的欧洲几乎被难民所覆盖。但冷战开始后，西南欧国家成为美对苏冷战的最前沿，以美国为代表的西方阵营故把这些难民、流离失所者称为"过剩人口"。

③ Knowles Valerie, *Strangers at Our Gates：Canadian Immigration and Immigration Policy*, 1540 – 1997, Toronto：Dundurn Press, 1997, pp. 126 – 127.

建立的难民营中。① 据欧洲委员会②1951 年的估计，欧洲大约有 500 万"过剩人口"。③ 同时，尽管从 1947—1948 年接受了马歇尔计划提供的大量资金，但是西欧国家仍旧承受着高失业率的压力。在这样的背景下，众多的外来劳动力并不能被吸纳，严重干扰了西欧经济的恢复与发展。

第二，联合国难民署延续了国际难民组织为难民提供法律保护的任务，但是国际难民组织的移民迁移操作功能无机构继承。

根据国际难民组织章程的规定，它的主要功能有遣返难民，确认、登记、分类难民身份；为欧洲的难民、流离失所者提供法律政治保护，并运送、安置及再安置他们到愿意接收他们的国家。④国际难民组织 1952 年 1 月 31 日退出历史舞台之前，于 1950 年成立了联合国难民署，主要职责在于为难民提供法律保护，故延续了国际难民组织的难民法律保护的责任，却没有其他组织能够接管国际难民组织"移民操作功能"。⑤即使联合国难民署成立后，国际难民组织仍履行其难民安置、迁移功能，但并未被授权处置其运输工具的权力。除此之外，规定联合国难民署不能接管国际难民组织的移民运输工具。⑥ 因此，联合国难民署尽管被赋予很大的责任，但很少有授权的操作能力。这就是美国反对在联合国体系下处理难民、劳工迁移的直接结果，因为它相信在联合国体系之外可以很好地控制难民迁移计划的实施。美国认为只需要一个小组织来承继国际难民组织的运输功能，

---

① Arieh Kochavi, The Politics of Displaced Persons in Post-War Europe, 1945-1950, p. 1, http: //encyclopediajudaica. com/DigitalCollections/whitepapers/GML40907_ ThePoliticsOfDisplacedPersons. pdf.

② "二战"后，欧洲兴起了联合的思潮，欧洲统一运动蓬勃发展。经过丘吉尔、雷诺等著名人士的努力，1948 年 5 月在海牙召开了欧洲统一运动首届大会。英国、法国、荷兰等 10 国政府于 1949 年 5 月 5 日成立了"欧洲委员会"。希腊、土耳其、联邦德国、冰岛、奥地利、塞浦路斯、瑞士、马耳他等国之后加入这个组织。欧洲委员会是成立最早的欧洲合作组织，其目的在于加强成员国之间的团结、促进社会经济发展和坚持民主、法制和人权的基本原则。如今，原为西欧的 10 个国家组成的政治性组织现已扩大到整个欧洲范围，共有 46 个成员国、5 个部长委员会观察员国（梵蒂冈、加拿大、美国、日本和墨西哥）以及 3 个议会观察员国（加拿大、墨西哥和以色列）。总部设在斯特拉斯堡，核心机构是一个由各国外长组成的部长委员会和一个由各国议会代表组成的协商议会，日常工作由常设秘书处负责处理。其宗旨是保护欧洲人权、议会民主和权利的优先性；在欧洲范围内达成协议以协调各国社会和法律行为；促进实现欧洲文化的统一性。欧洲委员会通过审议各成员国共同关心的除防务以外的其他重大问题，推动各成员国政府签订公约和协议以及向成员国政府提出建议等方式，谋求在政治、经济、社会、人权、科技和文化等领域采取统一行动，并经常对重大国际问题发表看法。

③ Marianne Ducasse-Rogier, *The International Organization for Migration* (1951 – 2001), Geneva: IOM, 2001, p. 17.

④ IRO Constitution, Article 2, Paragraph 1, New York, 1946, p. 3; http: //treaties. un. org/doc/Treaties/1948/08/19480820％2007 – 01％20AM/Ch_ V_ 1p. pdf.

⑤ Richard Perruchoud, From the Intergovernmental Committee for European Migration to the International Organization for Migration, *International Journal of Refugee Law*, Vol. 1, Issue4, 1989, p. 502.

⑥ Rieko Karatani, How History Separated Refugee and Migrant Regimes: In Search of Their Institutional Origins, *International Journal of Refugee Law*, Vol. 17, Issue 3, 2005, p. 532.

因为剩余人口的迁移问题只是临时性的。①

第三，冷战开始后美苏在移民问题上出现严重分歧。

随着"二战"的结束，难民问题本应成为各国共同应对的问题，但意识形态主导下的冷战开始，东西方阵营在难民问题上各执己见。冷战气氛在1946年已经出现，1947年"杜鲁门主义"的出台标志着冷战拉开帷幕。1950年朝鲜战争的爆发加剧了东西方阵营的对峙。虽然东西方阵营主要重心放在高级安全上，但难民问题所引发的高级安全问题也逐渐显现。所以，在难民问题上双方分歧较大，联合国、联合国难民署成为美苏两大国对待难民问题上各执己见的主要场所。以苏联为首的东方国家反对难民、流离失所者的安置计划，要求把这些人（无论他们愿意与否）遣返回原籍国。以美国为首的西方阵营，则按照"一切难民都有选择的自由和权利"的标准，督促联合国难民署为逃离东欧国家的人提供难民保护，并把他们安置在第三国。双方在联合国难民署中的争论持续不断，联合国难民署也"左右为难"。所以美国并未全力支持联合国的这一组织，并开始了筹建新的组织的酝酿。

此时，大量劳动力的"富余"致使很多欧洲人试图寻找机会离开欧洲，移居海外。西欧国家也试图支助这部分人移民到接受欧洲移民的国家，甩掉经济发展的包袱。但由于欧洲国家大都在"二战"后实力被严重削弱，转移这部分人需要大量的资金支持，单靠欧洲国家无法解决，故依赖美国的经济支持成为最佳选择。尽管东西方阵营各自对难民问题有不同的处理方式，但组建战后难民迁移的国际组织很快落实到了行动上。

（二）从那不勒斯会议到布鲁塞尔会议：国际移民组织的诞生

由于国际组织的创建是一个相互妥协的过程，因此，组织建立的困难可想而知。其难度主要来自于一些障碍——那些使得参与者难以进行建设性谈判，或者谈判进程开始后，致使参与者难以就组建条约的条款达成最终意见。这些障碍或来自于问题的结构属性，或来自于参与者的态度，都可能致使建立国际组织的努力难以持续进行。国际移民组织的创建同样经历了这样一个谈判的过程，各利益攸关方进行了激烈的争执之后，就国际移民组织的任务达成了一致意见，但对于是否接收以及接收移民数额的权力仍由主权国家控制。

关于成立一个什么类型的转移欧洲过剩人口的组织，国际社会争执不下。然而，主要争执不是发生在美国与苏联两大阵营上，而是发生在国际组织与美国为

---

① Miriam Feldblum, Passage – Making and Service Creation in International Migration, *International Studies Association* 40*th Annual Convention*, Washington D. C, 1999.

代表的西方国家之间：一方是国际劳工组织①——联合国意图成立一个更加宽泛、具有较大授权的移民组织；另一方为美国，它并不愿把难民问题上升到国际层面从而削弱国家对难民问题的控制，试图在政府间协议的基础上成立一个功能性机构。② 由此争论双方展开了博弈。

早在 1946 年 8 月，国际劳工组织便呼吁针对移民问题采取国际层面的协调办法。1947 年 3 月 29 日，联合国经济及社会理事会通过解决方案，要求人口和社会委员会与其他有关机构协商出台报告，认为应该采取切实可行的计划，成立一个使联合国有关移民领域的各机构能协调合作的 "一个中心的协调机构"。③因为难民在欧洲重建中造成的问题不仅仅是欧洲的问题，也是世界的问题。接下来的几年，联合国大会及其附属机构都在讨论建立一个关于解决移民问题的组织。1950 年，国际劳工组织提出一个清晰的计划以管理及协调欧洲移民与海外移民国家之间的关系，为次年的那不勒斯移民会议作了铺垫。

1951 年 10 月，在国际劳工组织的号召下，那不勒斯召开了一个为实施迁移计划成立移民机构的会议。其中，27 个国家参加了会议，还包括联合国难民署、欧洲经济合作组织和欧洲委员会等国际组织以及移民领域中的 33 个非政府组织。总体而言，超过 200 个代表和观察员参加了那不勒斯会议。④ 国际劳工组织提出了此次会议的主要议题为 "促进欧洲移民迁移国际合作的最佳形式"，正如国际劳工组织总干事所言，"需要采取一系列措施来把欧洲盈余的工人迁移至他们可以改善自己的生活标准的地方，并且他们是有益于造福全世界的"⑤。其陈述了实施计划的主要原则：①由一个国际组织来协调关于移民的国际措施；②国际援助作为国家行为的补充；③移民问题已经超出劳工领域，同样也是总体和平计划和争取世界经济社会发展改善的一部分。⑥

各国家代表对国际劳工组织提出的计划有着不同的意见。一些国家政府考虑到费用等问题表达了他们的不满。英国外交部警告说 "国家正在承担为此要购买

---

① 1919 年，根据《凡尔赛和约》，作为国际联盟的附属机构成立。1946 年 12 月 14 日，国际劳工组织成为联合国的一个专门机构，总部设在瑞士日内瓦。

② Rieko Karatani, How History Separated Refugee and Migrant Regimes: In Search of Their Institutional Origins, *International Journal of Refugee Law*, Vol. 17, Issue 3, 2005, p. 519.

③ UN document, E/CN. 5/40, 1948, para. 3.

④ A list of delegates can be found in ILO, doc. MIG/1009/2/360. ILO, Migration Conference, Naples, "Revised List of Delegations".

⑤ International Labour Office, Minutes of the 114th Session of the Governing Body, 6 - 10 Mar. 1951, Minutes of the 7th Sitting on 9 Mar. 1951, "Statement by the Director-General on Migration".

⑥ ILO, doc. MIG 1009/2/411/1. Migration Conference, Naples 1951, "UN Report on Methods of International Financing of European Emigration". 513th meeting of ECOSOC, Official Records, 22 Aug. 1951 (Statement by the Director-General of the ILO, Mr. Morse).

的运输工具及负担其运作的费用逐渐增加的压力"，并认为建立的新机构不应该是永久性的救济组织，否则费用太高。重点应该放在说服移民接收国而不是放在移民的工具上。作为前几个组织资金最大的提供者的美国不同意将国内处理难民问题外溢至国际层面，并使之永久化。同时在冷战的影响下美国试图把共产主义国家排除在处理国际移民、难民、流离失所者等问题的组织之外。[①] 尽管严重的失业率以及欧洲国家的大量难民、流离失所者的存在是各方共同关注的重点，但国际劳工组织的计划得不到美国的支持，此次会议并未在行动计划上达成一致，试图成立一个全球性移民组织的那不勒斯会议只能宣告失败。

那不勒斯会议两周后，美国国会通过了《相互安全法案》（*The Mutual Security*），提供 1 000 万美元用于帮助过剩人口迁移，前提是只能提供给没有共产主义国家参加的国际组织。[②] 由此可以看出，美国否决那不勒斯会议并不意味着美国对欧洲大量过剩人口的"漠视"。美国并不想由于过剩人口而严重干扰西欧经济恢复从而影响其争霸战略。所以，美国的反对是因为不想委托给联合国组织来转移过剩人口，但并不反对建立一个政府间机构把移民及难民、流离失所者从欧洲迁移至海外接收这些人的国家，成立组织的前提是排除共产主义国家。于是，美国在短时间内敦促比利时政府召开了另一个国际会议。

1951 年 11 月 26 日至 12 月 5 日，在美国、比利时的号召下，布鲁塞尔召开了移民会议，与会者包括 28 个国家[③]以及联合国难民署、国际劳工组织、联合国等国际组织等。此次会议上，美国提出使西欧、希腊过剩人口迁移到为他们提供安置机会的海外国家的计划。[④] 美国代表乔治·沃伦（George Warren）针对要成立的机构作了几点说明：①它只负责处理的是过剩人口的迁移运输问题，并非试图解决所有移民问题；②它只有 1 年的期限；③迁移费用由政府间合作负责。美国承担了大部分费用，美国国会已经答应提供 1 000 万美元，其他成员国需承担部分操作费用。[⑤] 美国代表表示这一计划建立在国际难民组织经验基础上，利用国际难民组织来运输移民。这一计划总体上被参会的国家、国际组织认可。但接收移民的国家如加拿大、澳大利亚等表示他们掌握着接纳移民的决定权，应与其移民法及政策保持一致。现存的国际组织，如联合国难民署、国际劳工组织、联合国的工作不受新建立组织的影响。

---

① NA., FO/371/95904. Surplus Population and Migration in Europe：Formation of Policy, 1951.

② Mutual Security Act, Public Law 248 of 31 Oct. 1951.

③ 阿根廷、澳大利亚、奥地利、比利时、玻利维亚、巴西、加拿大、智利、哥伦比亚、丹麦、联邦德国、法国、希腊、关塔那摩、海地、以色列、意大利、卢森堡、荷兰、挪威、巴拉圭、秘鲁、瑞典、瑞士、土耳其、英国、美国、委内瑞拉。

④ ICEM, MCB/3, Migration Conference, Brussels, 1951.

⑤ ICEM, MCB/SR/2, Migration Conference, Brussels, 1951.

经过激烈的讨论之后，与会国最终达成协定。1951 年 12 月 5 日，国际移民组织的前身——欧洲移民迁移政府间临时委员会成立。其主要目标是为西欧大多数流离失所者、失业者或者等待就业的人提供迁移服务。委员会的成员国对那些秉持"人口自由移民"原则的民主国家开放，很显然排除了以苏联为首的东方国家，因为在西方国家看来，它们并非民主国家。每个国家都有保留他们允许接纳移民的标准及数量的权力。

综上所述，美国与国际劳工组织之间的争执使得在联合国体系之外建立了一个处理移民问题的组织。从国际劳工组织倡导的那不勒斯会议到美国主导下的布鲁塞尔会议，再到最后成立了一个负责欧洲过剩人口迁移的组织。通过对国际移民组织组建过程进行简要的考察，我们得到以下几点启示：

第一，国际移民问题的复杂性、敏感性可见一斑。那不勒斯移民会议失败后，国家开始害怕失去对移民问题的控制权。一旦成立全球性组织，就往往意味着"多边"行为的可能性大增；一旦形成惯例，从国际法角度则会严重束缚国家在接纳或控制移民问题上的自主权。对移民的接纳与控制仍旧是国家主权范围之内的事。所以成立的移民组织也只能针对移民问题的某一方面而不可能囊括所有移民问题，同时建立在政府间协议基础上的组织强调双边合作解决问题，减少了外部制约。

第二，移民问题与难民问题无意中被分割成两个议题领域。20 世纪前移民问题与难民问题在多种情况下并未进行区别，二者几近等同。但由于 20 世纪以来国家主权的强化、战争的爆发，难民增多而难民迁移受到极大限制，难民问题严重而迫切，这样就逐步产生了难民问题、移民问题之间的区别。布鲁塞尔会议之后成立国际移民组织，移民问题、难民问题真正意义上分属于两个不同的国际组织。即使在操作过程中，国际移民组织所帮扶的大多数仍是难民。有学者认为这是今天移民问题与难民问题分属于两个组织的历史渊源。[1]

第三，冷战是国际移民组织成立的根本性原因，争夺权力是冷战的现实目标。在现实主义大师汉斯·摩根索（Hans Morgenthau）看来，霍布斯式的自然选择社会致使国家无法逃避"安全困境"，为了"安全"必须扩大权力，权力是国家追求的最终目的。因此，国家创建国际组织不是为了削弱国家的自主性，而是为了达到国家追求权力的目的。"二战"后现实主义思想占据上风的美国社会，追求权力、显示权力、保持权力成为其根本目标。杜鲁门在"二战"前声称美国是"经济世界的巨人"，全世界应该采取美国的制度，未来的（国际）经济格

---

① Rieko Karatani, How History Separated Refugee and Migrant Regimes: In Search of their Institutional Origins, *International Journal of Refugee Law*, Vol. 17, Issue 3, 2005, pp. 517 – 541.

局将取决于美国。① 这种领导世界的强烈欲望，成为美国战后对外扩张的思想基础。在两次世界大战之间始终未能建立起来的世界政治经济秩序，在美国主导下建立的联合国和布雷顿森林体系，很大程度上就是美国推行其对外政策的工具。因此，任何美国支持成立的国际组织基本上都成为美国对外政策的一个工具，服务于其国家利益与外交目标。即使在布鲁塞尔会议上，美国也宣称是为了帮助转移西欧国家过剩人口，但是 1953 年的国际移民组织的章程规定了组织的功能，即帮助"欧洲"而非"西欧"的过剩人口进行迁移。②

美苏关于难民问题、移民问题上的分歧因为冷战的持续而扩大化。美国为了掌控西欧国家的移民迁移，关键在于摒弃不容易操控的国际组织的"掣肘"效应。当国际劳工组织试图建立一个更加宽泛授权的移民组织时，已挑战了美国的霸权。美国认为苏联一旦插手欧洲过剩人口的迁移，将严重影响人口迁移的速度和规模，并导致西欧经济恢复缓慢从而不利于美国与苏联的争霸。因此否决那不勒斯会议成为美国的现实选择，建立一个功能相对狭窄的新机构成为必然。更何况，苏联要求"强制遣返"从东欧国家流向西欧国家的难民及流离失所者，而非自愿遣返。③ 各种分歧的存在如果不"一揽子"解决，美国称霸之路将面临重重障碍。因此，成立一个排除社会主义国家参加的国际组织绝对符合美国称霸的愿景。正如一些专家所言，"PICMME 是联合国以外的一个多边机构，美国主导并由对美国友好的民主国家组成"④。

总之，现实主义备受"二战"后西方国家尤其是美国的推崇，在其指导下，任何美国所支持的国际组织的诞生往往成为美国争霸的工具。国际移民组织成为一个大国利益博弈的舞台，而非合作的舞台。然而，零和博弈毕竟不能持久，也不利于问题的实质性解决。当大国在移民领域的国际组织平台进行利益博弈的过程中，往往将相关移民问题提上议事日程，这意味着对移民问题的正视也蕴含着解决问题的契机。故此，尽管国际移民组织成立之初成了国家间争霸的舞台，但是在一定程度上对解决国际社会的现实问题（移民问题）提供了"多边合作"框架的可能。

---

① 牛军：《冷战的起源与两极格局的形成》，http://history.news.163.com/09/0628/22/5CUAB5GV00013FLV.html。

② No. 2807, United Nations — Treaty Series, 1955, p. 192.

③ Gil Loescher, *The UNHCR and World Politics: A Perilous Path*, Oxford: Oxford University Press, 2001, p. 7.

④ George Warren, *The Development of United States Participation in Inter-Governmental Efforts to Resolve Refugee Problems*, Mimeo, 1967, p. 149.

第二节　国际移民组织治理角色的嬗变

从 1951 年成立至今，国际移民组织的成员规模、活动场域、职能作用不断地发生变化，与之相伴的是该组织在国际移民治理中角色的几经转换。从区域范围来看，国际移民组织经历了从欧洲地区行为体向全球行为体的转变；从功能上看，经历了从欧洲移民的后勤机构（Logistical Agency）向全球移民治理重要行为体的转变。国际移民组织角色的变化表现在功能、作用与责任等方面，反映了国际社会人道主义需求的变迁和国家变更的政治经济与战略考虑，也是该组织作为一个行为体的"自主性欲望"膨胀的渐进过程。60 余年间积累的移民治理经验及能力使其逐渐成长为全球移民治理的重要主体。

一、欧洲人口迁移的后勤机构（1951—1979 年）

1951 年 12 月 5 日布鲁塞尔会议结束的当天成立了欧洲移民迁移政府间临时委员会，按照会议的安排，临时委员会接管了国际难民组织运输难民的工具，运送欧洲的过剩人口。1952 年 1 月临时委员会召开第一次会议，规定从 1952 年 2 月 1 日起开始运行。几个月后，临时委员会于 1952 年 10 月 13 日至 21 日召开第四次会议，20 个国家的政府代表参加会议，就委员会是否还有存在的必要进行讨论。经过九天的会议，代表们一致同意组建正式组织即"欧洲移民问题政府间委员会"①。1953 年 10 月 19 日，ICEM 第六次会议通过了委员会章程。② 章程从 1954 年 11 月 30 日正式实施。③ 1953 年章程秉承布鲁塞尔会议精神，第一章第一款规定 ICEM 的两大基本目标和功能：①为愿意离开欧洲国家但又不具备迁移条件、迁至那些愿意接收有秩序移民的国家的移民提供迁移服务；②通过与国家政府的协定及在国家请求下增加欧洲过剩人口向外迁移的规模。第三章第五款规定了组织的结构，包括理事会（The Council）、执行委员会（The Executive Committee）与行政署（The Administration）。④ 这为 ICEM 执行国家委托的任务与实现委

---

① Intergovernmental Committee for European Migration, *International Organization*, Vol. 7, No. 1, 1953, pp. 169 – 170.

② Intergovernmental Committee for European Migration, *International Organization*, Vol. 8, No. 3, 1954, p. 419.

③ Intergovernmental Committee for European Migration, *International Organization*, Vol. 9, No. 2, 1955, p. 316.

④ United Nations -Treaty Series, No. 2807, 1955, pp. 189 – 212.

员会的功能提供了机制保障。同时，1951 年 2 月 1 日前，临时委员会已获得 220 万美元的资金，1953 年 7 月又获得 175 万美元经费。① 这些为 ICEM 运作提供了极大的财务支持。综合以上简要的历史分析，1953 年通过的 ICEM 章程明确了委员会的宗旨与功能，提供了完成宗旨与功能的机制保证，同时又获得了完成委托任务的资金，ICEM 便开始其移民运输的操作实践。

从 1951 年的"欧洲移民迁移政府间临时委员会"到 1952 年更名为"欧洲移民问题政府间委员会"，再到 1980 年改名为"政府间移民问题委员会"，近 30 年的历程可以分为两个阶段。期间该组织在处理移民问题上不断突破地域限制，冷战色彩逐步淡化，移民治理功能也得以扩展。

第一个阶段：从 PICMME 到 ICEM——"运输者"的初始（1952—1960 年）

PICMME 第四次会议不仅延续了该组织的寿命，还规定了它的工作任务：继续进行人口运输工作——1953 年的目标是运输 12 万西欧过剩人口，并给予 3 600 余万美元的预算。联合国难民署代表会议上提议，"ICEM 也应帮助那些在海外的欧洲人实现移民的愿望"，成员国同意了该提议，但认为应主要救助在中国的欧洲人，且只能使用其他经费，不能包含在现在的预算范围内。总干事休·吉布森（Hugh Gibson）亦提出应扩大该组织的职责范围以更快完成欧洲过剩人口迁移的建议报告，但未获得支持。② 可以看出，委员会被限定在较小的职责范围——仅对移民进行"运输"。

任何一个组织在成立之初都会面临类似困境：资金少、人员少、任务重，但每一组织必须首先克服这些困难，完成被委派的任务，才能获得组织发展的可持续性。因此，在相对有限的财力、物力、人力情况下，ICEM 开始其被委托的任务。1952 年 2 月 1 日至 1953 年 10 月 13 日共运送 138 628 名移民迁移出欧洲（显然，ICEM 超额完成了该年的任务）。截至 1957 年 10 月，委员会共帮助了 717 918 名移民迁移出欧洲。③

然而，在人口运输过程中，章程并未规定具体细节，这一笼统的表述事实为 ICEM 扩大议程提供了"想象"空间：可以为国家"制定"一些移民运输必要的服务内容，例如语言和职业培训等。1953 年，ICEM 在运输希腊人到巴西时，发现许多人无法很快就业，原因在于语言不通。因此，ICEM 增加了语言和职业培

---

① Marianne Ducasse-Rogier, *The International Organization for Migration* (1951 – 2001), Geneva: IOM, 2001, p. 21.

② Intergovernmental Committee for European Migration, *International Organization*, Vol. 7, No. 1, 1953, pp. 169 – 170.

③ Intergovernmental Committee for European Migration, *International Organization*, Vol. 12, No. 2, 1958, p. 264.

训项目以使移民较快融入移居国。① 在 1952—1953 年间，ICEM 组织了第一个语言培训计划，帮助前往巴西的希腊人学习葡萄牙语。1952 年，该组织对迁往巴西的 600 名意大利工人进行职业培训。除此之外，委员会亦积极参与人道主义危机的救助，积累了紧急情况下"人道救助"经验。1956 年 10 月的匈牙利危机造成了大约 20 万匈牙利人出逃，其中 18 万逃到奥地利，2 万逃到南斯拉夫。此次危机引起西方阵营的严重关切，奥地利政府作为 ICEM 的成员国，也期待它能助一臂之力。于是，为西方阵营服务的 ICEM 首次实施紧急情况下的人道主义救助——"匈牙利紧急项目"（1956 年 11 月 7 日至 1957 年 3 月 7 日），主要负责在奥地利的匈牙利难民的统计和运输工作。截至 1957 年 3 月 7 日，ICEM 共从奥地利运输 12 万名难民到美国、英国、加拿大、德国等国。② ICEM 的积极介入，使匈牙利难民对奥地利的压力得以较快减轻。同时，通过此次运输实践，ICEM 也把人口运输的范围从"西欧"延伸至"东欧"。不过，此时作为西方阵营的组织，ICEM 帮助从东方阵营逃至西方阵营的难民，意识形态色彩依旧突出。

这一阶段，成员国数量虽从最初的 16 个③上升到 1960 年的 29 个④，组织的预算从 1952 年的 2 558 万美元上升到 1960 年的 3 399 万美元，⑤ 但成员国数量上的增加并未剥离冷战色彩，ICEM 依然固守着西方阵营国家才能加入的传统。诚然，ICEM 在操作实践上已展示其自主性的一面，但要使组织可持续发展，只能极力完成成员国赋予的任务。故它不是作为政策制定者（policy-maker）的政府间组织，"运输者"（passage-maker）⑥ 成为该组织最初形态的"最佳描述"。

第二个阶段：功能扩展及地域扩大的 ICEM（1960—1979 年）

这一阶段，ICEM 依旧保留其传统功能，帮助人口迁移。但也有了一些新变化，即帮助迁移人口的来源地不再局限在欧洲国家，涵盖了拉美、非洲、亚洲国家。帮助迁移的人口种类——移民与难民发生了较大变化：帮助运输移民的数量

---

① ICEM Language Training for Migrants, *International Migration*, Vol. 3, Issue 3, 1965, pp. 159 – 160.

② Intergovernmental Committee for European Migration, *International Organization*, Vol. 11, No. 2, 1957, p. 406.

③ 欧洲：奥地利、比利时、联邦德国、法国、希腊、意大利、卢森堡、瑞士、荷兰、土耳其；北美：加拿大、美国；拉美：玻利维亚、巴西、智利；大洋洲：澳大利亚。

④ 欧洲：奥地利、比利时、联邦德国、法国、希腊、意大利、卢森堡、瑞士、荷兰、土耳其、西班牙、英国、挪威；北美：加拿大、美国；拉美：阿根廷、巴西、智利、哥伦比亚、哥斯达黎加、厄瓜多尔、巴拿马、巴拉圭、委内瑞拉；大洋洲：澳大利亚、新西兰；非洲和中东：以色列、罗德西亚和尼亚萨兰联邦、南非。

⑤ Marianne Ducasse-Rogier, *The International Organization for Migration*（1951 – 2001），Geneva：IOM, 2001, p. 40.

⑥ Miriam Feldblum, Passage-Making and Service Creation in International Migration, International Studies Association International Studies Association 40th Annual Convention, Washington, D. C., 1999.

急剧下降（从 1961 年的 4 万人下降到 1979 年的 5 000 人），代之以帮助运输难民的数量急剧增加（从 1961 年的 2.5 万人上升为 1979 年的 24.4 万人）①。这些新变化一方面是西欧国家经济恢复发展的结果。"二战"后凋敝的欧洲经济这一"推"的因素和美国、加拿大、澳大利亚以及拉美国家等受战争破坏极少的国家或地区的良好环境这一"拉"的因素的双重作用下，西欧大量人口外迁至其他国家寻找出路。而 20 世纪 60 年代以来，随着西欧国家经济社会的恢复与发展，西欧国家的生活环境、工作待遇随之改善。在此种背景下，通过 ICEM 迁移到其他国家的西欧国家的人数急剧减少。另一方面是国际社会面临的人道主义危机迫切需求的结果。如 1959 年古巴革命、1968 年布拉格之春以及 1972 年乌干达阿明总统上台后驱逐 7 万多名亚洲人等事件引发了难民风波。ICEM 与其他组织一起应对难民潮，对印支难民的救助及安置是 ICEM 处理的最大规模的难民潮。ICEM 于 1975—1979 年间帮忙安置了 28 万名印支难民。② ICEM 并为印支难民提供全面的医疗检查服务。这对大多数印支难民来说，是他们的第一次体检。

ICEM 保持并发展了 20 世纪 50 年代开始开展的语言和职业培训。同时，ICEM 进一步拓展其他功能领域，把"移民与发展"问题纳入其移民运输计划。在此过程中，ICEM 既为移民提供咨询和建议，又为移民迁入国政府提供专家意见、技术建议。移民与发展问题的出现源于西欧国家经济、社会在 20 世纪 60 年代后的恢复与发展，而传统的拉美移民接收国的工资却在相对下降。根据新古典主义经济理论，移民是个体希望通过迁移来获得收益最大化的超越国界的人口流动，它往往根据各国相对工资收入价格来决定是否迁移。由此，原来迁移到拉美国家的移民开始试图"回迁"至欧洲，试图移民至拉美国家的人才也逐渐减少。另外，拉美经济迅速发展需要的也不仅仅是普通劳工移民，各种高技能人才成为发展的必要。然而，以往具备一定技能的人才却在回迁，这将导致不发达国家人才的枯竭，更加不利于其经济社会的发展。③ 由此，ICEM 把"移民与发展"问题融入到移民迁移计划之中，"移民与发展"问题也从"无意识"的存在变为"有意识"的认知。1964 年，ICEM 实施了"拉美与欧洲国家之间"的"有选择移民计划"（The Selective Migration programme）。ICEM 在拉美的工作人员帮助当地政府调研劳工短缺的地方与亟需的人才类型，并考察相关待遇情况等。这些信

①　Marianne Ducasse-Rogier, *The International Organization for Migration* (1951 – 2001), Geneva：IOM, 2001, pp. 54 – 55.

②　Marianne Ducasse-Rogier, *The International Organization for Migration* (1951 – 2001), Geneva：IOM, 2001, p. 62

③　FranCois Leduc, The Tenth Anniversary of ICEM, *Migration*, Vol. 2, Issue1, 1962, pp. 5 – 8；G. Beijer, The Brain Drain from the Developing Countries and the Need for the Immigration of Intellectuals and Professionals, *International Migration*, Vol. 5, Issue3 – 4, 1967, pp. 228 – 234.

息又传递回 ICEM 总部,随后总部将这些信息在西欧国家广为宣传。之后,ICEM 参与了有选择移民计划的全过程——面试、测试和咨询候选人。但在拉美国家工资待遇偏低、生活环境不明朗的情况下,试图前往的人往往心存顾虑。因此,为了吸引更多的技术移民前往拉美,ICEM 一方面向试图迁往拉美国家的移民介绍迁入国的生活与工作环境以及提供相应的语言服务;另一方面为拉美国家政府提供专家意见,如为吸引高层次人才采取提供更好的福利待遇等移民政策。这两方面的工作产生了一定效果,20 世纪 60 年代至 70 年代,共计 25 114 名技术型人才迁入拉美国家。而该计划实施后的前五年,才 6 000 人。① 相较而言,这一计划凸显了它的长期性效用。

综上所述,1951—1979 年的国际移民组织笼罩在冷战的阴影之下,它的使命与任务当然也逃脱不了意识形态的影响。20 世纪 60 年代,国际移民组织事实上已基本完成欧洲过剩人口的迁移任务,本该解散。但 ICEM 利用其对外部环境的适应和目标置换(原本只负责国家移民的运输工作,如今难民的运输及安置工作成为其工作重心;同时在帮助国家移民的迁移过程中,开展语言与职业培训、提供医疗服务等,丰富其参与移民治理的内涵),积累了丰富的移民治理经验,提高了移民治理能力,从而获得组织可持续发展的内部积累。1970 年之后,在日益"相互依赖"的全球社会中,国际组织在世界问题领域中的治理地位与作用日益凸显。ICEM 意识到这一重大变革,1970 年秋,ICEM 理事会督促行政署对欧洲移民的国家政策和趋势进行统计调查,以考察 ICEM 在解决日益增加的人力流动产生的新问题中的未来角色。最后,行政署提交了 184 页的报告,全面论述了欧洲移民状况的过去与现在。该报告分析之后认为,在 1961—1970 年间,大约有 370 万人迁移出欧洲,同时也有 850～900 万的劳工和家庭团聚型移民迁入欧洲。据此估计在 1971—1980 年间,欧洲国家间和欧洲海外移民还将持续,并对欧洲未来经济发展仍将产生影响。一些大国的成员国代表和国际组织代表认真审阅了该报告之后,认为 ICEM 的传统功能应该发生一些变化,并督促执行委员会尽快提交相应的政策建议报告。② 自此,一个临时性的机构进一步扩展了组织的自主性权力,组织在议题领域和职能领域向纵深方向发展。

---

① The World-wide Dimensions of ICEM's Activities, No. 610 (XLIV), 1979, p. 14.

② Refugee Movements: Important Factor of Present European Migration, *International Migration Review*, Vol. 7, No. 2, 1973, p. 190.

二、从"区域化"组织向"全球化"国际组织转型①（1980—2000 年）

"不确定性"是任何组织必须承受的组织决策的一个特征，故维持一个可持续联盟考验着组织的生存能力。不确定性既来自于外部环境，也来自于组织内部结构。就国际移民组织而言，从 ICEM 转为 ICM，再从 ICM 转为国际移民组织的更名历程是动态的、变化不定的国际移民形势与变革的国际局势等外部扰动因素以及内部决策机制、成员国态度等内部决策因素相互作用的结果。国际移民组织在这一阶段以外部变化为契机不断拓展组织新功能，扩大活动区域范围，并进一步完善章程，实现从区域化组织向全球移民治理组织转型。

（一）从 ICEM 到 ICM（1980—1989 年）：脱"欧"化进程

经过 20 世纪 70 年代的发展，ICEM 援助对象不再局限于国家移民，还包含难民等；援助内容除传统的运输任务外，已形成涵盖登记、培训、医疗等全方位的服务内容；援助对象的来源地不再集中在欧洲（享受欧洲一体化成果的西欧国家逐步成为移民输入国），而是过渡到亚非拉美国家（1964—1989 年），该组织运送了 4.2 万名高技能专家和技术人员到发展中国家②）。因此，作为"欧洲移民问题政府间委员会"的职责范围不再仅仅局限在欧洲，ICEM 开始了脱"欧"化进程。1979 年 11 月 20 日，理事会通过了"当今世界与未来的发展要求 ICEM 不断提供全球性移民服务"③ 的决议。1980 年 11 月 19 日，第 55 次会议上，理事会通过另一项决议——"为了更好地运作，委员会改名为政府间移民问题委员会（ICM）"④。由于史料不足，无法对当时情况进行详细描述，但 ICEM 的"华丽转身"（去地域化）除了来自于 20 世纪 70 年代该组织在实践上的变化外，理事会的决议无疑说明成员国对其工作的认可，这是其实现转向的关键。

国际移民组织在 20 世纪 80 年代功能作用的拓展与深化进一步印证了名称上的去地域化。除了进行难民安置工作外，ICM 还借鉴在欧洲国家开展移民发展计划的成功经验，在亚洲、非洲国家也开展了移民发展计划。1985 年在马来西亚启动职业培训计划；1989 年在曼谷与泰国政府联合成立人力资源发展办公室，

---

① 这里使用的"区域化"和"全球化"，主要是指国际移民组织在目标与功能定位上、活动范围上、成员组成上从主要面向欧洲转而面向全球，逐步向移民问题领域全球化治理行为体的角色靠近。

② Yves Beigbeder, *The Role and Status of International Humanitarian Volunteers and Organizations*：*The Right and Duty to Humanitarian Assistance*, Netherland：Martinus Nijhoff Publishers, 1991, p. 38.

③ The World-wide Dimensions of ICEM's Activities. NO. 610（XLIV）, 1979.

④ Changing the Designation of ICEM. NO. 624（XLV）, 1980.

致力于促进发展中国家之间的专家交流。ICM 在非洲国家相继组建区域办公室，如 1982 年在肯尼亚、1984 年在索马里和 1988 年在乌干达，它一方面帮助这些国家分析国内就业状况，另一方面帮助高技能非洲人回迁到这些国家。伴随其在移民治理实践上逐步突破一些地域、功能限制，国际移民组织的成员国开始趋于全球化，1985 年肯尼亚成为加入该组织的第一个非洲国家，之后部分亚洲国家也加入该组织，如 1986 年泰国、1988 年菲律宾和韩国也加入了该组织。

（二）从 ICM 到 IOM（1989—2000 年）："全球化"趋势

1. 修订章程，改名为"国际移民组织"，使其更"像"一个国际组织

经过近 40 年的发展，委员会的名称、发挥作用的地域范围以及功能已经发生较大变化。但其所沿用的依旧是 1953 年的章程，它规定了该组织的功能与宗旨局限于运输欧洲过剩人口。于是，ICM 从 20 世纪 70 年代中期开始启动修订章程。然而，在理事会会议上成员国争议很大，1977 年 11 月，大多数成员国认为"即使环境使得欧洲传统移民的概念发生变化，但委员会的任务不能更改"①。之后委员会成立了一个工作小组检视委员会的作用及财政状况，但章程修订事宜并未纳入其中。2 年后，即 1979 年理事会修改了委员会的名字，但同时强调"名字的变化并不意味着章程的修改"②。1984 年，总干事詹姆斯·卡琳（James L. Carlin）提出希望成员国考虑章程修订的问题。于是，理事会授权他对这一问题进行研究并提交报告，主要目的是"说明组织活动已向全球扩张，并证明理事会的决议早已拓展了它的功能"③。随后，1985 年在总干事的倡导和理事会的授权下，委员会成立了由成员国政府代表组成的工作小组进行调研。2 年后，1987 年年初工作小组完成调查任务，向成员国政府提交了一份报告，说明外部世界的变化促使组织活动、职能早已发生了改变，章程必须修订。1987 年 5 月 20 日，成员国在修订章程上达成一致，并于 1989 年 11 月 14 日开始执行④。执行后按修订的章程委员会改为现名"国际移民组织"（IOM）。

章程规定了 IOM 的宗旨与职能：其宗旨是通过与各国、各政府间组织、非政府组织合作处理移民问题，增强政府应对全球化进程中移民形式多样化的能力，确保移民有秩序地移居接收国。秉持着"有序的与人性的迁移是有助于移民自身与社会发展"的宗旨，规定了五大职能：①安排由于现有设施服务不足或没

---

① ICEM，Annual Report on 1978，p. 36.

② ICEM，Changing the Designation of ICEM，No. 624（XLV），1980.

③ ICM，Annual Report on 1985，p. 31.

④ Marianne Ducasse-Rogier，*The International Organization for Migration*（1951－2001），Geneva：IOM，2001，p. 90.

有特别协助不能移民者有组织地迁移至那些提供有秩序移民机会的国家；②参与对难民、流离失所者和其他需要国际移民服务的个人进行有组织的迁移，对这些人可由本组织和有关国家，包括承诺接收这些人员的国家作出安排；③应有关国家的要求并同其达成协议，提供移民服务，如招募、选择、分类、语言培训、定向活动、医疗检查、安置、有助于接收和融合的活动，并就移民问题提供咨询服务和符合本组织目标的其他协助；④应各国要求或同其他有关国际组织合作，为移民自愿返回包括自愿遣返提供类似的服务；⑤为各国及国际组织和其他组织提供论坛，交换意见和经验，促进国际移民问题上各种努力的合作和协调，包括对这些问题进行研究以寻求切实的解决方法。① 很明显，一些核心任务已经在成员国中达成共识。第一、二和四点为需要迁移的人提供迁移帮助，这是其传统的业务和职能。第三点则是在1953年章程中没有提及的内容，是IOM在完成迁移任务的过程中不断扩展任务范围的一个明证。第五点强调了IOM作为各国讨论的论坛性质，确定其未来发展的方向。组织架构与1953年章程的规定保持一致。修订后的章程发生了很大变化，去除了组织服务于欧洲移民迁移的基本任务，强调移民与发展的关系，更加关注对难民、流离失所者的安置，并提供移民培训服务，更强调与其他组织、国家的合作。②

2. 应对全球化新挑战，调整发展战略，走向"全球化"

如前所述，国际移民组织的更名以及功能扩展是组织内外因素共同作用的结果，体现着组织对外部环境变化的动态反应。国际移民组织的全球化步伐有着冷战后全球一体化逐步加深引起国际经济、政治乃至人口流动发生巨变的深刻时代背景。

第一，随着冷战的结束，两极格局分割下的世界市场迅速"一体化"，世界经济、贸易的全球化使得人口跨国迁移成为普遍趋势。其中，苏联社会主义国家解体带来一定的移民潮、中东欧国家纷纷"易帜"之后，人口出现了向西欧国家迁移的趋势，与此同时，大量中东欧国家从移民输出国向移民输入国转变，这也对这些国家的移民治理能力提出了挑战。

第二，地区冲突、战争带来的难民潮亟须人道主义救助。埋藏在冷战格局下的矛盾随着冷战结束纷纷浮出水面，民族矛盾、族群冲突引发不间断的危机与战争，产生了大量难民及流离失所者。海湾战争、南斯拉夫地区的纷争、卢旺达大屠杀、海地发生政变、车臣危机、科索沃危机以及东帝汶危机等直接导致了人口的跨境迁移，包括难民、流离失所者的流动。对他们进行危机情况下的人道主义

---

① Constitution of IOM, pp. 9 – 11.
② United Nations-Treaty Series, 1990, pp. 441 – 454.

救援成为必需。一旦危机、冲突解除后，大批流离失所者又要返回原籍国。在此种情况下，亦需要更好地支持与帮助。

第三，全球经济发展不平衡引发的移民问题亟须移民治理。冷战结束后，尽管全球化的进程加快，但并不意味着全球各国朝着"共同富裕"的方向发展，国家间的贫富分化程度也更为严重。在前述的推拉因素及经济动因的推动下，大量发展中国家的人开始移民至发达国家，从而更加不利于发展中国家的经济发展。同时，发达国家的移民政策导向仍以吸引高技术移民为主要对象，限制了移民移入的数量和类型。在此种情况下，大量非正规移民试图迁入或已迁入目的国，致使非正规移民问题及与之相关的治理问题被提上治理议程。

作为一个传统的移民组织，国际移民组织已经意识到外在环境的变化，故开始主动面对这一新状况带来的新挑战，制定组织新的发展战略。IOM 在 1992 年的报告中提到"世界正面临着前所未有的复杂的移民景象"①，在此种情况下，IOM 在 1993 年的报告"呼吁国际社会采取全面的方法为难民、技术移民以及庇护申请者和国内流离失所者提供服务"②。尤其是从 1995 年逐步开拓了该组织的发展战略即"走向 21 世纪的国际移民组织的战略计划"，规定了组织的四大使命，并制定了九大具体目标。四大使命为：一是协助应对移民迁移的挑战；二是促进对移民问题的理解；三是鼓励通过移民实现社会经济发展；四是捍卫移民个体的尊严和追求幸福生活的权利。九大具体目标为：一是为那些需要移民帮助的人提供服务；二是帮助那些受到危机影响的人；三是提供国际、区域内、国内移民的相关信息；四是为政府、组织提供移民相关的专家信息服务和合作；五是通过与移民相关的计划，包括迁移高技术人力资源等促进社会、经济发展；六是为移民的国际讨论提供论坛；七是开展为流离失所者和其他类型移民提供融入和回迁服务的计划；八是帮助国家和移民个体寻找非正规移民产生的原因及研究其相关问题；九是致力于保障移民个体的权利。然而，组织发展战略并非被所有国家认可，有些成员国认为该战略"野心太大"，国际移民组织应该集中在它的比较优势（Comparative Advantage）上面，从事那些较其他组织而言该组织中作用更明显的活动。③ 组织目标的扩展意味着项目计划的增多，从而与经费紧密挂钩在一起，成员国的质疑成为必然。尽管如此，国际移民组织的成员国仍存在多重顾虑以及实现组织目标存在经费压力的情况促使理事会通过了该发展战略。这为国际移民组织成为一个全球治理行为体奠定了基础。

---

① IOM：Annual Report on 1992.
② IOM：Annual Report on 1993.
③ IOM：MC/1865/Rev. 1, 1996.

上述对国际移民组织调整发展战略的分析，可以明显看出该组织对目标、使命的规划已经脱离原先狭隘的区域化，单一的功能化，向移民问题治理综合化、全球化层面靠近。另外，国际移民组织通过自身的逐渐变化还呈现出走向全球化的以下初步特征：一是成员国分布全球化，工作人员的数量明显增加。1990 年，IOM 拥有 39 个成员国，2001 年上升为 86 个，其中非洲、中东以及亚洲国家显著增加。1990 年拥有 366 名工作人员（包括 79 名官员和 287 名雇员），2000 年上升为 1 446 名工作人员（包括 246 名官员和 2 220 名工作人员）。[①] 二是 IOM 强化操作实践，初步展现了全球移民治理能力。从 1952 年国际移民组织开始执行任务至冷战结束，共帮助了 400 万人（300 万难民、100 万移民）。[②] 冷战后的国际移民局势更加复杂多变，尤其是不断发生的地区性冲突和战争给国际社会带来较大的危机处理困难，迫使国际移民组织完善其应急处理机制。1990 年伊拉克入侵科威特造成大量人口（包括科威特人及在伊拉克、科威特的外籍劳工）逃向邻国约旦，约旦政府呼吁联合国的支持，国际移民组织在其邀请下负责了人口运输以及与回迁相关的服务工作。在世纪交替的年代，紧急情况下的援助计划使得国际移民组织进一步适应新形势。1999 年科索沃战争爆发，IOM 参与了救助科索沃难民及流离失所者的行动。1999 年 4 月至 10 月，国际移民组织与联合国难民署、联合国科索沃特派团（United Nations Mission in Kosovo，简称 UNMIK）联合组织 12 万科索沃人自愿回迁。[③]

三、适应"全球移民治理行为体"的新角色（2001 年至今）

如果说 20 世纪 90 年代是国际移民组织根据急剧变化的国际移民趋势及国际格局变迁向全球化治理组织转变的十年，那么进入 21 世纪后，就面临着新的国际移民形势[④]，国际移民组织开始适应新角色，承担新责任，并通过开展活动来证明自己。国际移民组织一方面不断提供公共物品以应对全球移民迁移及其带来的挑战；另一方面，不断促使各国参与到全球移民治理的讨论、全球移民治理公共物品供给中来。这些都体现了国际移民组织逐步适应"移民治理行为体"的"全球化"新角色并发挥出相应的功能。

---

① IOM：MC/1685，1991；MC/2042，2000。

② Yves Beigbeder, *The Role and Status of International Humanitarian Volunteers and Organizations：The Right and Duty to Humanitarian Assistance*, Netherland：Martinus Nijhoff Publishers, 1991, p. 37.

③ United Nations Office, International Yearbook Geneva：2000 – 2001, *Organization and Activities of International Institutions in Geneva*, Vol. 14, Geneva：UN, 2000, pp. 334 – 335.

④ 详细参见第二章。

（一）成员国数量剧增并趋于多元化，剥离冷战阴影

20 世纪 90 年代初，尽管 IOM 的功能、地域发生了急剧变革，但在成员国的构成上仍未脱离冷战阴影，随后情况有所改变。有学者于 1991 年对这一组织进行评价："一个包括 35 个成员国和 7 个观察员国的国际移民组织，却是一个以西方国家（western-oriented）（主要包括美国、法国、英国等发达国家）为主要成员的组织。"① 但是，进入新千年后，成员国的数量迅速增加而且来源也趋于多元化，包括资本主义和社会主义两种类型的国家，逐渐剥离冷战阴影。从 2001 年的 86 个成员国增加到 2013 年的 149 个，基本上涵盖了世界各大洲的国家。

（二）搭建国际移民论坛，成为全球移民问题领域的动员枢纽

"国际移民论坛"（International Dialogue on Migration）是 IOM 于 2001 年 11 月在其框架内发起的以加强国家间交流国际移民治理信息、经验为目的，通过论坛探寻应对国际移民问题挑战的合作治理途径的一个非正式机制。论坛与国际移民组织的宗旨、功能保持一致。

2001 年，IOM 成立 50 周年，理事会发布报告，认为国际移民组织已具备专业知识及技能，这使它能够成为未来"国际移民治理的一个重要行为体"，并认识到国际移民组织是一个讨论国际移民问题与政策的高层论坛。2001 年，在理事会的第 82 次会议上，成员国认识到需要加强对国际移民的动因及移民政策的全球性的理解；强调通过国际移民论坛理解移民与合作治理移民的重要性；并考虑到组织的功能之一是给国家提供一个交流观点与经验、促进国际移民问题上国家间合作的重要平台。因此，通过了在国际移民组织框架内成立国际移民全球性论坛的决议。② 这一论坛着眼于国际移民治理问题展开全球磋商机制，邀请不同区域的不同类型的国家积极参与这一进程，以便顾及区域观点，从而确保移民来源国对移民与发展的问题给予足够的重视。其主要包括两个板块的活动：一是在国际移民组织的理事会上召开国际移民论坛的年会（Annual IDM Sessions）；二是召开两个"会议期间研讨会"（Intercessional Workshops）。其中 2005 年移民与发展的主题研讨会为联合国次年召开国际移民的高级论坛提供了信息准备。这体现了它的另一个重要功能，即积极动员国家参与到移民论坛机制中讨论移民问题，逐步成为移民问题领域的动员枢纽。

---

① Yves Beigbeder, *The Role and Status of International Humanitarian Volunteers and Organizations: The Right and Duty to Humanitarian Assistance*, Netherland: Martinus Nijhoff Publishers, 1991, p. 36.

② IOM, MC/2057, Resolutions Adopted by the Council at its Eighty-second Session, 2001, p. 6.

从 2001 年至今，国际移民组织在推动国际移民论坛的进程中，主动设置每次年会讨论的主题——与国家紧密相关的移民问题，以便吸引和动员国家参与国际移民论坛。这些主题分别是："既定政策的挑战"（2002 年）、"全球化世界中的移民"（2003 年）、"评价移民"（2004 年）、"移民政策的连贯性"（2005 年）、"移民问题的合作"（2006 年）、"在演进中的全球化经济中进行移民管理"（2007 年）、"回迁移民：机遇与挑战"（2008 年）、"人权与移民：共同协作保证安全的、有尊严的移民进程"（2009 年）、"移民与社会变化"（2010 年）、"未来移民：应对变革的移民能力建设"（2011 年）和"管理危急情况下的移民"（2012）。对于在理事会会议期间召开的研讨会的主题亦十分宽泛，且十分重要。考虑到其他政策领域如发展、贸易、劳工和健康等与移民治理关系日益密切，研讨会常常探讨国际移民与其他领域的关联性，如"移民与……"。从 2003 年开始至今的主要议题包括"移民与贸易"和"管理数据和数据收集的方法"（2003 年）、"移民与健康"和"移民与贸易"（2004 年）、"移民与发展"和"发展移民管理的能力"（2005 年）、"移民与健康的人力资源"和"移民与居住国社会"（2006 年）、"区域磋商机制内自由流动"和"促使全球劳工流动作为发展的催化剂"（2007 年）、"管理回迁移民"和"强化回迁移民的作用以促发展"（2008 年）、"尊重国家移民者的人权：共享的责任"和"贩卖人口和对移民者的剥削：维护人权"（2009 年）、"移民与跨国主义：机遇与挑战"和"社会与认同：国际移民的多方面影响"（2010 年）、"经济周期、人口变化与移民"和"移民与跨国主义：机遇与挑战"（2011 年）、"危机时代下的移民：一个凸显的保护挑战"、"保护危机时代的移民：立即反应与持续战略"和"走向安全地：复杂危机下的移民结果"（2012 年）等。[①] 这些都是国家密切关注又迫切需要加强合作治理的内容。其中 2005 年以"移民与发展"为主题的研讨会为联合国次年召开的国际移民高级论坛提供了信息准备。研讨会为移民多学科研究及加强与相关政策领域的重要联系等方面提供了一个机会。研讨会一般由决策者和政府移民的操作人员参与，以及那些在特定学科领域工作的学者（指的是移民领域）。这些研讨会在捐助国政府的支持下召开会议，常与有关组织建立伙伴关系。

　　除了在组织框架下搭建国际移民论坛外，国际移民组织还推动了各大洲移民治理磋商机制的建立与发展，为各区域提供移民治理合作与经验分享的平台。详细参见本章第三节的内容。

---

① International Dialogue on Migration，http：//www.iom.int/cms/idm.

（三）在具体的移民事务领域开展治理活动，彰显其全球治理行为体角色

国际移民组织最早是作为一个运送欧洲过剩人口的多边组织开展其活动的。历经60余年的实践，它现在的职能已然发生了较大变化，从纯粹的移民迁移扩展至与移民相关的所有领域，主要集中在"移民与发展、促进移民、规范移民、帮助被迫移民"等四大领域（如图3-1所示）进行移民治理，亦包含一些交叉的治理领域。它有两大核心议程：一个是为移民个体提供服务；另一个是帮助国家加强移民治理能力建设。主要活动略举如下：

（1）实施移民运输计划，履行其传统业务。支持移民者的安置、遣返与运输，为其提供安全舒适的转移服务。正常的运作服务包括挑选、处理、语言培训、导向活动、医疗检查和其他促进融入的活动。从创立起至2010年，IOM已经帮助了125个国家的1 200余万难民和移民。[1] 同时，IOM亦发挥其在紧急情况下的人道救助职能。近年来利比亚局势动荡造成大批难民外迁，IOM对部分难民提供人道援助。截至2011年3月5日，IOM从利比亚向埃及转移了1 025名外国公民。当天还动用了两架飞机，将滞留在突尼斯杰尔巴岛的孟加拉国公民运往孟加拉国首都达卡。[2]

（2）提供移民健康与医疗服务。移民迁移过程对公共卫生带来挑战，可能把疾病传播到目的国，因此IOM为移民提供合适的预防性健康检查服务。IOM展开了188项移民健康服务计划，总开销约5 950万美元，其中43%用在亚洲，38%用在非洲。2009年IOM实施了最大的"移民健康评估和旅行健康支持"计划，约在50个国家内开展了28万个移民、难民健康评估计划。[3]

（3）合作与能力建设。这主要指针对国家的移民治理能力的建设。该组织主要通过搜集、分析移民信息和提供移民政策服务以及强化与国家的技术项目合作，来提高国家的移民治理能力。如2009年2月，IOM在坦桑尼亚设立了非洲能力建设中心，为非洲成员国的移民治理能力建设提供直接支持。IOM在中国的项目计划——"中国移民管理能力建设项目"（2008—2013年）分有两期。其中一期项目已于2010年顺利结束。

（4）关注女性移民。前文可以看出，女性移民已经占据了国际移民的一半

---

① National Archives and Records Administra, The United States Government Manual 2009 – 2010, p. 569, http：//www. gpoaccess. gov/gmanual/browse-gm – 09. html.

② 《国际移民组织加速从利比亚撤离外国公民》，http：//world. people. com. cn/GB/1029/42408/14068345. html。

③ IOM, MC/2294, Report of the Director General on the Work of the Organization for the Year 2009, pp. 33 – 35.

左右。2009年，国际移民组织通过开展一系列与性别有关的活动来提高性别和移民问题在国际议程中的分量。IOM于2009年6月29日至7月1日在瑞士举行了"移民、汇款和发展的全球协商：从性别视角看待当下全球经济危机"的会议。2009年11月16日至26日又在以色列举办了"离散妇女领导能力建设"研讨会，目的主要是加强在欧洲和北美的移民妇女的领导能力；还关注移民女性工人的权益，出版了《阻止对女性移民工人的暴力》和《亚洲的性别和移民劳工》。

（5）开展高技能移民返回和融入计划，支持发展中国家的社会和经济发展。通过几十年的"移民与发展计划"操作实践，IOM逐步让自身以及发展中国家和发达国家意识到移民对于它们各自的价值与意义。进入新世纪后，它便把"移民与发展计划"纳入到组织发展战略之中。[①] 在非洲、亚洲和拉丁美洲的计划力图促进国家人力资源开发并减少"人才外流"的负面影响。与原籍国政府协作，IOM识别和选择合适的候选人，支助他们返回。也采取其他措施，包括特定激励（例如免税、提供资金为其开办公司，给予其配偶和孩子公民权等），以促进高技能移民的永久回归。

（6）打击人口贩卖和偷渡。国际移民组织从1994年起致力于反拐卖活动，与政府机构、非政府组织和国际机构开展广泛合作，至今已在85个国家执行了将近500个项目，向1.5万名拐卖受害者提供了直接帮助。

---

① Toward an IOM Strategy, Migration and Development Conference Room Paper /12, 88th Session of the Council, Geneva, 2004. IOM's constitution recognizes "that a relationship exists between migration and the economic, social and cultural conditions in developing countries".

```
┌─────────────────────────────┐
│       IOM 移民治理的主要领域        │
└─────────────────────────────┘
```

移民与发展	促进移民	规范移民	帮助被迫移民
高质量侨民的返回	移民劳工、专业人士	移入、移出签证体系	庇护者及难民
专业人士的交流	留学生及实习生	边境管理	安置
侨汇、运输	家庭团聚	技术提供	遣返
海外共同体	征召与布置	协助返回及团聚	流离失所者
目标协助	语言培训、咨询服务	反对人口偷渡	号召及赔偿
人才流失与获得	文化导向	反对人口贩卖	公民投票

交叉活动

技术合作与能力建设

移民权利与国际移民法

数据和研究

政策争论与指导

区域化和国际合作

公共信息和教育

移民健康

性别角度

融合与再融合

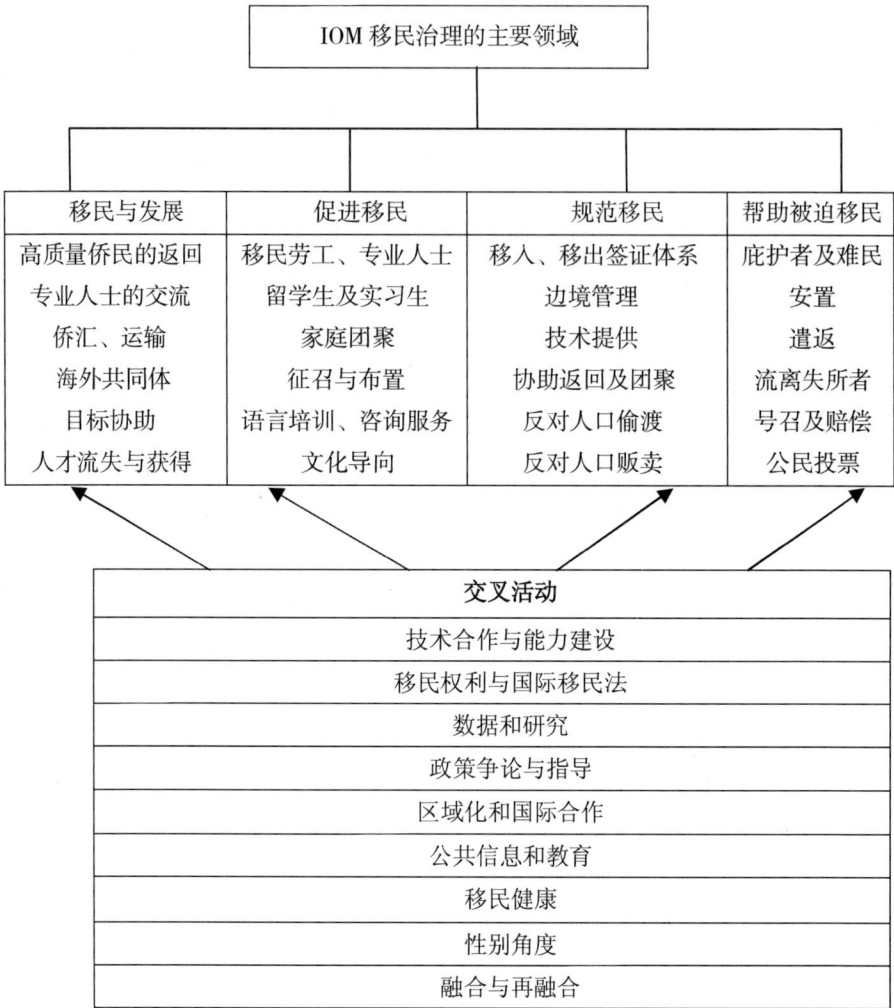

图 3 – 1   国际移民组织移民治理的主要领域[①]

四、国际移民组织角色变化的理论思考

国际移民组织的创立、发展转型以及适应新角色的进程可以用国际关系的三大理论范式进行阶段性的阐释。

1. 创立阶段

创立阶段主要是现实主义范式占据主导位置。国际移民组织的创建是美国追

求权力的必然结果。国际组织由各成员国创立，组织的成员国也决定了它最初的形式和职责，为它当前的活动筹措资金，对它的行为以不同的方式施加不同程度的持续控制。[①] 因此，国际移民组织成立之初只是西方国家的代理工具，被委派指定的任务（转移欧洲过剩人口）、给予有限的资金支持、有限的议题、有限的物质帮助等，这几种"有限性"致使其"自主性权力"很低。ICEM 最初的职能仅限于为欧洲过剩人口移民提供移民服务，涵盖面非常窄。同时 1953 年章程规定了委员会应该承认国家的内部法律控制着移民的数量和准入标准。在其履行职能时，应当符合移民输入国和输出国的法律、法规和政策。最后规定了委员会将研究超过 12 个月后其是否还有继续存在的必要。[②] 可见，ICEM 的命运被国家委托的任务左右。

2. 发展转型阶段

发展转型阶段主要是新自由制度主义范式占据主导位置。新自由制度主义范式下的国家行为不再仅仅局限在国家内部因素，强调国际组织对国家行为的影响，认为国际组织是国家行为的一个干预变量。国际组织的自主性有了明显的提升，不再仅仅是"被国家"的命运，也开始影响国家的"命运"。1980 年理事会修改 ICEM 为 ICM，去除了 ICEM 的地域限制。事实上，名字的变化来自于 ICEM 早已出现的功能及作用上的不断变更，然而此次并没有修订章程。到了 1987 年理事会修订章程，不仅改为现名 IOM，更在章程中扩大了国际移民组织的功能，并确立了该组织的宗旨。在这一进程中，IOM 善于在无政府状态下且未进行有效管理的移民领域找到实现它目标的方法。通过议题的选择（从移民与发展研究到移民政策、法律研究等）、目标的置换（从移民的迁移，难民的安置、遣返到移民论坛等）等在历史的演变中形成特定的移民治理能力，逐步确立了自身在全球移民治理领域中的重要角色。

3. 适应新角色阶段

适应新角色阶段主要是建构主义范式占据主导位置。在建构主义看来，国际组织成为国家行为的重要自变量，能够促使某些"共有知识"转为国家的"私有知识"，逐步建构国家的身份（或认同）和塑造国家的利益，进而改变国家行为。国际移民组织在历史发展进程中借助其功能来创造和促进关于移民的共有知识，如"移民个体的权力"、"移民与发展"、"移民合作治理"、"有秩序移民"等，使得它们在国际移民论坛、地区性论坛、国家项目计划中得以较好地拓展与

---

① ［美］安妮·O. 克鲁格编，黄理平等译：《作为国际组织的 WTO》，上海：上海人民出版社 2002年，第 132 页。

② United Nations -Treaty Series, 1955, No. 2807, pp. 189 – 212.

传播，"主动教育"国家如何看待移民问题。在此过程中，这些共有知识可能逐步转为国家的私有知识，改变国家对移民的偏好，改变国家对移民与发展的认知，把发展中国家的发展与发展中国家移民人才流失的相互关系纳入到国家移民问题的议程之中。这可能并不是某些大国尤其是吸引大量人才移民的成员国希望出现的结果，但国际移民组织所行使的自主性行为已经很明显地建构国家在移民领域中的共有知识。

总体而论，三大理论范式均能够对国际移民组织的发展进程作一定阐释，但是国际移民组织的现实发展历程明显要更加复杂与曲折。国际移民组织的历史发展进程也说明国际移民组织已经能够与国家一起，被安置在一个共同的无政府状态的秩序系统中，逐步获得一定的"合法性权威、授权性权威、专业权威、人道主义权威"，[①] 使其逐渐成为全球移民治理的重要行为体。由于国际移民问题领域的复杂性，国际移民组织并不能一概地被认为已经是一个能够影响国家行为的重要自变量。它所扮演的角色依旧是不断地促使国家能够参与到全球公益、人类公益事业的行动中来。那么，它是如何促进国家以合作为基础提供国际公共物品的呢？它又具有哪些全球移民治理模式以促进人类有秩序地迁移？这些问题仍旧需要进一步讨论。

第三节　国际移民组织的全球移民治理能力建设与治理模式

国际移民组织通过历史的发展逐步构筑了自身在全球移民治理领域中的重要角色，并进一步制定其"作为国际移民治理领域中主要的（principal）国际组织目标"战略[②]，这一定位是国际移民组织在公开文件中提出的。目前国际移民组织的文件中，又将"主要的（principal）"一词变为"领导性的（leading）"[③] 一词，无疑说明国际移民组织日益明确了其自身定位。但它是如何实现这一目标的，如何发挥其移民治理的作用，如何参与全球移民治理进程以促进人口有秩序地迁移，这是本节要重点分析的问题。

---

① ［美］迈克尔·巴尼特、玛莎·费尼莫尔著，薄燕译：《为世界定规则：全球政治中的国际组织》，上海：上海人民出版社2009年版，第24~48页。
② IOM, Migration Initiatives Appeal 2009, 2009, p. 124.
③ IOM：Migrant Assistance, Annual Review 2012, p. 3.

一、国际移民组织的全球治理能力建设

20 世纪 80 年代，美国管理学家伊查克·爱迪思（IChak Adizes）提出了企业生命周期理论，认为企业同生物一样都遵从"生命周期"规律，都会经历一个从出生、成长到老化直至死亡的生命历程（如图 3 - 2 所示）。事实上，国际组织的发展变化与企业组织的发展变化有着相似的生命成长周期。有些国际组织在各种利益的交错中诞生、发展直至消亡。也有些国际组织在被创建之后，或被停止运作或继续运作的例子不胜枚举。美国哥伦比亚大学保罗·英格拉姆（Paul Ingram）教授考察了从 1815 年至 2000 年间政府间组织的生存与消亡情况。从中可以看出在不到两百年的时间里，有大量的国际组织消失。① 前文探讨的"二战"前后国际移民治理多边合作进程中国家组建的四个国际组织的生命历程亦是例证。这一生命周期的启示促使国际移民组织伴随着完成问题导向的任务，必须加强自身的能力建设，保证管理的持续性发展。因此，国际移民组织的角色转型是国际移民组织适应外部环境变化的需要，也是其移民治理能力提高的必经过程。国际移民组织能够成为一个全球性的移民治理行为体，原因在于不断强化其自我能力的建设。

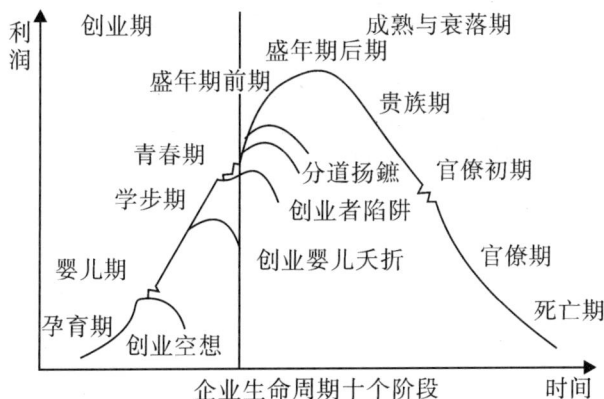

图 3 - 2　企业生命周期②

分析企业组织成功有较多的工具和模型，本书采纳麦肯锡的 7S 模型来分析

---

① Paul Ingram, Nasty, Brutish and Long: The Survival and Failure of Inter-Governmental Organizations, 1815 - 2000, 2006, http://www-personal.umich.edu/~janavs/ingram.pdf.

② ［美］伊查克·爱迪思著，赵睿译：《企业生命周期》，北京：华夏出版社 2004 年版，第 303 页。

国际移民组织强化自身能力建设的内容。麦肯锡国际咨询公司独特的企业文化、合理的组织结构与制度安排等都成为业内典范。如图 3-3 所示，7S 模型指的是企业组织中的"七大要素"，包括结构（Structure）、战略（Strategy）、制度（Systems）、技能（Skills）、风格（Style）、人员（Staff）、共同价值观（Shared Values），指出了企业组织在发展过程中必须全面考虑的情况。它们的"合力"能使企业避免走入生命周期的"低谷"，使企业更具生命力与活力。也就是说，我们既要考虑一个组织的发展战略、制度等要素，同时也需要考虑组织的其他要素。因为组织仅有明确的战略和深思熟虑的行动计划是远远不够的，组织还需要在战略执行过程中避免或弥补失误。在模型中，战略、结构和制度被认为是企业成功经营的"硬件"，风格、人员、技能和共同价值观被认为是企业成功经营的"软件"。①很显然，一个组织要获得成功的因素中软件和硬件同样重要，比如一台电脑只有"硬件"只能是一台裸机，而"软件"的安装才能使其正常运转。那么，国际移民组织为使其生存和可持续发展，针对这七个构成要素，亦需要不断地强化其完成使命和宗旨的能力，以促进其移民治理的有效性。

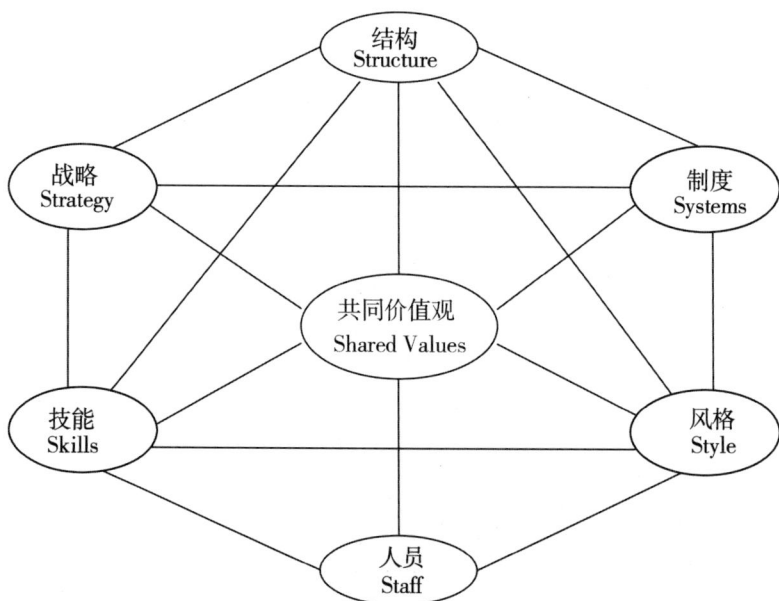

图 3-3　组织成功的 7S 模型

---

①　顾元勋等编：《企业管理咨询——全周期卓越运作》，北京：清华大学出版社 2007 年版，第 191~193 页。

（一）加强 IOM 的"共同价值观"建设

共同价值观是指组织全体成员对组织的战略、目标和宗旨的共同认识，是 7S 模型的核心内容。共同价值观是组织发展成功的核心，决定了组织发展的方向和组织的特征。于 IOM 而言，对其章程中的前言可分析出几点，而这几点分析恰恰代表成员国、全体工作人员对该组织的战略、目标和宗旨的一个"共识"。其中提到：①认识到提供国际层面的移民服务需要保证移民在全球有秩序地迁移；②认识到相似的移民服务同样适用于临时性移民、回溯移民和区域间移民；③认识到国际移民也包括难民、流离失所者和其他被迫离开祖国并需要国际移民服务的个体；④认识到有必要推动国家与国际组织之间的合作，尤其是在涉及那些希望通过被雇佣和与家人团聚的方式实现迁移，从而获得个人独立尊严的移民情形时能够达成一致意见；⑤认识到移民可以为接收国创造新的经济机遇，并明确在发展中国家移民与经济、社会和文化有着一定的联系；⑥认识到在国际移民的活动与合作中，应考虑发展中国家的需求；⑦认识到有必要推动国家、政府间或非政府间国际组织之间关于移民问题的研究与合作的讨论，不仅仅包括移民的进程也应该包含作为个体的移民的需求及其具体情况；⑧认识到从某种程度上，移民的迁移既依靠常规的交通运输工具也有其他的运输条件；⑨认识到应该加强国家、政府间或非政府间国际组织之间关于移民问题、难民问题的合作；⑩认识到与国际移民相关的国际金融活动需求。[①]

简言之，"共同价值观"建设应是：一是理解移民。促进了解移民问题；切实尊重人权并努力为移民的福祉考虑。二是理解移民与发展的关系。有序的移民对移民自身及社会都是有益的；鼓励通过移民来推动社会和经济发展。三是"合作治理"移民问题。只有认识到以上内容，成员国才能协调一致地共商移民问题的应对措施。

（二）开拓 IOM 的发展战略

战略是组织发展的指导思想，是组织发展目标、达到目标的途径和手段的总体谋划，是一系列战略决策的结果，同时又是制定组织发展规划的基础。IOM 的发展战略主要围绕着"IOM 在国际移民问题上所扮演的角色；对 IOM 创建及目前的全球性目标所面临的历史背景作进一步探讨；把国际法和国际移民组织的作用结合起来，以确保有效地尊重移民的权利；IOM 在移民领域提供信息分析和移

[①]　Constitution of IOM, pp. 9 – 10.

民相关的知识，并且通过提供政策咨询的服务以协助各国政府"①。正式的发展战略报告是 1995 年提出的"走向 21 世纪的国际移民组织的战略计划"，随后被成员国批准为"IOM 将来的活动"报告，此后便成为指导进入新世纪之后 IOM 的主要发展规划。2001 年，在 IOM 成立 50 周年的会议上，成员国试图推动 IOM 成为国际移民政策论争的主导性角色，以确保国际移民组织在国际移民治理领域上保持移民治理行为体的主要角色。2007 年 6 月 7 日，理事会第 93 次特别会议通过了第 1150 号决议即 IOM 的发展战略。战略定位为：为了促进国际移民管理的有效性及人性化，建立在专业及经验的基础上，通过与其他国际组织的协调，保持 IOM 作为移民治理的一个领导型的全球组织。为实现这一发展战略，IOM 成员国制定了"十二点策略"。2009 年"移民动机措施"的报告中又重申了"十二点策略"。② 这"十二点策略"事实上成为国际移民组织在移民治理领域发挥作用的具体措施，与其宗旨、功能定位保持高度一致。它们分别是：

第一，为那些需要移民帮助的人提供安全可靠的、划算的服务；

第二，采取更为人性的、有秩序的移民管理及尊重移民享有的国际法权利；

第三，为了增强国家治理能力并加强关于移民问题的国际、地区以及双边合作，应为国家、政府间组织、非政府间组织以及其他利害关系者提供专家建议、研究、技术合作以及可操作性的帮助；

第四，通过研究、论坛以及实施与移民相关计划帮助国家的经济社会发展；

第五，通过对非常规移民根源的研究及分析，分享信息与宣传成功实践以及提供以发展为中心的解决方法，更好地支持国家、移民及共同体应对非常规移民的挑战；

第六，提供移民信息、调查研究、成功实践、数据等相关资料；

第七，支持关于移民的区域性、全球性讨论与论坛，如国际移民论坛；

第八，帮助国家促进移民融入新的环境；

第九，在机构间的安排下，参与有协调的人道主义援助，在紧急情况或危机后提供移民服务以及在相关的个体的要求下，对他们进行保护；

第十，与其他相关的国际组织合作，并考虑到本土国家的需求，参与促进难民、流离失所者、移民以及其他需要国际移民服务的个人的自愿返回与重新融入计划；

第十一，为国家提供打击移民走私及人口贩卖（尤其是对妇女及孩童）的发展项目、调查研究及技术支持，并与国际法保持一致；

① IOM，MC/INF/274，IOM Strategy：Current and Future Migration Realities and IOM's Role，2004.
② IOM，MC/INF/287，IOM Strategy，2007，pp. 3 - 4.

第十二，支持国家在劳工移民领域所作的努力，尤其针对短期迁移及其他形式的循环移民。

对上面所提到的"十二点策略"进行分类，大致可以从全球、国家、个人层面对 IOM 的治理功能进行考察。从移民个体治理层面上看，尽管 IOM 没有任何授权性的法律保护任务，但从大量的实践活动可以看出，为希望移民但又不具备条件的移民提供服务援助已经间接或直接实现了对移民个体权利的保护。从国家层面上看，由于移民问题挑战着国家的治理能力，因此，IOM 积极主动地为国家提供移民信息（正规移民及非正规移民，尤其是人口偷渡、贩卖的数据及方法）、移民政策建议并帮助国家使移民融入本土社会，以提高国家移民治理能力。同时，协助国家认知移民与发展的关系，更好地推动国家的经济社会发展。从全球层面上看，一方面积极推动国际移民论坛的召开，强化国际社会对"国际移民"的认知；另一方面，加强与其他国际组织之间的合作，提供人道主义援助（涵盖冲突及危机情况下的援助、难民服务等）。

从以上三个层次可以清晰地看出，IOM 对移民个体的关照、对国家移民治理能力的关注以及对移民问题全球层面合作的推动，IOM 通过多种途径尽其所能地解决相关移民问题。

（三）完善 IOM 的组织结构

结构是组织的构成形式，为战略实施服务，保证战略的实现。组织结构是组织意义和组织机制赖以生存的基础。章程的第 3 章第 5 款规定了组织的管理机构，它包括理事会、执行委员会与行政署。第 4 章第 6 款至第 11 款规定了理事会的权力与责任。第 6 款规定理事会是最高权威，决定组织的政策；审查、通过并指导执行委员会的活动；审查并通过组织的计划、预算及花销；扩展组织目标而采取恰当行为的权力。第 7 款规定理事会由每个成员国的一名代表组成，且有一张投票权。第 8 款规定理事会每年召开一次正式会议；在 1/3 成员国、执行委员会、紧急情况下理事会的主席或总干事的要求下理事会应该召开特别会议。理事会的主席及其他官员任期 1 年，每年正式会议开始时重新选举。

第 5 章第 12 款至第 16 款规定了执行委员会的权力与责任：第 12 款规定，审查组织的政策、计划和活动及总干事每年的报告；审查理事会认为的任何金融、预算等问题。第 13 款规定，执行委员会由 9 个成员国代表组成，每位任期 2 年并拥有一张投票权。增加成员需要获得理事会 2/3 以上投票才能通过，但不能超过组织成员的 1/3。第 14 款规定委员会一年至少开会一次。若主席、总干事在咨询理事会主席并获得大多数成员同意的情况下亦可召集开会。选举主席及副主席各一名，任期 1 年。委员会成员任期 2 年，可连选连任。执行委员会在理事会休会期间，可以就理事会权限内的问题作出紧急决定等。随着国际移民组织成员数目的增加，执行委员会成员规模也在扩大，2009 年为 26 个，2011 年上升为 36 个。①

第 7 章第 17 款至 22 款规定了行政署的权力与责任。第 17 款规定行政署由一名总干事、副干事等组成。第 18 款规定总干事、副干事由理事会 2/3 投票通过及重选，任期 5 年。总干事对理事会及执行委员会负责，是组织的最高行政长官，与章程、理事会以及委员会的政策和决定保持一致以负责执行与管理该组织。② 同时设立一个计划与财政常设委员会（The Standing Committee on Programmes and Finance，SCPF），对所有成员开放，两年一次会议以审查组织的政策、计划和活动，并讨论组织的预算和金融问题。

以上主要是对 IOM 的组织结构进行的事实性描述。各个机构围绕着"宗旨与功能"开展工作，并公开决策程序、组织决定及业务决定的实施过程，增加透明度以利于 IOM 自身的发展。除了在日内瓦设有总部之外，在菲律宾马尼拉、巴拿马分别设立了两个分中心。大部分的操作性功能（the back office functions）已在向马尼拉和巴拿马的行政中心转移。其余政策性职能主要在总部评估，以确保它们能充分满足组织的成长和多样性经验的需求。③ IOM 组织架构名义上是零增长（zero nominal growth），但是，外部移民情况的变化及 IOM 行动计划的大量展开，使得零增加仅停留在字面上。例如，IOM 设立了章程规定之外的次区域办事处（如布鲁塞尔和维也纳分别有一个）。

（四）加强 IOM 的制度建设

制度是指组织各项任务的运作流程与操作程序：评估系统、信息系统等。组织发展和战略实施需要以完善的制度作为保证，实际上各项制度是组织战略思想的具体体现。IOM 通过大量具体的项目计划推动"十二点"策略的实施，但数量的增多并不意味着行为实践已达到了 IOM 希望的图景。这些项目计划需要合理的评估才能保证其治理及发挥其最大的有效性。为此，IOM 逐步构建自身的"评估文化"（Evaluation Culture）。

IOM 建立评估机制始于 20 世纪 90 年代。1992 年的第一份报告，仅是一份简要的评估报告。但从 1998 年至今，IOM 更为积极地推动项目计划的评估。1998 年 12 月，项目评估办公室发布了第一份评估宣传册以强化 IOM 的自我评估能

① IOM, MC/2342/Rev. 1 – Council Report 100th Session, 2011, p. 11.
② Constitution of IOM, pp. 13 – 18.
③ IOM, MC/2258, Programme and Budget for 2009, 2008, p. 4.

力。① 1999 年发布第二份评估手册以加强自我评估。2000 年成立监察办公室（the Office of the Inspector General）推动 IOM 的评估。2006 年 1 月，时任总干事的布朗森·麦金利（Brunson McKinley）指出继续秉持 1998 年 IOM 的评估内容，发布"国际移民组织评估指南"。如果说此前的评估都是对 IOM 开展的项目进行评估，那么这一指南指出"计划项目仅是评估大领域中的一小部分。它还适用于国家健康政策、国家教育计划的框架等"②。2008 年，监察办公室进行的内部审计中共审计了 25 个地区办事处、5 个分处、2 个区域功能（Missions with Regional Functions，简称 MRF）代表团和一个特别联络处（Special Liaison Mission，简称 SLM）等。监察办公室运用快速评估功能对 26 个项目进行分析，考察项目设计和涵盖活动、成本、产出及产效的计划链，同时系统比较项目的财务和经营业绩，并分析与项目活动相关的任务和政策，已产生的费用及其他关键参数。③

为了管理好所有的项目及共享当下和之前的项目信息，IOM 使用了项目信息单元（The Project Information Unit）系统，此系统可以以文件形式传送 IOM 以前的开发项目。一收到相关项目文件和 IOM 的新任务，该系统便可定期更新项目文件夹和工程数据库以用于学习和借鉴。同时，根据 IOM 规定，有义务在项目结束之前发函提醒项目经理人。④ 为应对日益复杂的 IOM 运作、管理好 IOM 区域性的行政部门，IOM 全面采用一体化信息资源管理系统（Processes and Resources Integrated Systems Management）。截至 2008 年年底，大约有 400 名员工被培训，102 个 IOM 的机构使用了该系统；同时大约 62 784 名移民使用了移民管理操作应用系统（Migrant Management Operational Systems Application）。IOM 有 85 个行政部门运用了全球机票订制系统（Integrated Global Airline Ticket Order Record）。⑤

（五）增强 IOM 的操作能力

技能指员工的个人能力，上升到组织层面反映出来的是组织的独特能力。IOM 被公认为是灵活运用、创新方法管理移民的组织。IOM 通过设计新的计划、制定新的策略发挥其创造力为其能够应对移民领域强烈的新变化提供了可能。⑥ IOM 除了完成基本的功能之外，还根据外部新情况展示新的实践能力。20 世纪 90 年代之后，地区性冲突和战争的频率增加，难民、流离失所者大量出现。IOM

---

① Evaluation Guidelines, Including how to Perform Self-evaluations, IOM, Prepared by the Office of Pro-gramme Evaluation Geneva, 1998.

② IOM Evaluation Guidelines, IOM, Office of the Inspector General, 2006, p. 4.

③ IOM, MC/2278, Report on the Hundred and Sixth Session of the Executive Committee, 2009, p. 80.

④ IOM, MC/2278, Report on the Hundred and Sixth Session of the Executive Committee, 2009, p. 7.

⑤ IOM, MC/2278, Report on the Hundred and Sixth Session of the Executive Committee, 2009, p. 81.

⑥ IOM Evaluation Guidelines, IOM, Office of the Inspector General, 2006, p. 14.

从参与冲突后的难民救助中不断增强了其应对紧急情况处理问题的能力及比较优势。第一，迅速的反应能力和灵活性，在 1990—1992 年的海湾及北部伊拉克难民救援活动中已经充分体现。第二，以人员运送援助方面为代表的移民管理的丰富经验。通过海陆空提供有效的安全的运输是 IOM 从创立时就具备的能力和优势。第三，统计流离失所者是 IOM 的又一比较优势。通过统计可以为国家冲突后的重建提供必要的各类型人才的信息，并有助于他们在海外参与国内选举等。[①]

（六）强化学习型的组织文化

风格是指组织的文化风格及管理人员的工作风格，也称之为组织文化，是组织在长期的生存和发展中形成的，为组织所特有的，且为组织多数成员共同遵循的最高目标、价值标准、基本信念和行为规范等的总和。诸多组织文化标准被提出来的一个原因是其范畴包罗万象。它包含了一系列复杂、相互关联、广泛而又关系不明的要素，但各分类标准亦能自圆其说。其中按照文化、战略和环境之间的适当配置形成组织文化的四种类型：适应型（学习型）组织文化[②]、使命型组织文化、小团体式型组织文化与官僚制型组织文化。这四种文化都有自身的优势，但都要依赖于外部环境和组织战略的需要。根据 IOM 的成长历程，IOM 的组织文化应归属于适应性型（学习型）组织文化。[③] IOM 把战略重点集中于适应外部环境上，实施灵活的、适应国际移民形势需要的变革。这种文化鼓励 IOM 去探寻、解释并把环境中的信息转化成新的反映能力的准则和信念。因此，在 60 余年的成长历程及未来的发展中，持有这种文化的 IOM 并不只是快速对环境作出反应，也能够积极地创造文化、改革意识和创造性被高度评价并得到激励。

（七）提高 IOM 办公人员及专家队伍的素质，增强专业权威

人员因素主要是指组织内的员工数量、员工类型。战略实施需要充分的人力准备，有时战略实施的成败确系于有无适合的人员去实施。实践证明，人力准备是战略实施的关键。IOM 现在拥有 7 000 余名工作人员，其中包括了大量的专业人员。为了强化组织的人力资源基础、项目实施以及使毕业生能够得到关于国际发展援助的第一手治理经验以实现未来在国际组织更好就业，IOM 从 1975 年开

---

① IOM, MC/INF/260, Role of IOM in Emergency and Post-conflict Situations, 2002, p. 3.
② 学习是指组织对环境和组织本身的各种情况分析、探索和交流的过程。与传统的学习意义不同，不仅是指知识、信息的获取，更重要的是提高自身能力以应对变化的环境，做出有效的应变。学习型组织就是存在这种学习的组织。它能认识环境、适应环境，进而能动地作用于环境。参见：肖祥伟主编：《企业管理理论与实务》，广州：中山大学出版社 2007 年版，第 121 页。
③ IOM, MC/INF/242, Human Resources Policy in IOM, 2000, p. 8.

始实施"助理专家"（Associate Expert）计划，扩大在移民治理领域的专家队伍。IOM 为员工设立健康保险、协调员工的家庭/工作责任、保障员工的人身安全；[①]同时对员工进行培训（1998—2000 年的员工培训情况详见表 3 - 1）。对雇佣者的培训连年增加，对总部以外区域机构的员工进行培训的人数占到了一半以上。而总部的员工培训所占的比例呈逐步递减趋势。原因在于前面所分析的 IOM 已经开始"去中心化"的进程，所以加强总部以外员工的培训对于增强区域机构的组织能力、业务能力显得尤为迫切。其中女性员工培训的比例占到一半以上，说明 IOM 很重视女性雇佣者的培训问题。总体而言，各种类型的员工培训是强化其全球移民治理能力的关键内容之一。

表 3 - 1　员工发展培训比较（1998—2000 年）[②]

	截至 2000 年 6 月	1999 年	占总员工数的百分比	1998 年	占总员工数的百分比
IOM 的总员工数	2 329	1 990		1422	
员工已培训人数	175	389	20%	128	9%
已培训区域员工	74%	307	79%	54	42%
已培训总部员工	26%	82	21%	74	58%
已培训女性员工	55%	206	53%	65	51%
已培训官员	41%	124	32%	84	66%
已培训雇佣者	56%	163	42%	38	30%
已培训无级别	3%	101	26%	6	5%

综上所述，为了更好地完成 IOM 的项目计划，提高 IOM 的移民服务能力，同时推动关于移民问题共有知识的形成，增强移民问题治理的有效性，IOM 从这 7 个方面不断强化其移民治理能力，并使其能够成为移民治理领域的首要组织。IOM 的成员在逐步增加，机构不断完善，其运作也越发成熟起来。凭借其在移民领域的专业管理经验，IOM 帮助移民实现合法、自由移民的愿望并为移民提供专业服务和咨询。通过对正规移民和非正规移民问题开展大量调查研究，用数据资料和相关信息推动了国际移民治理的多层次对话与合作，可见，IOM 在国际移民治理领域发挥了越来越重要的作用。

---

① IOM, MC/INF/242, Human Resources Policy in IOM, 2000, p. 5.
② IOM, MC/INF/242, Annex, Human Resources Policy in IOM, 2000, p. 11.

二、国际移民组织的全球治理模式

全球移民治理是一个进程，追求有效治理的途径、促进人类有秩序地移民则必须考虑国际移民组织推动全球移民治理进程的模式与结构。从图1-1可以反映国际移民组织的移民问题治理模式。但由于国际移民问题的特殊性，国际移民问题治理仍是以国家为中心、其他移民治理机构为辅的复合结构。因此，经过60余年的发展，国际移民组织参与国际移民治理的模式以此为基础，逐步形成了如图3-4所示的治理模式：以参与移民的国别治理为核心，以参与移民区域治理磋商机制为辅助，同时"辐射"至移民全球治理的一个"同心三环"模型。在不同层面，国际移民组织通过不同方式参与其中，进而形成了独特的全球移民治理模式。国际移民组织参与移民的国别治理、区域治理与全球治理进程涵盖了其治理的四大领域，即"移民与发展、促进移民、规范移民、帮助被迫移民"，构成了国际移民组织全球移民治理的主要内容。

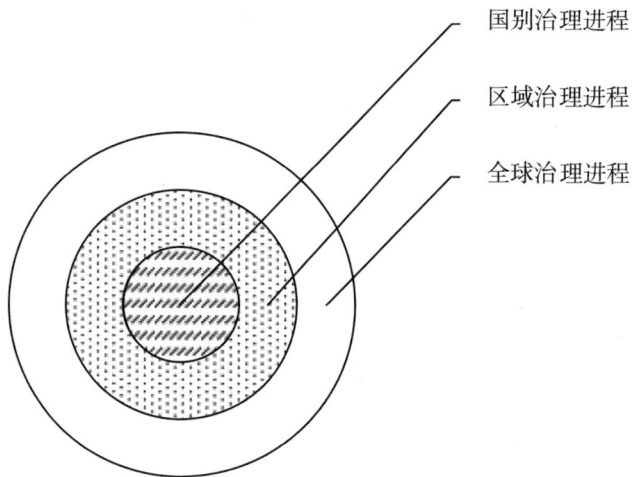

国别治理进程

区域治理进程

全球治理进程

图3-4　国际移民组织参与全球移民治理的模式

（一）国际移民组织参与移民问题的全球治理

前文分析，在移民问题的全球治理进程中，以联合国及其体系下的各有关移民问题方面的组织为主的正式机制在移民全球治理层面作出了应有的努力，在国际移民法律规范的制定、传播及其监督上，都作出了实质性的贡献。然而，由于国际移民问题的复杂性，各移民问题领域的异质性导致联合国及其体系下的移民治理陷入一定的"窘境"。因此，作为一个独立于联合国体系之外的组织——国

际移民组织在移民全球治理进程中发挥了特殊的作用。

国际移民组织参与移民问题的全球治理主要通过汇聚国家行为者的预期，加快国际移民信息的沟通与传递，促进各国际关系行为体在国际移民问题治理上的共识等方式。主要采取的途径是：通过参与国际移民的全球性论坛，进而推动移民领域共有知识的产生及国际移民法律规范的传播，同时也通过参与一定的全球治理操作实践发挥作用。在 A 维度上，国际移民组织推动与其他国际组织、非政府国际组织等行为体之间的合作，一方面促使国际移民问题成为一个全球性的国际议程；另一方面通过一些特设的全球移民非正式机制推动关于国际移民的共有知识的产生。管理移民必须针对国际移民的一些相关问题达成统一的认知，如定义移民、难民等的概念；制定移民历史、权利以及移民法等。1998 年，国际移民组织与国际劳工组织、联合国难民署、联合国教科文组织及一些非政府组织在日内瓦展开对《保护所有移民工人及其家庭成员权利国际公约》的宣传，号召国家批准通过该条约。同时，该组织还开展了国家批准后使国内法与该法保持一致的后续工作。[1] 国际移民组织通过一些具体活动的开展，进一步加强参与移民全球治理的实践性。如与国际劳工组织一起开展保障劳工权利的活动；与联合国难民署一起开展难民安置、遣返的活动；与联合国儿童基金会一起开展打击贩卖儿童、妇女的活动等。

（二）　国际移民组织参与移民问题的区域治理

通过非正式的移民区域磋商机制，国际移民组织与区域内国际组织、非政府组织加强合作以期推动本区域内移民治理机制的完善。在这一进程中，IOM 试图把全球治理形成的共有知识转为国家的移民治理能力，进而促使国家政策的变化及行为的转变。本书重点阐释国际移民组织在参与非正式的移民区域磋商机制中的地位与作用，原因是在正式磋商机制中，国际移民组织仅是一个参与者，并不能发挥其区域移民治理领域的重要作用。但移民区域磋商机制的非正式机制则不然，国际移民组织往往通过提供秘书工作、信息服务、能力建设与技术合作、项目执行伙伴等，与国家一起成为移民区域磋商机制的主导者（Leading Role）。[2]

通过第二章的介绍，不同地区的磋商机制有着不同的内容，这些磋商机制大都是由国家主导开发的。但是，国际组织扮演着一个积极角色，发挥着自身独特的作用。国际移民组织在不同磋商机制中所扮演的角色有所差异：IOM 是"马尼

---

① International Migrant Rights Watch Committee, Achieving Dignity: Campaigners Handbook for the Migrant Rights Convention, 1998. http://www. migrantsrights. org/layhndbk. index. Htm.

② http://www. iom. int/jahia/Jahia/regional-consultative-processes, 2010 年 12 月 17 日。

拉机制"的积极倡导者和组织者，这种磋商为"亚太难民、流离失所者和移民问题政府间协商"以及"巴厘岛机制"、"科伦坡机制"的组建奠定了基础。IOM 为"巴厘岛机制"、"科伦坡机制"、"阿布达比对话机制"提供技术与后勤支持。在非洲的"南部非洲移民对话"和"西非移民对话"磋商机制，是 IOM 与当地的国际组织合作而设立的。两者都没有设立正式的秘书处，前者由 IOM 和南非移民计划的成员国协商提供秘书处工作，后者在 2002 年的 IOM 与西非经济共同体达成的谅解备忘录基础上，由 IOM 提供支持。

在美洲、加勒比地区的"普埃布拉机制"中，IOM 扮演着秘书处角色，提供技术合作与后勤支持。欧洲的"独联体和邻国关于难民、流离失所者及返回移民区域会议"，IOM 与其他国际组织一起提供秘书处服务。"5 +5 对话机制"、"南美国家移民会议"没有设立任何非正式的秘书处，IOM 也提供技术合作与后勤支持。IOM 作为观察员参与"地中海中转国之间移民对话机制"。"政府间发展机构的移民区域磋商机制"，由 IOM 和 IGAD 及非洲联盟委员会（African Union，简称 AU）一起共同提供秘书处工作。

国际移民组织在移民治理的区域磋商机制中扮演着不同角色，同时在不同区域呈现了一些不同的特征。在非洲、亚洲等地区，IOM 积极主动地参与并推动国家组建区域磋商机制，而在美洲、欧洲等地区，IOM 往往被该机制的倡导国邀请而作为磋商机制的参与者。同时，IOM 有意识地把在美洲、欧洲成功的移民区域协商治理经验推广到非洲和亚洲等地区。这显示出 IOM "在西方国家那里它仅是一个服务性机构（Service Business），但在东方国家那里却表现得很是积极（Aggressive）。"[①] 东西方存在巨大差异，但并不意味着亚非地区的国家不能借鉴欧美国家的移民治理经验。因为：①曾在欧美国家中发生的各种难题，将来也可能在亚非国家出现；②欧美地区国家的治理经验被认为是正当合理地对问题行为的解释，有可能作为解释亚非地区国家中出现的类似问题的一种有用假设；③欧美国家所尝试过的解决问题的方法及这些方法如何能够很好地起到作用，都可能成为解释发展中国家问题的可能性建议，且帮助估算它们的社会成本和收益。[②] 欧盟的非正规移民治理经验往往能够为像中国这样的发展中国家非正规移民治理提供借鉴。

各区域磋商机制间通常并没有什么交流，但 IOM 与国际移民问题全球委员会一起于 2005 年、2009 年积极倡导各区域磋商机制的主席、秘书长分别召开全球区域磋商机制会议。这两次会议加强了区域磋商机制之间的交流与沟通，加深

---

① http：//www. noborder. org/iom/display. php？ id = 15.

② ［美］安·赛德曼、罗伯特·赛德曼著，冯玉军、俞飞译：《发展进程中的国家和法律：第三世界问题的解决和制度变革》，北京：法律出版社 2006 年版，第 57 ~ 58 页。

了对移民问题的理解，作出了明确各自任务以避免重复的努力。正如有学者所言，"这种交叉式的交流，是加强信息交流的最重要途径之一"①。总结移民区域磋商机制在全球移民治理进程中的重要作用及局限性，有助于进一步提升移民区域磋商机制的有效性，这也是国际移民组织目前所做的重要工作之一。

（三）国际移民组织参与移民问题的国别治理

对大多数国家而言，国际移民治理问题是一个相对新颖的领域，因为历史上它们在某种程度上并未受到移民影响。比如中国国内移民来往十分频繁，但相当长时期内并未面对大量外来移民迁入的问题，也缺乏对迁入的外来移民管理的经验。于其他国家而论，移民治理能力有可能在一个移民治理领域中很成功但在另一个领域显得不够成功。比如爱尔兰具有高效的国内移民治理能力，却缺乏成为移民目的国之后的移民治理能力。对于发展中国家而言，在国家的移民治理制度（法律、执法等）不十分完善的情况下，其应对移民带来的挑战显现出乏力的一面。② 如果一个国家的移民治理制度没有很好地进行设计的话，那么国家的整体治理将受到质疑，而且并不利于国家的整体发展。同时，在移民个体权利的保护问题上，往往还是国家的保护相对直接与有力。因此，完善国家的移民治理制度对解决国际移民问题及保护移民个体的权利有着十分重要的意义。

国际移民问题不可避免地涉及国家"主权"属性，不可能回避国家治理；另外，国际移民问题本身又超越国界呈现出一定的"公共性"特征，不可能仅靠某一国家"单打独斗"。故推动政府间的双边或多边的合作成为移民问题全球治理的重要治理模式。国际移民组织扮演着国家移民治理的参与者和移民治理合作的倡导者的角色。由此，国际移民组织制定了参与移民国别治理的总体战略，即通过搜集、分析移民信息和提供移民政策服务以及强化与国家的技术项目合作，增强国家移民治理能力，进而发挥其治理作用。这样，通过提高国家的移民管理能力（如边境控制能力），能够规范移民的行为；通过国内移民政策的完善，能够促进移民的正规性；通过移民发展计划项目，能够促进国家的发展。当然，每一个项目的执行往往依赖于地方政府、中央政府或其他国内机构的协调行动。2009 年，IOM 实施了 2 332 个计划。其中，欧洲占 30%，非洲、亚太地区、拉美和加勒比地区尾随其后。③ 这些计划并非都是国别项目，也有全球性、区域性项目。但全球性、区域性计划仍需落实到国家治理的层面上。

---

① Michele Klein Solomon, International Migration Management through Inter-State Consultation Mechanisms.

② Michele Klein Solomon, International Migration Management through Inter-State Consultation Mechanisms, Prepared for United Nations Expert Group Meeting on International Migration and Development, 2005, pp. 5 - 6.

③ http：//www. iom. int/Template/activities/chart/category - 2009. html.

第四章 国际移民组织参与全球移民治理的案例分析

本章在前三章的基础上进行实证考察，选择国际移民组织在全球移民治理复合结构的不同层面治理进程中的典型案例，进一步论证国际移民组织在全球移民治理进程中的作用及如何发挥作用的问题。

第一节 个案一：移民治理全球性论坛机制之"伯尔尼倡议"

成功的全球移民治理来自于移民来源国、目的国甚至包括过境国之间开展关于应对人口跨境流动所带来的挑战与机遇问题的对话与合作。① "伯尔尼倡议"（Berne Initiative）建立前，很少有囊括三者的探讨国际移民问题的全球机制。"伯尔尼倡议"在推动国际移民全球治理共有知识的形成及传播上有着较大的作用，而扮演"倡导者、协助者"角色的国际移民组织的作用亦十分明显。

本节案例选择的是全球移民治理框架——"伯尔尼倡议"，它由国家主导（States-Owned），国际移民组织负责操作工作。本节将通过三个方面对其进行分析：第一，对"伯尔尼倡议"发起的背景及进展情况进行分析；第二，国际移民组织通过这一非正式论坛机制产生了哪些移民治理的效果；第三，对共有知识作用的简要分析。本节案例分析说明国际移民组织尽管是在国家倡导的机制中担当协助者，但它试图扮演国际移民治理的重要主体角色，并发挥了重要作用。

一、伯尔尼倡议发起的背景

20 世纪 90 年代以来，国际移民问题逐步成为一个全球性问题，几乎影响到所有国家以及不同的政策领域（雇佣、援助、融合、贸易、安全等）。国际社会

---

① Philip L. Martin, Susan Forbes Martin, Patrick Weil, eds., *Managing Migration: The Promise of Cooperation*, Kentucky: Lexington Books, 2006, p. 2.

在移民问题治理领域中加强国际合作尝试的呼声越来越高。这是基于冲突、迫害、自然灾害以及其他紧急情况所造成的非自愿移民的频繁流动挑战着国际社会的治理能力（迅速作出反应，并有效进行人员救助，一旦紧急情况出现，能确保移民有秩序地移居接收国）以及国际恐怖主义的蔓延使安全问题突出等都需要加强边境管理的现实考量。尽管许多国家都制定了相关移民政策，但是移民问题具有复杂性与动态性，因此仍旧难以有效解决移民带来的所有问题。所有这些考虑导致了国际移民在全球议程中的分量越来越大。国际移民对国内与国际关系的影响引发了对移民领域中"单边主义"局限性的思考，国际社会认识到"合作治理"是有效实现有秩序移民的基本方法。①

基于此，国际移民的治理需要多种政策部门的协调以及不同层面的治理（地区、国家以及全球层面的合作），有效解决移民带来的挑战必须扩大合作范围日益成为各国共识，全球移民治理政策也呼之欲出。是国际组织而不是国家成为将国际移民问题提上国际议程的主要推动力量。其中，由国际移民组织负责协助工作的"伯尔尼倡议"强化了国家间合作的意愿、推动了国际移民全球治理的共有知识的产生，进而不断推动着全球移民治理的进程。

2001 年，瑞士政府倡导的"伯尔尼倡议"开始起步，这是由国际移民组织负责秘书工作的全球移民磋商机制。2001 年 6 月，由瑞士难民问题联邦办公室举办的移民问题国际讨论会上，80 余名政府官员以及来自于国际机构、非政府组织、学术团体的专家讨论了国际移民的动因及趋势，肯定了来源国、目的国、过境国的不同利益，同时也指出了三者的共有利益，即对于所有类型的国家而言，非正规移民对国家主权和安全的侵蚀是具有共性的。因此，最后一致认为各国应该寻找合适途径来"促进正规移民，阻止非正规移民"，并认为应当通过范围更广的磋商而非签订国际法来达成国际移民治理的基本指导性框架。② 它强调需要就移民管理问题在世界层面开展国家间的对话与合作。该磋商机制的行为体包含国家移民当局、政府间组织、非政府组织和移民专家等利益攸关者，旨在通过加强国家间对移民问题的共识性理解并达成一些关于移民的非约束性框架和指导原则以促进全球移民治理的国家间合作。很显然，国家避开了正式的责任与磋商，选择了非正式的合作与磋商。不管怎样，这三种类型国家已经注意到了加强移民合作治理的重要性与迫切性。

①　UN, World Economic and Social Survey 2004, p. 189.

②　Michele Klein Solomon, Kerstin Bartsch, The Berne Initiative: Toward the Development of an International Policy Framework on Migration, 2003, http://www.migrationinformation.org/feature/display.cfm? ID=114.

二、"伯尔尼倡议"的发展进程

"伯尔尼倡议"第一次会议（Berne I）召开之后，为了进一步"统一"国际社会对移民的共同认识，为国家移民政策的制定提供一个国际法视角，执行秘书工作的国际移民组织于2002年出版了由专家们完成的一本书——《国际法律规范与移民》，该书通过分析关于国际移民的国际法律规范，认为国际移民成为全球化与发展进程中"缺失"的重要一角。① 但若要全面理解《国际法律规范与移民》，必须厘清移民相关术语上的模糊性及不规范使用。为此，国际移民组织出版了《国际移民法：移民的相关术语》一书，对移民相关术语进行定义与分类。② 尽管该定义与分类仍存在一定的争义，但是发展与移民、移民的个人权利是现有国际法律规范中共同体现的基本内容。

为了完善"伯尔尼倡议"，2003年6月，瑞士政府邀请40余名政府部门的移民专家及20余名独立学者参与讨论"促使伯尔尼倡议更加有利于移民治理"的途径，与会者大都认为伯尔尼倡议应该加强各国从国际层面对移民问题的共有理解。正如瑞士难民办公室主要负责人简·丹尼尔·戈伯（Jean Daniel Gerber）所言，"这是首次所有国家一起探讨构建国际移民共有知识的框架和国家移民治理成功实践的一次会议"。为此，会议结束后达成了开展伯尔尼倡议第二阶段的计划（Berne II），即"国际移民管理议程"。③ 为了促进各国政府及移民专家对其有更多的认知，2004年召开了四次区域性协商会议，亚的斯亚贝巴召开非洲磋商会议（3月）④、布达佩斯召开欧洲和中亚磋商会议（6月）⑤、桂林召开亚太地区磋商会议（7月）⑥、圣地亚哥召开美洲磋商会议（9月）⑦。四次会议上，国家间达成了一些共识，认为移民问题已是国家的、区域的、全球性的主要问题，故与会者强调要加强国际层面的移民治理合作。大多数国家成为"移民国家"，因而更加愿意加强合作而非强化隔阂。⑧

① T. Alexander Aleinikoff, Vincent Chetail eds., *Migration and International Legal Norms*, Hague: T. M. C. Asser Press, 2003. The introductory chapter was published by IOM, International Dialogue on Migration No. 3, International Legal Norms and Migration: An Analysis, Geneva: IOM, 2002.

② IOM, *International Migration Law: Glossary on Migration*, Geneva: IOM, 2004.

③ Report, Berne Initiative Consultations: An International Agenda for Migration Management, 2003, Switzerland: Berne, Report, p. 2.

④ Addis Ababa, Chairman's Summary, Berne Initiative Regional Consultations for Africa, 2004, Ethiopia.

⑤ Report, Berne Initiative Regional Consultations for Europe and Central Asia, 2004, Budapest, Hungary.

⑥ Report, Berne Initiative Regional Consultations for Asia and the Pacific, 2004, Guilin, China.

⑦ Report, Berne Initiative Regional Consultations for the Americas, 2004, Santiago de Chile.

⑧ International Agenda for Migration Management, Berne, 2004. p. 13.

通过这四次区域磋商机制，伯尔尼倡议第二阶段的最重要成果是意识到国家的合作意愿，适时推出了"国际移民管理议程"（International Agenda for Migration Management，IAMM），以巩固逐渐形成的"共识"并将其作为国家移民政策、能力发展和国家间移民治理合作的基石，也以此作为不具有法律约束力的移民管理参照系统和政策框架的依据。该议程于 2004 年 12 月公布，主要涵盖两个方面的内容：一是移民治理的共有理解；二是国家关于移民问题治理有效性的经验与实践总结。① 同时它主要涉及各种类型移民（正规移民、劳工移民、非正规移民、难民）的人权问题、融合问题等；涉及国家移民政策、国际法及国家治理能力建设等原则与成功实践；涉及移民与发展、贸易、环境、健康、国家安全等方面的原则与成功实践。另外，为了强化对 IAMM 的理解，国际移民组织又负责推出了《移民问题的重要国际声明》，包括在国际论坛和地区论坛中国家关于国际移民问题的言论，从而说明国家早已关注了国际移民问题，并且愿意加强彼此间的交流②。因为在相互依赖的国际社会中，国家必须考虑到"邻居"正在做什么。

三、国际移民组织通过"伯尔尼倡议"产生的"全球移民治理"效果

（一）推动国际移民问题成为国际议程

全球化进程促进了商品、资本、技术的自由流通，"人口的自由流动"却受到严重的限制。原因来自于"国家主权及国家福利现实的限制"③。在相互依赖程度加深的国际社会中，全球性问题日益成为国家不得不面临的问题。但全球性问题往往是由政府间国际组织或非政府间国际组织主动推动其成为国家政治议程中的一分子。国际移民问题并不例外。

尽管"二战"后意识形态的问题致使难民问题成为冷战的附属品，但是冷战后，移民问题成为各国关切的重要问题。由于发达国家和发展中国家在国际移民问题上的观点及召开国际移民治理全球性会议目的方面存在不可逾越的鸿沟，因此各国对此种类型的会议并不抱太大希望。国际组织则积极推动了国际移民问题全球议程的清晰化、明确化。其中国际移民组织通过设立一系列全球性移民论

---

① International Agenda for Migration Management，Berne，2004，p. 6.

② *Significant International Statements on Migration：A Thematic Compilation*，Geneva：IOM，2004.

③ Joel P. Trachtman，*The International Law of Economic Migration：Toward the Fourth Freedom*，Kalamazoo：W. E. Upjohn Institute for Employment Research，2009，p. 11.

坛，把国家关注的各种类型的移民问题纳入论坛的主题，促使国家参与讨论，并形成一定共识。四次"伯尔尼倡议"的地区会议由国际移民组织负责全程的组织工作，从议题的选择、会场的安排、后勤的技术支持等。同时四次会议基本上涵盖了世界上所有地区：欧洲、非洲、亚太地区及美洲地区，讨论的议题也十分广泛，如劳工移民、移民融入问题、人口走私与贩卖问题等，这些无疑为移民问题被纳入国际议程提供了强大的推动力。

（二）推动了移民治理"共有知识"的形成和传播

1. 移民个体权利保护的理念

在成文的国际法条约中已经明确了"人"的权利。1948 年 12 月 10 日，联合国大会第 217A（III）号决议通过并颁布了《世界人权宣言》。第 14 条第 1 款确认："人人为避迫害有权在他国寻求并享受庇身之所。"① （Everyone has the right to seek and to enjoy in other countries asylum from persecution）从那时起，个人包括国际移民开始被视为国际法人权保护的受益者。第十三条第二款规定："人人有权离开任何国家，包括其本国在内，并有权返回他的国家。"② 这些从国际法角度明确了移民个体的权利，并被绝大多数国家认可。其中难民的不推回原则、不歧视原则等同样是为了保护移民的权利。对于"偷渡与贩卖的跨国移民"而言，国际移民组织认为他们作为受害者也应享有这些权利并获得保护。现有的成文国际法事实上已经明确了移民个体的权利，但通过此次会议再次强调了各国对这一共识的认知。

2. 有秩序移民的理念

尽管相关国际移民法律规范规定了移民个体有权离开和返回自己的国家，却没有规定进入另一个国家的权利。很显然，这是一个"不完全的权利"（incomplete right）。换言之，当一个人试图移民却发现没有国家愿意接收时，他的离开及返回的权利并未得以保障和实现。因此，试图移民的个体必须符合国家制定的移民标准，满足国家的意愿才能实现"离开或返回"的权利。非正规移民个体往往通过非正规途径实现了这种权利。所以，面临着权利的不完全性及非正规移民数量的增多，国家既不能关闭边境，又不能完全放开边境，只能选择规范移民的进程。国际移民组织宗旨中有关"有秩序移民的治理理念"就是规范移民进程的一个十分重要的内容。国家能够参与全球性移民问题讨论，是因为如果不管理好移民，国家所面临的问题或许更为严重。由此，国际移民组织在推动非正式

---

① 《世界人权宣言》，http：//www. un. org/en/documents/udhr/index. shtml.

② 《世界人权宣言》，http：//www. un. org/en/documents/udhr/index. shtml.

论坛召开的进程中，明确了国家的困境，迎合了国家进行全球移民治理的需求。不像全球化的其他衍生品如贸易、资本与服务领域，国家是在消除彼此间的壁垒，推动它们的自由化，在移民领域却仅是管理移民的有序流动。

　　3. 移民与发展的理念

移民与发展的关系十分复杂，不同历史阶段国家对两者的关系有不同的认知。意识形态主导下的冷战格局，国家对移民与发展的关系基本上持否定的态度。一方面认为人才外流、劳动力的侵蚀等不利于本国的发展；另一方面认为移民的根源在于不发展（贫穷、社会动荡）。[①] 发展是有助于移民的，因为经济社会发展有助于提高移民个体的技能及资源，从而有助于在其他国家获得雇佣的机会。冷战结束后，更多的移民来源国（大多数是发展中国家）逐步认识到移民对其发展的积极面。移民对于发展中国家的发展而言具有重要的"2R"（Remittances/Returnees）效应。侨汇（Remittances）有助于来源国消除贫穷，成为发展中国家经济发展资本中重要的一部分。[②] 从 74 个中低收入国家的抽样调查研究显示，总体而言，一个国家国际移民的人数每提升 10%，贫困率就会有 1.6% 的下降；一个国家的侨汇占 GDP 的额度每提高 10%，贫困率就会有 1.2% 的下降。[③] 如果说汇款不能使国家发展可持续，那么返回移民（Returnees）则有助于发展中国家的经济发展可持续。返回移民不仅仅带回来了技术、资金，更带回来了经济发展所需要的人才。对于发达国家而言，移民对发达国家的贡献极大，吸引高质量的人才促进了本国科技、经济发展的水平。然而，国家对低技能移民移入的严格政策限制，导致了一些移民通过非正常途径移入，从而威胁到边境安全。前文所提到的发达国家反移民运动的高涨，移民带来的社会问题增多都促使国家移民政策更为苛刻。正确看待移民与发展的关系问题对于移民输入及输出国都是极为重要的。通过全球性的移民论坛会议，把发展中国家与发达国家集中在一起，有助于弥补对移民认识的差异，形成对移民与发展较为准确、全面的认知。虽然这一机制提供的有效措施在许多国家尚未充分发展起来，但是，一些国家已经开始尝试。例如，法国的"共同发展"模式：促进原籍国和目的国之间的移民交流，并向决定回归原籍国的移民提供技术援助和资助。联合国志愿人员领导的一项主动行动——"通过侨居国民传授知识计划"，帮助来自发展中国家的合格专业人员回到母国并提供短期的技术援助。

　　[①]　Johan Wets, *Migration and Development*: *Myths and Facts*, IOM EPC Issue Paper, No. 11, 2004, p. 6.

　　[②]　Devesh Kapur, Remittances, The New Development Mantra? Paper prepared for the G – 24 Technical Group Meeting, 2003.

　　[③]　Richard H. Adams, Jr., and John Page, *The Impact of International Migration and Remittances on Poverty*, Poverty Reduction Group, World Bank, 2003, p. 7.

4．国际移民的合作治理理念

在明确移民与发展关系的基础上，如何实现移民的有秩序迁移？国家共同合作的理念成为国家间的又一大共识，合作治理有助于国家共赢目标的实现。[1] 事实上，大量人口安置的合作在"二战"前后早已展开。20 世纪 90 年代以来，国际社会不仅见证了国际移民蜂拥至发达国家，同时也见证了在移民领域中加强国际合作的尝试。国际社会通过全球性的移民论坛、国家间加强对话与交流，深化了对国际移民治理有效性的合作。

（三）推动国际社会将国际移民共有知识付诸操作实践

在成员国看来，形成一些共有知识是必要的，而将其付诸实践则更为重要。[2] 国际移民组织通过多项活动促使以上所提到的共识在各国政府中广泛传播并进入移民治理相关政策。除了通过这一论坛传播外，国际移民组织把这些共有知识、国际移民法律规范运用到区域磋商机制之中，并通过具体的项目计划，把这些共识纳入到国际移民的地区治理及国别治理之中。[3] 国际移民组织的具体实践操作活动在第三章已经进行了考察，此处不再赘述。总体而言，国际移民组织的实践活动是按照其章程来作为，在活动中又将其章程中关于移民治理的相关认识传递给其他治理行为体，通过交流与互动最终形成国际社会关于移民问题治理的共有知识。以伯尔尼倡议为代表的移民治理全球性论坛机制，主要是起到形成、传播共有知识的功能，对实际操作实践的影响主要通过其间接影响来实现。因为国家是全球移民治理最终的也是最有力的操作者。实现将共有知识变为相关国家的移民治理政策、法律及具体管理活动是全球性论坛的预期。当然，作为伯尔尼倡议倡导者的国际移民组织的移民问题操作实践活动也是对移民领域共有知识的践行。毫无疑问，国际移民组织通过这种移民治理全球性论坛机制实现了参与全球移民治理的功能定位。

四、"共有知识"：国家认同的变化

共有知识具有因果作用与建构作用。所谓因果作用是指共有知识是国家行为改变的自变量；所谓建构作用是指共有知识可以通过帮助行为体寻找解决问题的

---

[1] Report, Berne Initiative Consultations: An International Agenda for Migration Management, 2003, Switzerland: Berne, p. 8.

[2] IOM, MC/2290, Draft Report on the Ninety-Eighth Session of the Council, 2010, p. 23.

[3] Chairman's Summary, Manage International Migration through International Cooperation, International Agenda for Migration Management, Berne, 2004, p. 7.

共同方案、定义对行为的期望、确立威胁因素等建构行为的意义即建构行为体身份和利益。温特引用了谢林关于两个人某天需要在纽约见面的故事。由于他们之间无法取得联系，不能告诉对方见面的时间和地点，因此两人根据他们之间共有的领悟，在正午时刻共同走到中央车站的问讯处。这个故事强调了共有知识对两人行为的重要影响，并未强调共有知识怎样使这样的会面对故事中的两个人产生意义。因此，温特认为因果作用不是共有观念产生的所有作用。共有知识还可以建构行为的意义，甚至可以建构身份和利益。这里，温特并没有否认共有知识的因果作用，只是强调了建构作用而已。那么，共有知识如何发挥其建构作用呢？它可以通过不同方式起作用：如建构行为体身份和利益，帮助行为体寻找解决问题的共同方案，定义对行为的期望，确立威胁因素等。①

全球移民治理在被联合国推动但又裹足不前的情况下，国际移民组织却积极主动地使国际移民问题及其治理不断地凸显并成为国际议程的重要议题。在此进程中，尽管国际移民组织宣称不致力于国际移民治理规范的构建，而是服务于移民治理的操作性内容，但这种宣称并不能"掩盖"其试图推动现有国际移民法律规范被各国接纳的事实。通过伯尔尼倡议这样的非正式磋商机制，向各国宣传各种国际移民法律规范的基本内容，促使各个国家不断地成为协定的签约国，如并不十分受欢迎的《移民劳工法案》。通过积极参与全球性的移民论坛及其他全球性组织共同开展移民问题的全球治理等途径，国际移民组织努力使国际社会形成一些普遍接受的共有知识，并通过各种机会促使这些共有知识不断内化，从而有可能改变国家的移民治理身份与相关利益认同。尽管国际移民组织所推动的关于移民问题的共有知识被排除在"管制性规范"之外，并不具有约束力，国家对待移民问题上态度、行为的变化的自变量也可能并非来自国际移民组织推动形成的"共有知识"，但共有知识作为自变量在促进国家利益认同发生变化上有着明显的效果。从理论上看，一旦国家内化了这些共有知识之后，对国家的行为实践就会产生较大影响。

国际移民组织在推动共有知识的形成中作用是十分明显的，但这些共有知识是否被国家所接纳，国家的行为是否发生了一定的变化（国家参与全球性移民会议的频率、国家移民政策内容的变化）等，成为衡量共有知识的主要参考指标。各国更加愿意参与此种类型的论坛，反过来又加强了各国关于移民问题的共有认知。不同国家的与会代表纷纷表示这些共有知识是有助于国际移民治理的。各国移民政策虽未发生根本变化（政策的连续性依旧），但在开展打击跨国犯罪、难

---

① ［美］亚历山大·温特著，秦亚青译：《国际政治的社会理论》，上海：上海人民出版社 2008 年版，第 161~184 页。

民安置、移民劳工合作上发生着较大的转变说明了国家行为上的变化。尽管如此，像"伯尔尼倡议"这样的非正式机制，从长期来看会使所有成员都受益，但这种受益一开始很难计算清楚。一旦被统一协定所规范，就意味着国家的责任与义务，当然也涵盖了权利。所以，国家很难在移民全球治理的法律规范、具体操作上实现完全一致，而仅仅是达成了某种程度上的共识，从目前来看不可能形成全球性的有普遍约束力的移民规范。这一非正式机制是不具有约束性的、松散的论坛形式，是国家主导的，国家的主权性导致了公民社会参与的价值大打折扣，而试图建立一个囊括所有国际移民问题的全球性国际移民治理制度，目前显然并不现实。

综上所述，由国际移民组织负责协助工作的"伯尔尼倡议"，尽量地把移民目的国（尤其是发达工业化国家）纳入到国际移民论坛之中，使其认识到移民对发展中国家的挑战和带给发达国家的机遇。同时，着眼于强化国家间移民治理的合作，推动移民有秩序地迁移，使"迁移"最终有利于移民自身以及原籍国、目的国、过境国。在这一进程中，国际移民组织通过这一非正式机制达到了推动国际移民问题成为全球议程、促进国家关于移民共识的形成等目的。与此同时，国际移民组织不断积极参与移民领域一些非正式机构（如全球移民小组、联合国移民与发展国际论坛等），加强与相关正式机构的合作（联合国难民署、国际劳工组织、联合国教科文组织等），着眼于推动全球移民治理理念的形成与传播，并丰富难民领域合作的实践、移民个体权利的保护实践等。在此过程中，国际移民组织加强了自身的能力建设，以适应未来移民发展趋势及移民全球治理的需求。例如，国际移民组织虽没有明确的法律授权任务，即给予移民人权的保护，只是提供迁移的服务及其他服务，但实际上，国际移民组织按照人权法案对难民、非正规移民及个体移民的权利在迁移服务的过程中给予了一定的保护。

第二节　个案二：移民区域治理之亚太"区域磋商机制"

作为一个全球性的移民治理主体，国际移民组织十分注重移民的区域治理，积极参与全球各区域的移民区域磋商机制，并发挥了重要作用。近年来，全球人口最为集中的亚洲及太平洋地区，人口偷渡和贩卖层出不穷，难民问题日益严重，区域国家间的移民劳工流动日趋频繁。亚太移民问题由来已久，而且在区域磋商机制出现之前，亚太已经拥有了一些区域合作机制，诸如亚洲银行（1966年成立）、东盟（1967年成立）、南亚区域合作联盟（1981年成立）、海湾合作

委员会（1981 年成立）等正式机制以及亚太经济合作组织（1989 年成立）、东盟地区论坛（1994 年成立）等非正式机制。亚太国家在原有机制仍存在的情况下又重新创立了专门性的"区域磋商机制"来应对移民问题的新挑战。

本节案例选择的是亚太移民治理的区域磋商机制，将通过三个方面对其进行分析：第一，亚太移民治理的区域磋商机制组建的现实背景；第二，亚太移民治理区域磋商机制的特征与功能；第三，国际移民组织积极参与亚太移民治理区域磋商机制的努力及作用。

一、亚太国际移民问题的新挑战与原有机制的"缺憾"

冷战后，亚太移民区域磋商机制的出现与当时移民问题的现实情况有密切联系。虽然亚太区域内移民或区域外移民早已有之，但是全球化趋势无疑使原本棘手的移民问题更加复杂。考察冷战后亚太地区国际移民问题的现实状况，有助于理解移民问题对该地区移民治理提出的挑战。从现实考察和分析中可以发现，该地区原有治理机制应对日益复杂的移民问题的能力相对不足，这客观上推动了亚太地区关于移民问题治理的区域磋商机制的出现。

（一）冷战后亚太移民问题的现实情况考察

第一，冷战后至今，亚太地区人口居世界第一，国际移民数量居全球第二，人口区域内跨国迁移十分频繁。这一数量大的特征在近二十多年里基本保持并趋于稳定。当今亚太地区拥有一半以上的世界人口，约为 37 亿。2005 年全世界国际移民人数达 1.91 亿，亚太地区的国际移民人数约为 5 800 万（5 300 万人来自亚洲，500 万人来自太平洋地区）。许多学者曾预计，由于受到 2008 年金融危机的影响，亚太地区移民数量会减少。[①] 然而，相关数据表明并非如此。2010 年全球的国际移民总数为 2.14 亿，亚太地区的国际移民数量依旧是仅次于欧洲（欧洲为6 980 万）的第二大国际移民地区，约为 6 730 万（其中亚洲地区为 6 130 万，太平洋地区为 600 万），占全球国际移民总数的 31.4%。具体到亚太各地区而言，西亚的国际移民数量最多，约为 2 885 万，占该地区移民总数的 42.8%，

---

① IOM, World Migration 2011: Communicating Effectively about Migration, p. 68. http://publications. iom. int/bookstore/index. php? main _ page = product _ info&cPath = 37&products _ id = 752&zenid = f838c3201667ef014e1754354073f6b5.

南亚、东南亚、东亚、太平洋国家、中亚尾随其后。① 2010 年国际移民人数占国家总人口比例最高的前十个国家，除了瑞士外，其他全是亚太国家。②

随着移民区域内流动更加频繁，区域内各国及相关地区在移民问题上扮演的角色也开始重叠。亚太地区的国际移民主要以西欧、北美及大洋洲地区为目的地。尽管西欧、北美依旧是亚太国家的人们前往的对象国，但数据显示本地区内的人口迁移日益频繁，约43%的移民在本区域内流动。③ 如澳大利亚所有移民的1/3 来自于亚洲，中国、菲律宾和印度是主要的来源国。④ 中国大约有4 800 万的海外华侨华人，其中80%散居在东南亚国家。⑤ 与此同时，亚太国家和地区扮演着多重角色，它们可能是移民输入国（地区）（Immigration）、输出国（地区）（Emigration）以及中转国（地区）（Transition）。日本、韩国、新加坡、新西兰、中国台湾，包括沙特阿拉伯、阿拉伯联合酋长国以及哈萨克斯坦、土库曼斯坦等主要扮演着移民输入国（地区）的角色，马来西亚、泰国、澳大利亚以及中国香港等则兼有输入国（地区）、输出国（地区）以及过境国（地区）三种角色，而孟加拉国、缅甸、柬埔寨、中国、印度、老挝、尼泊尔、巴基斯坦、菲律宾、斯里兰卡以及越南等国是主要的移民输出国。⑥ 伴随着中国经济的发展，中国也逐渐吸收了相当数量的外来移民。

第二，非正规移民"禁而不绝"，其中人口贩卖与偷渡"链条化"特征显著。随着移民绝对数量的扩大和移动频率的加快，非正规移民问题更加突出。由于可靠来源的数据有限，对亚太非正规移民的考察只能从局部数据去管窥这一现象的近似真实程度。据估计，2003—2005 年期间，东南亚和东亚的非正规移民人数超过120 万。⑦ 马来西亚成为非正规移民的重灾区，据2004 年马来西亚官方统计，在102 555 名外来种植工人中有65 329 人是非正规移民劳工。⑧ 在日本，

① UN Department of Economic and Social Affairs, International Migration Report 2009: A Global Assessment. p. xviii, 2011, pp. 70 – 86, http://www.un.org/esa/population/publications/migration/World Migration Report 2009.pdf.

② Country and Comparative Data, http://www.migrationinformation.org/GlobalData/charts/6.2.shtml.

③ Asia and the Pacific, http://www.iom.int/cms/en/sites/iom/home/where – we – work/asia – and-the-pacific.html.

④ IOM, World Migration 2005: Costs and Benefits of International Migration, p. 103. http://publications.iom.int/bookstore/index.php?main_page=product_info&cPath=19&products_id=176&language=en.

⑤ 中国新闻社《世界华商发展报告》课题组：《2008 年世界华商发展报告》，http://i5.chinaqw.com/2008ind/2008ind.html。

⑥ Graeme Hugo, Migration in the Asia-Pacific Region, Paper Prepared for the Policy Analysis and Research Programme of the Global Commission on International Migration, 2005, p. 8.

⑦ Marują M. B. Asis, Recent Trends in International Migration in Asia and the Pacific, *Asia-Pacific Population Journal*, Vol. 20, No. 3, 2005, pp. 26 – 27.

⑧ IOM, World Migration 2005: Costs and Benefits of International Migration, p. 110.

2005 年初大约有 24 万的非正规移民，其中非法滞留者人数达到 20.7 万。[1] 以人口贩卖为例，它是仅次于毒品和武器走私的第三大高利润的非法走私活动，被称为"现代形式的奴隶"（modern slavery）活动。据 IOM 的国际移民报告统计显示，全球 1 000 人中有 2 个是人口贩卖的受害者，而在亚太地区这一比例更高，1 000 人中就会有 3 个受害者。[2] 东亚、东南亚和南亚是人口贩卖的高发区，约100 万人。其中妇女和儿童是被贩卖的特殊群体，约占 60%。以南亚地区为例，斯里兰卡是人口贩卖的来源国和目的国。印度是"三位一体"的人口贩卖的"来源国、过境国和目的国"。每年数十万的尼泊尔妇女被贩卖至印度从事性服务。孟加拉国的妇女和儿童常被贩卖到印度或经印度被贩卖到巴基斯坦和中东地区，从事性服务和被迫劳动。[3]

非正规移民问题的日益复杂还在于：人口偷渡、贩卖已经与跨国犯罪集团紧密结合在一起。据联合国报道，全世界存在的各种贩卖和偷渡行动，既包括涉及少数犯罪人的小型企业性质行动，也涉及合法和非法行为者参与的大规模跨国有组织犯罪集团。[4] 国际犯罪集团建立了国际性网络，在人口贩卖的来源国及目标地点，都可能有政府机构的成员参与或协助；走私路线经过地区的所有的出入境管理机关也可能受到国际人口贩卖集团的渗透或侵入。[5] 这种彼此相互利用的结构链条致使人口贩卖、偷渡变得愈加复杂，成为严重的跨国有组织犯罪形式。

第三，难民问题呈高发态势，难民大都"依邻而迁"。难民定义的范围和深度及其法律地位经过两次世界大战的洗礼和人权事业[6]的影响得以明确化并走向成熟。然而，难民的数量并未因为世界大战、冷战的结束而减少，地区性冲突、战乱导致难民的数量急剧增加。与此同时，"新式"难民出现，因气候、环境发生急剧变化而失去家园、不得不流离失所的人，他们被称为"气候难民"。这些类型在亚太地区表现得较为充分。除了东亚、太平洋地区相对和谐外，东南亚、南亚、中亚、西亚等地区不和谐的音符较多。地区冲突、自然灾害在最近几年内频繁发生，从而使该地区冲突难民、环境难民数量逐步增加。据联合国难民署

[1] Antoine Pécoud, Paul F. A. Guchteneire eds. , *Migration without Borders*: *Essays on the Free Movement of People*, UNESCO/Berghahn Books, 2007, pp. 209 – 210.

[2] IOM, World Migration 2011: Communicating Effectively about Migration, p. 57.

[3] IOM, World Migration 2005: Costs and Benefits of International Migration, p. 112.

[4] 第十二届联合国预防犯罪和刑事司法大会，巴西萨尔瓦多，2010 年 4 月 2 日至 19 日，http://www. un. org/zh/conf/crimecongress2010/factsheets6. shtml。

[5] 刁仁国：《非正规移民与人口贩卖问题析论》，2008 年第二届"国境安全与人口移动"学术研讨会，第 219 页，http://cir. cpu. edu. tw/seminar/paper/97/971208_ 13. pdf。

[6] 1950 年《欧洲人权公约》第 6 条、1966 年《公民及政治权利国际公约》第 3 条、1969 年《美洲人权公约》第 5 条、1981 年《非洲人权和人民权利宪章》和 1984 年《禁止酷刑公约》第 7 条等。

2011 年统计数据显示，全球大约有 1 542 万难民，亚太地区国家成为全球难民制造者的"重灾地"。其中西亚难民比重最大，大约为 699 万，约占全球的 45.3%。具体到国家来说，阿富汗（约 270 万）与伊拉克（约 140 万）稳居全球前两名的位置。巴基斯坦（约 190 万）、伊朗（约 110 万）和叙利亚（约 100 万）是排名靠前的难民人口拥有国。由于地缘毗邻，难民大多"依邻而迁移"，全球难民最多制造者的阿富汗的难民大部分"落户"于巴基斯坦和伊朗。伊拉克的大部分难民"流落"在沙特阿拉伯和约旦。[①] 被冠以"国际孤儿"名称的罗兴亚（Rohingya）难民常从缅甸迁移至孟加拉国、泰国和马来西亚。

第四，移民劳工成为移民生力军，出现流动加速的趋势和结构性失衡的劳工问题。移民劳工区域内流动（Intra-Regional Movements）与区域外流动（Extra-Regional Movements）交叉进行，但区域内流动的劳工多从事低技能工作，而区域外流动的劳工多从事高技能工作。在过去的十年中，亚太经济虽然发展迅速，但工资福利仍与发达国家有较大差距。因此，亚太地区的人们为了谋求更多的个人财富而前往其他国家（包括区域内和区域外）打工是常有之事。据国际劳工组织统计，目前大约有 2 500 万的亚洲工人在其祖国之外的其他国家打工。其中 260 万的亚太工人来自南亚国家，大部分（97% 的印度人与巴基斯坦人）前往海湾国家如沙特阿拉伯、阿联酋等国从事服务业，孟加拉国、尼泊尔人到马来西亚从事种植业、到新加坡从事家政服务或到韩国从事建筑业等。130 万亚太工人来自菲律宾、印度尼西亚、泰国、缅甸以及越南等东南亚国家。如印度尼西亚人大都前往马来西亚和沙特阿拉伯打工，年轻的印度尼西亚男子到马来西亚打工，主要从事无技术含量或技术含量较低的工作，女性前往沙特阿拉伯做佣人。泰国亦成为柬埔寨、老挝和缅甸人打工的目的地。然而，东亚、东南亚国家大部分的专门人才（Professionals）、高技术工人（Highly-Skilled Workers）却流向了西欧国家、美国和加拿大。[②] 中亚五国由于与俄罗斯有着割不断的"前世"，所以"今生"的中亚五国的人们多去俄罗斯寻找就业出路，多从事建筑业、农业、饮食以及小商品买卖等行业。如俄罗斯的阿斯特拉罕和伏尔加格勒两座城市有 70% 的农业工人来自于中亚国家；哈萨克斯坦移民的 97% 在俄罗斯工作。[③]

经济学认为，劳动力的流动是市场经济资源配置的需要和结果。但移民流动也会产生结构性失衡的劳工问题。对于移民劳工输出国而言，一方面，外出务工

① UNHCR, Global Trends Report 2011, http：//www.unhcr-centraleurope.org/en/news/2012.

② Labour Migration in Asia, http：//www.pstalker.com/ilo/h-flows.html; IOM, World Migration 2011, p. 68; Southeast Asia, http：//migration.ucdavis.edu/mn/more.php? id = 3832_ 0_ 3_ 0.

③ Marlène Laruelle, Central Asian Labor Migrants in Russia: The "Diasporization" of the Central Asian States? *China and Eurasia Forum Quarterly*, Vol. 5, No. 3, 2007, pp. 105 – 110.

赚取侨汇可以为本国发展提供资金支持，但另一方面又会出现人才外流，即由于高层次人才大都向区域外流动，使得移民输出国有可能承担着人才外流的风险。低技能的移民劳工大都被称为目的国的"旅居者"，因为他们常因为工作的完成需要返回自己的国家。但对于发达国家而言，一方面，移民劳工的进入提供了劳动力补给，另一方面，又产生了非正规移民和承担移民输出国人才流失的道义责任。发展中国家需要输出大量低技能劳动力来解决就业，又想挽留本国高技术人才甚至招揽国外高技术人才流入；发达国家的发展需要大量高技术人才流入，又限制低技能劳工的流入。二者的矛盾性期望在现实中以更加不平衡的劳工流动形式出现。总体而言，输入国和输出国都面临着劳动力流入、流出与各国的期望及现实需求均不平衡的难题。这种难题的产生与劳工移民的流入和流出比例、知识层次、性别等不平衡的结构状态有关。

（二）亚太移民问题产生的影响与挑战

第一，移民个体因其"移民身份"表现出来的脆弱性致使他们的权利常受到侵害。如何加强对移民者的人权保障，使他们的迁移活动更加有序，成为亚太国家和地区面临的挑战。移民在目的国或地区常处于弱势，在所在国经济不景气的情况下，"移民"这一微妙主题常常被政治化为"刺耳的辩论……好似一个楔子，引发社会紧张局势，驱动政治极端主义，燃起歧视和憎恨的火焰"。[①] 这一歧视和憎恨的火焰很容易伴随着移民的脆弱性而燃烧。研究显示，妇女儿童，受教育低、不会移居地语言者，尤其是在农业、建筑、渔业、家政、工厂工作和手工劳动等低技术含量的职业中，移民受到剥削的可能性最大。剥削的形式有不付工钱、扣薪等；通常还包括人身伤害、殴打、拒绝给食物或强奸等威胁。[②] 移民劳工中有的具有合法身份，有的则因为没有合法证件而打着"黑工"。具有合法身份的移民劳工也并非一定能得到雇主的合法优待。如在俄罗斯的塔吉克斯坦移民劳工中就有超过 65% 的就业协议都没有形成书面合同。移民劳工的合法权益即使受到侵害也会面临无"据"保障的困顿。[③] 没有合法证件的"黑工"通常受到雇主的压榨与欺凌。就被贩卖的移民和偷渡者而论，跨国有组织犯罪团伙常通过人口贩卖、绑架、人身侵犯、敲诈勒索、强迫劳动等手段侵犯被贩卖的移民和

---

① 《联合国秘书长，第三次全球移民与发展论坛开幕词》，雅典，2009 年 11 月 4 日，http：//www. un. org/esa/population/migration/Opening_ remarks_ SG_ Athens. pdf。

② André Olivie, Phnom Penh, *Identifying Cambodian Victims of Human Trafficking Among Deportees from Thailand*, United Nations Inter-Agency Project on Human Trafficking, 2008.

③ Nurali N. Nouraliyev, Challenges of Labor Migration from Tajikistan to Russia, 2005，http：// www. ecsocman. edu. ru/images/pubs/2006/07/06/0000281728/009. NOURALIEV. pdf.

偷渡者的正当权益。国际移民组织负责反人口贩卖事务的官员贾费特·卡辛巴认为："人贩子通常骗受害者，他们到达目的地后可以得到良好的工作和生活条件，而这些受害者最终往往沦为苦工，不仅没有基本工资，甚至连基本的生活条件也没有保障。"① 被贩卖的受害者在经济上本来就已经很脆弱，又要遭受身体和精神侵害并不得不暴露到有生命危险的环境中（包括性传染疾病），致使他们的处境雪上加霜，更不用说享有目的国正常的移民福利与政治权利了。偷渡的移民在过境国和目的国由于没有授权性证件，因而受到不人道或有辱人格的待遇甚至危及生命的情况时有发生。

第二，相关国家和地区都不可能置身"人口跨境迁移问题"之外，也在充当移民"输入、输出、周转角色"中承受边境、社会安全以及领事保护等方面的挑战。"陆、海、空"立体的难民迁移、偷渡行为等大大加重了亚太国家边境安全管理的难度。由于移民个体自身有可能是病毒携带者，进而又会影响到国家的公共卫生安全。2003 年 SARS 病毒携带者的跨境迁移加速了 SARS 在亚太国家间的传播就是例证。外来移民人数的增加，往往对居住地的福利、社会治安及就业等产生冲击，从而引发本土人的反移民情绪，直接影响社会的稳定与发展。本国前往他国的移民劳工会面临生命财产安全的多种威胁，包括政治动荡、种族冲突、恐怖袭击、自然灾害、刑事案件、交通事故等突发事件。如何更有效地保障移民劳工的合法权益和生命安全对相关国家的领事保护提出了挑战。

第三，保障移民劳工合法权益、有效救助难民、打击和防治人口偷渡与贩卖，并非"一国之力"所能解决，"合作治理"的需求也在增加。冷战结束改变了冷战期间亚太地区"二元对立"的地区格局，区域问题治理冲破了"非此即彼"的单一模式，呈现出多边性、区域性特征。该区域的移民劳工、难民、人口偷渡和贩卖区域外流动尚未停止，区域内流动的趋势更加凸显。这两大因素挑战了国家的移民治理能力，亦导致国家治理移民问题的"单边行动"效用已显乏力，多边合作治理的需求更是随之增加。澳大利亚政府认为通过加强区域国家间的多边合作来应对非正规移民问题才更为有效。② 随后在澳大利亚和印度尼西亚政府的共同倡导下成立了"巴厘岛机制"。由此，在任何一个国家或单一的国际机构都不能有效解决移民问题的情况下，国内和国际社会需要作出共同反应，加强亚太地区国家间关于移民问题治理的区域合作、协调很有必要。

鉴于以上影响和挑战，国家关闭边境成为理性选择之一，但这种选择是在假

① 王雅楠：《国际移民组织：肯尼亚已成全球人口贩卖集中地之一》，http：//news. xinhuanet. com/world/2010 - 06/28/c_ 12273773. htm。

② Regional Cooperation on Migrant Smuggling in the Asia Pacific，http：//www. law. uq. edu. au/index. html？page = 173603.

定所有国家或大多数国家"闭关锁国"的情况下才有可能发生的情况。在全球化影响下，关闭边境阻止外来移民的移入是不现实的。那么，国家能做的现实选择则是寻找国家双边、多边的合作。基于区域国家间的地缘政治优势，加强区域国家间双边、多边合作成为解决区域问题的可能路径。可是，这并不意味着国家为了解决问题就要立即签订具有约束力的协定，因为国家仍要以国家利益为依据来实施对外政策。如一国需要更多的是高技术人才，低技术移民劳工的涌入有可能会影响到国家的整体发展战略。国家的移民政策仍以国家的内部需求为源动力，即使在贸易壁垒不断取消的情况下，国家仍对人口迁移设置诸多障碍。① 相关国家既想解决国际移民问题，又纠结于国家利益而不愿立即签订具有广泛约束力的协定。可见，亚太国家倾向于建设更具有灵活性的非正式机制作为解决移民问题的"尝试"。

（三）亚太原有国际机制的"缺憾"

亚太地区在融入国际体系的进程中，建立了一系列正式和非正式的多边机制。诸如亚洲银行、东盟、南亚区域合作联盟、海湾合作委员会等正式机制以及亚太经济合作组织、东盟地区论坛等非正式机制。就所关注的领域而言，亚洲银行是侧重于促进亚太地区经济发展和帮助其成员国中的发展中国家减少贫困、提高人民生活质量的金融组织；东盟在促进东盟国家间人员往来的自由化过程中，强调了保障移民劳工合法权益的国家间合作，试图成为像欧盟一样的集政治、经济和文化于一体的综合性组织；海湾合作委员会侧重于政治和经济对话与合作；亚太经济合作组织、南亚区域合作联盟侧重于经贸对话与合作；东盟地区论坛侧重于政治和安全对话与合作。议题范围不仅涉及军事、政治等传统安全问题，也常常关注诸如金融、跨国犯罪、偷渡、海盗、恐怖主义、能源安全等非传统安全问题。亚太地区区域治理呈现一片"繁荣"景象。亚太地区以多边机制为平台展开了各个领域的合作，取得了丰硕成绩。然而，亚太地区的各种复杂问题依旧刺激着该地区国家的神经，这些机制存在的不足之处，使它们在处理亚太区域移民问题时有些"力不如愿"。

首先，比照"欧洲经验"和"北美经验"，欧美地区的区域治理均在主导性大国的推动下进行，而亚太地区缺乏强有力的领导国家。亚太国家基于国家利益的考虑有着不同的制度偏好，往往推动自己所偏好的区域机制。② 东盟和东盟地

---

① 联合国开发计划署：《2009 年人类发展报告——跨越障碍：人员流动与发展》，http://www.un.org/zh/development/hdr/2009/。

② 李巍：《东亚经济地区主义的终结？制度过剩与经济整合的困境》，《当代亚太》2011 年第 4 期，第 7 页。

区论坛之于东南亚国家、南亚区域合作联盟之于印度以及海湾合作委员会之于海湾国家等都是基于某个或某些亚太次区域国家推动本区域间国家联动的结果。显然，东亚权力结构较为复杂，致使东亚区域治理很难"协调一致"。与此同时，区域外大国又乐此不疲地进来"搅局"，亚太区域机制无法"抽离"区域外大国的影子。美国主导下的同盟主要指美日、美韩以及美菲之间的军事同盟关系，是美国在亚太地区维系其霸权的主要支撑力量。而在美国"固守"与"优化"其在亚太势力的情况下，也就很难使原有机制在推动亚太区域问题治理上形成整体合力。其次，原有机制常执着于成为全方位领域的对话与合作组织，使机制议题过于宽泛以及机构的职能范围过度扩展，从而不利于资源集中，削弱了它们在人口跨国迁移问题治理上的影响力。同时，正式机制本身所固有的"正式性"使其面对复杂多变的移民问题时反应迟滞，失之灵活。最后，亚太和平安全问题在冷战后仍是亚太国家关注的重中之重，原有机制无论是正式还是非正式的都较少意识到国际移民问题对亚太国家和地区的影响与挑战，国际移民问题常"游离"于主要议题之外。诚然，国际移民问题上升到全球议程是 20 世纪 90 年代之后才出现的"新事物"，但随着冷战结束，亚太移民问题的日渐凸显，原有机制存在的这些瑕疵也显现出来。

当然，并不能因为这些机制存在一些不足，我们就否定它们在亚太地区已经和可能发挥的作用。为了更好地、更有效地保障该地区移民劳工的合法权益，探讨加强难民的有效治理问题以及应对人口偷渡和贩卖的有效解决办法，该地区开始了更多移民问题治理的尝试。20 世纪 90 年代以来成立了一些移民治理的非正式、专门性的区域磋商机制。

二、亚太移民治理区域磋商机制的特征与功能

（一）亚太移民治理区域磋商机制的概况

1999 年 4 月 21 日至 23 日，太平洋国家、东亚国家、东南亚国家和中国香港地区在泰国曼谷举行了国际移民问题研讨会，即"马尼拉机制"会议。会议结束的当天，在泰国政府倡导下，全会发表了《曼谷宣言》，宣言指出国际移民问题尤其是非正规移民问题已经成为亚太地区大多数国家应该关注的涉及经济、社会、人道主义、政治和安全的问题。因此，应在更广泛的区域框架内加强对非正

规移民问题的治理。① 这是 2000 年之前亚太地区应对非正规移民问题、构建区域合作理念的重大标志性成果。本书以《曼谷宣言》为分界线，把亚太移民区域治理分为两个阶段：前《曼谷宣言》和后《曼谷宣言》阶段。

第一阶段：前《曼谷宣言》阶段。20 世纪 90 年代末，亚太地区主要成立了两个区域磋商机制。一个是 1996 年启动的关于东亚和东南亚的非正规移民尤其是人口贩卖的地区研讨会即"马尼拉机制"，重点打击和减少东亚和东南亚的人口贩卖和偷渡。另一个是同年启动的"亚太难民、流离失所者和移民问题政府间磋商机制"（APC），是亚太国家和地区处理有关难民、流离失所者以及移民问题的机制。

第二阶段：后《曼谷宣言》阶段。进入 21 世纪后亚太国家加快了推进移民治理的步伐。2002 年组建了亚太地区关于偷渡人口、贩卖人口和相关跨国犯罪问题的"巴厘岛机制"。2003 年成立了有关亚洲劳工移民问题的部长级协商会议，即"科伦坡机制"。2008 年在阿布扎比，"科伦坡机制"的参与国和海湾国家召开了一次部长级会议，即"阿布扎比对话机制"，此次会议重点关注亚太区域内和区域外的"合同劳工和海外雇佣协商问题"。这些移民区域磋商机制最初重点关注的是非正规移民尤其是人口偷渡和贩卖问题、难民救助问题，之后开始强调对移民工人权利的保护与协商。显然，机制的设立、议题的选择是应对前文提到的亚太地区面临的移民问题治理挑战的尝试。

表 4-1 亚太地区移民治理的区域磋商机制②

机制名称	建立时间	现有参加者	目标	组织结构	进展
马尼拉机制	1996 年	16 个参与国、中国香港地区	东亚和东南亚的非正规移民和人口贩卖的治理	国际移民组织承担秘书处角色	1996 年至 2000 年间举行了 4 次会议。现处于停滞期
亚太难民、流离失所者和移民问题政府间磋商机制	1996 年	34 个参与国、中国香港和澳门两个地区、3 个参与组织	亚太难民、流离失所者和移民问题的治理	设立轮值主席国，APC 秘书处	每年举行一次全体大会

① The Bangkok Declaration on Irregular Migration, International Symposium on Migration, "Towards Regional Cooperation on Irregular/Undocumented Migration", 1999.
② 根据国际移民组织官方网站以及各机制的网页进行的统计。

（续上表）

机制名称	建立时间	现有参加者	目　标	组织结构	进　展
巴厘岛机制	2002 年	41 个参与国、中国香港和澳门两个地区、19 个观察员国、13 个观察员组织	亚太关于偷渡人口、贩卖人口和相关跨国犯罪问题的治理	国际移民组织和联合国难民署承担秘书处的角色	至今召开 5 次部长级会议
科伦坡机制	2003 年	11 个参与国、11 个观察员国、13 个观察员组织	亚洲劳工移民问题的治理	国际移民组织承担秘书处角色	至今召开 4 次会议
阿布扎比对话机制	2008 年	20 个参与国，7 个观察员国，1 个观察员组织（欧洲委员会）	亚洲国家临时性劳工问题治理，增加国家对移民与发展的认知	暂无	至今召开 1 次会议

（二）亚太移民治理区域磋商机制的特征

通过对前文提到的亚太地区移民治理区域磋商机制的考察，我们可以看出其以"软机制"化为核心的特征。

第一，参与的开放性与议题的专门性。"开放性"指的是不设立门槛，任何愿意参与到磋商机制中的国家、地区以及国际组织都能获得批准，还积极鼓励非政府组织参与其中，使这些机制的参与者呈现出广泛性特征。同时，根据所讨论的议题寻求共识，亚太区域内和区域外的国家（如科伦坡机制和阿布扎比对话机制已经把诸如西欧国家、美国、加拿大等西方发达国家吸引进来）都可以自由参与这些协商机制，并不排斥机制间的对话与合作。"专门性"主要涉及两个方面：整体来看，与其他现有机制相比，这些磋商机制主要针对"移民问题"而建，会议讨论的议题选择相对固定；具体而论，为了避免重复，每个机制限定在不同的移民问题上，如难民、移民劳工、人口贩卖和偷渡等相关议题。特殊的是马尼拉磋商机制与 APC 机制议题重复，但马尼拉磋商机制已"让位"于 APC机制。

第二，机制的非正式性与平台性，不以达成具有约束力的规范为目的。正式的国际组织，通常是在参与国签订具有约束力的条约后组建而成的。但这些移民治理的区域磋商机制是国家对当下移民问题现实反映的结果，是国家参与会议之

后在移民问题治理上达成的某种共识。正规的组织结构是正式国际组织的又一重要标志，如联合国的主要机构涵盖了联合国大会、安全理事会、经济与社会理事会、托管理事会、国际法院和秘书处等。但目前来看，这些移民治理的区域磋商机制组织架构相对涣散。一般只有全体参与者参加的大会，并无明确规定举行会议的时间。虽设有秘书处，但一般由国际组织承担。同时，这些机制不要求参与者缴纳会费，往往是由那些经济实力比较强的少数国家来承担。[①] 国家把这些机制视为"平台"，交流与沟通居多。其中，不以达成具有约束力的规范为目的，这是软机制特征最为显著的一点。会议上通过的"声明"、"宣言"、"公报"等成果常以谅解备忘录的形式存在。谅解备忘录并不具备法定约束力，只是反映成员国之间政治共识的文件，对成员国只有道德和政治上的引导作用。在巴厘岛机制第五次部长级会议上，参与国达成了针对人口贩卖和偷渡问题治理的区域方法框架。但这一框架声明没有任何约束力。[②] 即使如此，虽不能很快达成具有约束力的协议，但各磋商机制仍十分重视中长期目标的规划和实现，尤其强调加强区域国家间以及区域内外国家之间的合作和对话、信息交流以及技术合作。

最后，机制发展的不平衡性。马尼拉机制已停滞，阿布扎比对话则刚起步。APC 和巴厘岛机制发展较快，它们的参与者数量较多、类别相对多样，组织结构（如 APC 设有永久性的秘书处和轮值主席国）相对完善，会议层次（如巴厘岛机制的会议包括部长级、高级官员、工作小组以及研讨会层次的会议）相对较丰富且规格较高。科伦坡机制则处于中间位次，参与国数量有限，但会议规模较大。机制的发展大致经历了"论坛、行动计划和执行进程、协定"三个层次。如果从这个角度进行分类，那么阿布扎比对话就处在最低层次——论坛性质；其他机制多处于通过"信息交流、技术合作"开展行动的层次，但这些机制远未达到签订具有约束力的共同协定，仍处在区域治理组织化的较低层次。如巴厘岛机制促使国家对人口偷渡及贩卖在未来可能达成一些具有约束力的条款，但各个国家目前仍没有意愿达成一个长期的持续的协定以加强国家间的合作来保护移民者的权利。[③]

总体而论，软机制特征折射出亚太移民治理区域磋商机制是一种非正式机制。基于这一特征，参与国并不介意所要说的话，即使作出承诺，进而违背，也

① Amanda Klekowski, The Role of Regional Consultative Processes in Managing International Migration, IOM, 2001, p. 22.

② Angela Dewan, Asia-Pacific Countries First to Sign Agreement to Combat Human Trafficking, 2011, http://www.voanews.com/.

③ Joseph Chamie, Luca Dall'Oglio eds., International Migration and Development—Continuing the Dialogue: Legal and Policy Perspectives, Center for Migration Studies (CMS) and International Organization for Migration (IOM), 2008, p. 214.

没有被惩罚的负担，机制对于国家来说充满了吸引力。这种吸引力，使得亚太移民治理区域磋商机制成为推动区域移民治理的重要角色。

（三）亚太移民治理区域磋商机制的功能表现

虽是软机制，但国家参与之后对待移民问题有了一些变化，"信息交流、经验交换、技术加强"等体现了参与国应对移民问题作出的现实努力。另外，亚太移民治理区域磋商机制进一步推动了区域内与区域外国家之间的沟通与协作。亚太区域磋商机制已然在亚太移民治理的实践进程和理念构建上发挥了积极的作用。

第一，增强国际社会对移民者权利的保护意识和促使国际社会采取相关措施保障移民者的权利。尽管移民有合法和不合法之分，但应承认移民者的基本权利。亚太国家在打击人口贩卖和偷渡的活动中，部分国家对移民者个体尤其是偷渡者本身具有的人身安全权利、财产权、基本的平等权等存在认识不足的地方。亚太国家和地区通过各协商机制召开的会议、培训讲座，能够强化对移民者个体权利保护的意识。如巴厘岛机制的参与国尽管在寻求不具有约束力的打击人口贩卖的协定，但巴厘岛机制的两个工作小组被参与国督促设定反对人口贩卖和保护偷渡者权利的计划，工作小组的治理法案已经被成员国的部分国家学习。同时，通过培训和交流引起参与国对移民治理立法、执法层面的关注，并逐步采取措施防止暴力侵害难民、移民劳工，有助于建构尊重移民者的权利、尊严、法律平等待遇和不同国家习惯的政策框架。协商机制提高了对移民者权利保护的重视程度，这在客观上有助于推进合作，共同采取措施管理移民流动，打击针对移民的暴力行为。

第二，提高参与国的移民治理能力。由于大量涉及暴力侵害移民者、移民工人及其家属行为的事件并未引起各国高度重视，目前收集的数据十分贫乏。[①] 而移民治理区域磋商机制却涵盖了移民及其国家政策信息的搜集、储存、统计、传播以及出版等各个方面，弥补了相关数据收集的不足。这些磋商机制均是"应国家请求为国家提供移民信息服务"的机制，有专门的网页和与移民相关信息的数据库。参与国如果遇到类似问题就可以利用该数据库，拥有相对充分的数据为国家制定、执行和评估本国的移民政策提供了科学依据，进而有助于增强移民问题治理的有效性。另外，通过参加这些机制，参与国逐步增强在有关移民问题上与各政府机构的协调力，有助于提高本国整体的移民治理能力。如通过参与巴厘岛

---

① 第十二届联合国预防犯罪和刑事司法大会：《针对暴力侵害移徙者、移民工人及其家属行为的预防犯罪和刑事司法对策》，巴西萨尔瓦多，2010 年 4 月 12 日至 19 日。

机制，在克服"移民部门、海关部门和联邦警察"之间的重大分歧后，澳大利亚形成了由各相关部门协调一致的"澳洲队"（Team Australia）来处理移民问题。[1]

　　第三，促进参与国对国际移民法规的理解与支持。现有的国际移民法案如《关于难民地位的公约》（1951 年）、《难民地位公约议定书》（1967 年）、《保护所有移民工人及其家庭成员权利国际公约》（1990 年）、《关于打击陆路、海、空人口偷渡的议定书》（2000 年）以及《关于防止、取缔和惩处人员贩卖特别是妇女和儿童的贩卖行为议定书》（2000 年）。然而，从统计数据来看，并非所有的亚太国家都批准了这些法案，各区域有很大差异性。比如，1951 年难民公约及 1967 年修订案，中亚、东亚、太平洋国家大都批准了这两个条约，但南亚和东南亚很多国家至今都仍未批准。亚太绝大多数国家都未批准《保护所有移民工人及其家庭成员权利国际公约》。至于《关于打击陆路、海、空偷渡移民的议定书》和《关于防止、取缔和惩处人员贩卖特别是妇女和儿童的贩卖行为议定书》，东亚、南亚绝大多数国家都未批准，中亚、东南亚、西亚大多数国家批准了这两个条约。[2] 国家常根据国家利益判断是否批准或加入某些国际条约，但国家亦会在对某些国际条约加深认知后，逐步认可并在不违反国家利益的情况下，选择批准或加入。而这一加深认知的进程，便是频繁的互动过程。

　　国际组织通常扮演着国际规范"传导"与"教授"者的角色。亚太区域磋商机制在国际移民组织和联合国难民署的帮扶下，亦充当着传授者的角色。常把国际移民法规融入到机制会议讨论的议题之中，促使参与国能够尽快批准或加入并全面执行所有涉及暴力侵害移民者、移民工人及其家属、人口偷渡和贩卖、人权、强迫劳动、难民和儿童的相关公约。由于巴厘岛机制主要针对的是人口偷渡和贩卖问题，因此，从 2002 年成立至今，召开的各层次会议中常常呼吁参与国能够考虑签订和批准《关于打击陆路、海、空人口偷渡的议定书》与《关于防止、取缔和惩处人员贩卖特别是妇女和儿童的贩卖行为议定书》。数据显示，亚太大多数国家在 2003 年之后批准了 2000 年颁布的两个移民法，大约 21 个巴厘岛机制的参与国签订和批准了《关于打击陆路、海、空人口偷渡的议定书》。[3]

　　第四，通过区域互动逐步增加本区域国家及相关地区间的共识与互信。互信

---

　　[1]　Randall Hansen, An Assessment of Principal Regional Consultative Processes on Migration, IOM, No. 38, 2010, p. 24.

　　[2]　United Nations Department of Economic and Social Affairs/Population Division, International Migration Report 2009, pp. 327 – 344, 2011, http：//www. un. org/esa/population/publications/migration.

　　[3]　UNODC, Protocol Against the Smuggling of Migrants by Land, Sea and Air, *Status of Ratification*, 2012, http：//treaties. un. org/Pages/ViewDetails. aspx? mtdsg_ no = XVIII – 12 – b&chapter = 18&lang = en.

是国家间合作的基础，信息不足、误解及缺乏共识将扩大国家间分歧，不利于国家间的合作，更不利于亚太移民问题的解决。国家间互信的增加往往来自于不断地交往与发生联系。但是，亚太各国的经济发展阶段不同、政治体制各异、宗教文化多样，这些"多元化"特质缠绕着不同的利益偏好和战略诉求，致使国家间的互信基础并不稳固。同时，要想协调一致地管理移民流动，打击针对移民的暴力行为必须有较强的政治互信。亚太国家通常以磋商机制为"平台"，通过参加具有不同背景的部门官员参与的讨论会和交流会来加深他们对移民问题的认知，以及加强国家间关于人口偷渡和贩卖情况等信息的交流以达成必要的共识。通过亚太区域磋商机制各层次会议的努力，为国家达成一些共识提供了条件。其一，各国认识到打击和防范偷渡等跨国犯罪活动，是各成员国共同的责任，符合各成员国安全与发展的共同利益。其二，对移民问题的共有理解。对移民的共有理解是移民区域治理机制的重要内容。一国参与问题讨论和发表看法使该国需要了解其他国家的关注点——尤其是在有着截然不同观点的重要移民问题上。移民治理区域磋商机制包含了国家针对不同移民问题进行法律、政策改革的方法、措施及计划。在交流的过程中，可以增加发展中国家的移民管理知识，在某种程度上还可以弥补发达国家与发展中国家之间关于移民认知的偏差与误区。这些互动的深化与共识的形成有助于亚太各国间发展联系，弥补国家间的分歧，进而增强彼此间的互信并为今后有可能达成的双边和多边协定奠定基础。

三、国际移民组织与亚太移民治理区域磋商机制

移民领域的亚太区域磋商机制属于非正式机制，国际移民组织发挥作用的空间相对充分。由于国家并不试图达成一些约束性的协定，从而大大降低了国家对移民治理合作的预期。国际移民组织正好利用了国家这种期望值很高但又不愿作更多努力的情况，不遗余力地促成了区域磋商机制相关会议的召开。国际移民组织正试图通过现实的实践来增强国家参与该地区合作的决心，并为促使国家在将来强化移民治理达成具有约束力的协议起"孵化"作用。

第一，国际移民组织参与并组建了亚太移民治理区域磋商机制。亚太原有机制基本上是由国家倡导建立，并且被国家创立为加强国家间合作与对话的平台。与这些机制不同，亚太移民治理区域磋商机制的创立与发展，国际组织发挥着"主推手"和"助推器"的作用。马尼拉机制于1996年在国际移民组织的倡导下建立并由国际移民组织提供秘书处的功能服务。APC机制由联合国难民署和澳大利亚倡导建立。巴厘岛机制虽由澳大利亚和印度尼西亚两国倡导建立，但国际移民组织也做了大量组织工作，且由国际移民组织和联合国难民署承担秘书处的

角色。科伦坡机制尽管由几个移民劳工输出国倡导建立，但也是由国际移民组织承担秘书处的角色。为促成和保持这些磋商机制能有效为国家服务，国际移民组织为各个磋商会议的举行提供了宝贵的实质性支持和后勤保障。① 如国际移民组织在马尼拉设立的国际移民组织区域中心办公室以及在各成员国设立的二十多个办事处（如曼谷 IOM 办公室），承担了协调国际移民组织参与执行巴厘岛机制部长级会议的秘书工作以及提供技术和信息服务支持。可见，这些办事处成为其参与亚太地区移民治理的重要介质。国际移民组织积极搭建区域磋商机制，为亚太国家提供了很好的移民治理磋商平台。

第二，通过参与亚太移民治理区域磋商机制，国际移民组织传播该组织的移民治理理念、方法及其研究成果，推动亚太国家运用"区域合作治理"理念治理本地区的移民问题。国际移民组织从 1994 年开始系统研究人口偷渡及贩卖问题，1996 年开始出版"贩卖人口"的公告，并为此类型移民中的受害者提供帮助及建立受害者数据库。故在加强和协调区域国家间的移民政策、立法、数据收集和管理上国际移民组织有着突出优势。通过区域磋商机制，国际移民组织不断促进各国政府在关于移民问题的现有区域合作、区域间合作得到深化。国际移民组织持续作出努力，并鼓励与会各国在磋商机制中考虑他国的发展状况，以便促进彼此对话及信息和经验的交流，促进国家和区域内各行为体的协调。通过扩大各国政府对移民趋势和问题的了解，建立共识，协助国家"识别"移民问题进而有效治理移民。同时，通过促进合作和协助开展能力建设，加强了原籍国、过境国和目的国之间的伙伴关系。

第三，通过参与和推动亚太移民治理区域磋商机制，国际移民组织促使亚太地区逐步形成解决该地区移民问题的整体性治理思路和框架。从经验认识和理性推理都可以看出，相对于现实中亚太地区移民问题的复杂性及给本地区带来的挑战，本书所罗列的仅仅是冰山一角。形成整体性治理思路是亚太区域国家和相关地区形成合力，从而有效解决移民问题的必要条件。这些区域磋商机制针对本区域移民问题而成立，一直努力探寻本地区移民问题的治理框架。国际移民组织通过参与和推动区域磋商机制的发展，着力于促进各方力量和资源的有效整合，以形成整体合力，增强移民问题治理的有效性。强调使用"合力"，必须明确亚太移民问题的复杂性及亚太国家的现实情况，在此基础上达成共识。正如中国驻印度尼西亚大使在 2009 年 4 月召开的巴厘岛机制部长级会议上所言："打击和防范

---

① 联合国经济和社会事务部 2004 年报告，审查和评价实现《国际人口与发展会议行动纲领》各项目标和目的的进展情况，第 30 页，http：//www. un. org/chinese/esa/surveys. htm。

偷渡等跨国犯罪活动牵涉多方，只有凝聚共识，才能协商合作，形成合力。"①
亚太移民治理区域磋商机制能在灵活互动中让参与者在各自国家利益和移民治理
之间找到平衡点，促使亚太国家和地区在移民问题治理上"求其同存其异"。所
谓"求其同"强调在认识亚太移民区域乃至全球治理的必要性以及紧迫性的基
础上，形成国家在移民治理合作意愿上的趋同性；所谓"存其异"就是要理性
看待各种移民问题结构的特殊性以及国家在达成具有约束力协定上的动力和意愿
不足，承认乃至尊重各自国家的利益。亚太相关国家和地区必须形成多边主义、
区域合作治理的整体性思路和框架，这样才能更有效地解决本地区的移民问题。

　　总之，国际移民组织参与了亚太所有的移民治理区域磋商机制，并发挥了一
定作用。诚然，国际移民组织在全球各区域参与了多个移民治理区域磋商机制，
从本节对亚太移民治理区域磋商机制的考察可以管窥国际移民组织参与移民区域
治理的基本内容。尽管与其在全球层面参与推动的全球性论坛一样没有达成正式
的规范，但在推动国家移民治理合作化进程中发挥出了巨大的作用。加强地区国
家间的合作，促使移民问题的区域治理成为各国行动上改变的主要表现。② 因
此，在未来移民治理区域磋商机制发展中，国际移民组织除了促使参与国把区域
磋商机制的成果努力内化外，也应该作为第三方主动协调各国政府的观点。

第三节　个案三：移民国别治理之 IOM 参　与加纳的移民治理

　　国际移民组织认为为了探寻一个能够"扩大移民潜在的建设性功能避免其破
坏性的一面"的途径，有必要了解国家在移民问题上的观点与需求。③ 因此，帮
助国家加强移民治理能力建设成为国际移民组织参与全球移民治理进程的核心。
本节选择的案例是国际移民组织在加纳的移民治理内容，将通过三个方面对其进
行分析：第一，在分析非洲国际移民现状的基础上对国际移民组织在非洲的总体
实践作简要分析；第二，在考察加纳的国际移民情况基础上探讨国际移民组织在
加纳进行的移民治理内容及其产生的作用；第三，以 IOM 在加纳开展的"健康
项目"为例，探讨 IOM 在加纳如何开展健康项目及其所发挥的作用。

---

　　① 《章启月大使在"巴厘机制"第三次部长级会议上的讲话》（中文），2009，巴厘岛，http：//id.
china-embassy. org/chn/embinfo/dsjh/t558025. htm。

　　② Janet Phillips, People Trafficking: An Update on Australia's Response, Research Paper No. 5, 2008－09,
Social Policy Section, 2008. http：//www. aph. gov. au/library/pubs/rp/2008－09/09rp05. htm.

　　③ IOM, Migration Initiatives Appeal 2009, 2009, p. 1.

一、国际移民组织在非洲的移民治理实践概况

（一）非洲的国际移民现状

15 世纪中叶至 19 世纪末，西方殖民主义国家为了向美洲殖民地种植园和矿山提供劳动力，从非洲掳走大批黑人，约有 1 200 万人被贩运到美洲等地，这便是非洲向外移民的早期历史。这一阶段是被迫迁移的阶段。从 20 世纪中叶起，非洲国家开始陆续摆脱殖民统治，实现了民族解放和国家独立，最终导致殖民主义体系在非洲的崩溃。这一政治大变革促进了非洲探索适合本国国情的政治经济模式和发展道路。然而，社会经济发展水平并未随着民族独立而立即发生深刻变化，非洲大多数国家仍旧处于贫困状态。20 世纪 80 年代末 90 年代初，世界格局发生重大变革时，非洲国家出现了政治民主化的浪潮，经济体制上向市场经济过渡。尽管这使非洲经济融入迅猛发展的经济全球化，但非洲仍是世界上整体发展水平落后地区较为集中的地方。非洲人在外部工资、福利待遇都较高的拉力作用下，移民海外成为现实中的重要选择。同时由民族分离主义、部族主义、宗教极端主义及恐怖主义引发的政治冲突成为该地区人口迁移的推力因素。上述推—拉因素成为非洲人口对外迁移的重要因素。但由于非洲经济社会发展处在转型中，且资源丰富，具有市场开发的"淘金"潜力，所以也有大批外来人口迁移至此，使得非洲吸引的外来移民人口呈上升趋势。总体而言，非洲地区的国际移民现状可以概括如下：

第一，非洲的国际移民数量庞大且呈上升趋势。根据前文，非洲从 1965 年以来，国际移民数量虽然比不上欧洲、亚洲和北美地区，却呈现上升趋势。1965 年约为 950 万，到了 2010 年达到了 1 930 万，这一数量占整个非洲人口的 1.9%。非洲大多数国际移民集中在科特迪瓦（240 万）、南非（190 万）和加纳（190 万）。在非移民的类型包括了从其他洲的国家迁来的移民劳工、非正规移民、游牧民、边境工人和难民。

第二，非洲地区局部冲突不断造成了大量难民、流离失所者。2010 年数据显示，非洲大约有 230 万难民，位居前三的是：肯尼亚有 40.3 万，乍得有 34.8 万，苏丹有 17.8 万。但由于近些年来非洲局势的不稳定，联合国难民署估计非洲难民人数已增加到 1 300 万，其中新的问题造成冲突发生又导致出现新的难民。如苏丹危机造成了从苏丹前往南苏丹、埃塞俄比亚的难民达 20 万，刚果共和国局势造成了 6 万难民前往卢旺达和乌干达。旧问题引发的难民数量也在持续，如约有 100 万索马里难民在非洲之角。与此同时，局势不稳也造成了大量的国内流离失所者，非洲大约有 1 110 万人，占世界国内流离失所者总数的 40%，其中苏丹为 450 万~520 万，刚果民主共和国为 170 万，索马里为 150 万。[①]

第三，历史、民族、地缘、经济和政治上的联系，导致并强化了非洲地区内、地区间、国家间以及非洲与其殖民宗主国和其他国家之间的人口迁移。[②] 非洲地理面积较大，通常分为北非、西非、东非、中非和南部非洲等几个次区域，这些次区域内和区域间的人口迁移较为普遍。但由于殖民宗主国的经济发展水平都比非洲大陆要高，所以非洲人试图移民至欧洲、北美国家，且高技术、高学历移民移出居多，人才流失严重。从 1995—2001 年间，每年平均有 11 万人前往欧洲和美国。其中 1995 年有 9.3 万人，2001 年上升为 14 万人。[③] 伴随着欧洲在 20 世纪 60 年代走上联合自强之路，其经济快速发展、社会稳定，在这一拉力下，大部分北非人（主要是摩洛哥、突尼斯和阿尔及利亚人）移民欧洲。美国也是重要的移民目的地。从 1980—2009 年间，在美国出生的非洲人从 20 万增加到 150 万人。据观察，这些在美国的非洲人大部分英语能力和受教育程度都较高。[④]

第四，非洲人通过非法越境方式前往世界其他地方的行为十分普遍。非正规移民的数量增加，主要集中在北、东、西部非洲国家，他们主要以欧洲国家为目的地。从 20 世纪 60 年代以来，欧洲通过经济一体化实现了经济和社会的繁荣发展，需要大量劳动力的供给。这一拉的因素促使了毗邻欧洲地区的非洲国家（主要是摩洛哥、突尼斯和阿尔及利亚）前往欧洲谋生。世纪之交时，在欧洲大陆，大约有 260 万摩洛哥人、70 万的突尼斯人和 120 万阿尔及利亚人。[⑤] 由于外来人口大量增加，引发诸多社会问题，欧洲国家开始对外来移民进行严格限制。但由于非洲国家大多数处于贫穷状态及国内社会不稳定，这一推力促使非洲人仍然不断地冒着各种风险偷渡至欧洲。其中从马格利布前往欧洲的非正规移民十分常见。

第五，侨汇成为推动非洲地区经济发展的重要因素。非洲移民在国外打工产生的侨汇，已成为不少非洲国家外汇收入的重要来源，在国家经济发展中发挥着重要作用。有关资料显示，在过去的十年中（2007 年前的十年，笔者注），非洲

---

① http：//www. iom. int/cms/en/sites/iom/home/about-migration/facts-figures-1/africa. html.

② 阿得兰提·阿得泊鞠著，陈思译：《撒哈拉以南非洲国际移民问题及最新趋势》，《国际社会科学杂志（中文版）》2001 年第 4 期，第 130 页。

③ Kristen McCabe, African Immigrants in the United States, 2011, http：//www. migrationinformation. org/USFocus/display. cfm? ID = 847.

④ Kristen McCabe, African Immigrants in the United States, 2011, http：//www. migrationinforma-tion. org/USFocus/display. cfm? ID=847.

⑤ Heinqde Haas, The Myth of Invasion：The Inconvenient Realities of African Migration to Europe, *Third World Quarterly*, Vol. 29, Issue 7, 2008.

国家每年的侨汇收入多在 120 亿至 140 亿美元之间，仅次于海外援助水平。① 据世界银行统计，2010 年侨汇总额达 400 亿美元，约占整个非洲大陆的国内生产总值的 2.6%，也是 1990 年非洲移民侨汇总额的 4 倍。② 2012 年侨汇近 600 亿美元。③ 非洲大多数国家十分贫穷，但由于大量侨汇的到来，使得贫困人口的比例出现下降趋势。

（二）IOM 针对非洲的移民治理内容

目前非洲 54 个国家中有 50 个是该组织的成员国。IOM 在 50 个非洲成员国中，成立了 41 个国家办公室。非洲地区的成员国数量占 IOM 成员国总数的 32%，这一高比例在一定程度上体现了 IOM 在非洲地区的影响力。

（1）推动非洲移民的区域治理和国家治理相结合。由于非洲大陆国家间移民的情况很常见，所以，强调非洲大陆区域移民治理很有必要。前文提到的非洲建立的几个移民区域磋商机制，IOM 均是这些机制的积极参与者，提供秘书处及技术指导的服务。同时，IOM 在非洲建立的四个区域办公室常常配合这些区域磋商机制进行相关的移民治理服务。除此之外，为了加强非洲国家的移民治理能力，IOM 于 2009 年在坦桑尼亚首都莫西成立了非洲能力建设中心。目的是加强非洲国家的移民管理能力，推动全面的移民治理，实施多样的移民移入和边境管理项目及培训课程。截至目前，能力建设中心已经培训了 26 个非洲国家的 2 400 余名移民和边境管理者。④

（2）实行分片分区参与非洲地区移民治理的方式，使该地区移民治理活动覆盖范围更广。国际移民组织在"移民与发展、促进移民、规范移民、帮助被迫移民"等几个领域开展相应的移民治理活动。当下，IOM 在全球拥有 9 个区域办公室，其中四个设在非洲国家。习惯将非洲分为北非、东非、西非、中非和南非五个地区，因此，IOM 在以下几个地方建立了区域办公室以推动全部非洲区域的移民治理，塞内加尔的达喀尔（负责中西非地区）、南非的比勒陀利亚（负责南部非洲地区）、肯尼亚的内罗毕（负责东非和非洲之角地区）、埃及的开罗（负责中东和北非地区）。

（3）逐步增加在非洲实施的项目计划和经费开支。项目活动的开展是国际移

① 《侨汇惠及多数非洲国家》，http：//world. people. com. cn/GB/1029/42359/5564365. html。

② 资讯，加纳中华工商总会：http：//ghanachineseonline. com/Item – 526. aspx。

③ 《世界银行发现非洲移民在汇款费用上每年可节省 40 亿美元》，http：//www. shihang. org/zh/news/press-release/2013/01/28/african-migrants-could-save-US4-billion-annually-remittance-fees-finds-world-bank。

④ African Capacity Building Centre，http：//www. iom. int/files/live/sites/iom/files/Country/docs/ACBC _ Brochure_ 2012. pdf。

民组织参与全球移民治理的重要手段，项目活动的内容和顺利实施离不开经费的支持。IOM 参与非洲的移民治理内容可以从项目开展和经费支出上来考察，其在非洲实施项目计划和经费开支逐步增加。2008 年，IOM 总共实施了 2 167 个项目计划，其中在非洲实施了 478 个，占总数的 19.3%。到了 2011 年，在全球实施的 2 814 个项目计划中，非洲有 622 个，占总数的 22.1%。就开展的具体项目所占比例来看，如表 4－2 所示，2011 年，危机救援的计划猛增，这与非洲一些国家的国内局势动荡，IOM 展开了紧急情况下的人道主义救助有着密切联系。如利比亚危机、南北苏丹分裂、索马里动荡等造成国内动荡，人们流离失所，甚至向外迁移，IOM 随后展开救助项目。在其他各类项目中，IOM 开展的项目数量均有明显增加。项目增加需要经费的支持，因此，2008 年 IOM 的经费在非洲总开支约为 1.39 亿元，2011 年约 1.93 亿元，三年中增长了 38.8%。

表 4－2　　IOM 在非洲开展的项目计划数量①　　　　　　　　（单位：个）

年份＼项目类别	危机下的救援	规范移民	移民与发展	促进移民	移民政策研究	移民健康	总体计划支持	遣返	共计
2008 年	194	150	29	27	3	48	26	1	478
2011 年	277	177	33	24	7	65	36	3	622

二、国际移民组织在加纳开展的移民治理活动及其发挥的作用

加纳从 1957 年获得民族解放、国家独立以来，遇到了较复杂的国际移民情况，移民治理面临严峻考验。IOM 于 1987 年在加纳开展活动，在加纳首都阿克拉设立总办事处。IOM 经常与加纳一些公共部门（如加纳内政部、妇女儿童委员会、就业和社会福利部门、外交部等）、私营部门和非政府组织在加纳联合开展各种移民治理活动。

（一）加纳的国际移民现状

第一，外来移民数量增加，来源地、类型趋于多元化。1960 年人口普查中，加纳有 82.7 万的外国人，占总人口的 12%。其中 98% 来自非洲国家（88.9% 来自多哥、科特迪瓦、布基纳法索及尼日利亚），有少于 1% 的人来自于西非国家

---

① IOM in Africa, 2012, http：//www. iom. int/cms/en/sites/iom/search-results. html.

之外。① 由于共同的被殖民历史、相邻的地缘关系，此时在加纳的西非人居多成为必然。然而，20 世纪 60 年代，加纳经济发展滞后、失业率较高且社会犯罪率上升，为了应对这些每况愈下的经济社会困境，加纳政府于 1969 年颁布了"外国人遵守法定"，限令在加纳工作的外国人如果没有合法证件，两周之内必须离开。显然，在经济不景气的情况下，外国人一般会成为矛盾的焦点。尽管缺失相应的确切数据，但估计离开加纳的外国人大约在 15 万 ~ 21 万之间，使得外来人口在加纳总人口中的比重严重下降。② 随着加纳民主化进程和社会发展，外来人口的数量、类型逐渐增多，虽然大多数仍来自非洲国家，但来自世界其他国家的移民人数也在逐步增加。截至 2005 年，加纳的外来移民数量约有 167 万人，占国家人口的 7.6%。③ 尽管相较于 1960 年，这一比重有所下降，但数量是当时的两倍有余。移入加纳的国际移民有工人、学生和难民。正如 20 世纪 60 年代大多数移入的国际移民来自于西非国家一样，大多数的工人多来自周边国家，多在工厂打工或从事服务业，也有来自韩国和中国的人从事捕鱼业。留学生的比例逐渐增加，从 2001—2002 年的 1.5% 上升到 2006—2007 年的 3.8%。尽管来自于四十多个国家，但仍以非洲其他国家的留学生居多。④ 近年来，较之于非洲很多国家而言，素有西非地区的"一片绿洲"之称的加纳，社会相对稳定，预计将会吸引更多外国人。

第二，加纳是非洲难民的主要接纳国，是其他国家寻求庇护者的重要接收国。这对原本经济水平较低的加纳来说，又增添了新的负担。1993 年，加纳接收了 15 万难民，大多数来自利比里亚和塞拉利昂。进入 21 世纪后，加纳接收的难民数量较之前有所下降，趋势是先有所上升后又开始下降。如表 4 - 3 所示，2001 年接纳了 11 971 个难民，到 2005 年达到 53 537 个，但 2006 年后开始下降，到了 2008 年接纳难民数量为 18 206 个。虽然加纳接收的依旧以利比里亚的难民居多，但接收塞拉利昂的难民数量呈下降趋势，如 2001 年接纳了塞拉利昂的 1 998 个难民，但到了 2008 年只接收了 132 个。而接收苏丹、多哥的难民数量逐渐增加。除了接纳难民外，加纳每年还接纳来自其他国家的庇护申请者。2001

① Micah Bump, Ghana: Searching for Opportunities at Home and Abroad, Institute for the Study of International Migration, Georgetown University, 2006, http://www.migrationinformation.org/USFocus/display.cfm? ID = 381.

② Micah Bump, Ghana: Searching for Opportunities at Home and Abroad, Institute for the Study of International Migration, Georgetown University, 2006, http://www.migrationinformation.org/USFocus/display.cfm? ID = 381.

③ IOM-Ghana Strategy Plan (2011 - 2015), IOM, 2011, p. 24.

④ Peter Quarter, Migration in Ghana: A Country Profile 2009, IOM, 2009, pp. 53 - 54.

年接受了 169 个庇护申请者，2005 年这一数据猛增到 14 016 个人。[①] 接收的无论是难民还是庇护申请者，数量的增加都对当地社会的生活环境、就业、住房、医疗产生了压力，也给加纳的经济发展增加了一些负担。

表 4－3　在加纳的难民来源国及数量（2001—2008 年）[②]　　　　（单位：个）

国家	2001 年	2002 年	2003 年	2004 年	2005 年	2006 年	2007 年	2008 年
利比里亚	8 865	28 298	42 466	40 853	38 684	35 653	26 967	15 797
塞拉利昂	1 998	4 316	943	632	125	103	101	132
苏丹	16	23	3	12	579	600	595	392
多哥	842	819	534	542	14 136	8 517	7 243	1 796
其他	70	48	1	14	13	65	52	89
总计	11 971	33 504	43 947	42 053	53 537	44 938	34 958	18 206

　　第三，加纳人向外移民的数量较大，人才流失较为严重。前文提到加纳本来吸引了一大批外来人口，但加纳在 20 世纪 60 年代的经济困境到了 70 年代仍没有明显好转。1975 年西非经济共同体成立，为了加强西非国家经贸人员的往来，促进经济社会发展，这一组织于 1979 年出台一项协议，即来自各成员国的公民可以不用签证在其他国家待上 90 天。同时，1973 年第一次石油危机爆发，石油价格上涨，对于石油丰富资源的尼日利亚来说，石油价格上涨带动了尼日利亚石油产业的繁荣和经济社会的发展。这"一推一拉"使加纳人开始大量外迁。1974—1981 年间，大约有 200 万加纳人离开加纳。这一时期向外移民的加纳人有大量的教师、医生、律师等高技术人才，这迎合了非洲其他国家刚刚独立需要大量此类专门性人才的需求，但对于加纳而言则是人才流失。80 年代，对于没有技术或有着不熟练技术的加纳家庭来说，家庭生活困难，为了谋生，这一部分人也开始把向外迁移作为一种"家庭生存策略"。他们到国外多从事建筑业、卡车司机等。还有一部分特殊身份的人，因害怕政治迫害或害怕被没收财产等而移出加纳。在 1982—1991 年间，联合国难民署登记的加纳庇护者有 97 536 人，成为当时被迫移民最多的国家。[③]

---

① Peter Quarter, Migration in Ghana: A Country Profile 2009, IOM, 2009, p. 52.

② Peter Quarter, Migration in Ghana: A Country Profile 2009, IOM, 2009, p. 51.

③ Micah Bump, Ghana: Searching for Opportunities at Home and Abroad, Institute for the Study of International Migration, Georgetown University, 2006, http://www.migrationinformation.org/USFocus/display.cfm? ID = 381.

20 世纪 90 年代之后，加纳人海外迁移的目的地发生了一些变化，不再局限于非洲国家，但它却是西非地区高技能人才移民海外数量最多的国家，在移民到西欧国家的撒哈拉沙漠以南的人口中加纳人最多。[1] 据相关统计数据显示，虽然71% 的加纳人仍旧以西非经济共同体的成员国为目的地，但也开始向非洲大陆之外的国家迁移，主要以西欧和北美为目的地。2006 年数据显示大约 19 万加纳人移民到了经合组织国家（Organization for Economic Cooperation and Development, 简称 OECD），其中移民至美国的有近 7 万人，英国的有近 6 万人。[2] 迁往国外的加纳人中有专门性人才、留学生以及庇护申请者。加纳医疗保健业方面的人才流失最为严重。如医疗卫生官员，1995 年培训合格的有 93 人，其中有 56 人选择离开加纳，比例达 60.2%。进入新世纪后，2002 年有 72 人，选择离开的就有 68人，比例高达 94.4%。对于药剂师来说，1995 年有 67 人，29 人选择离开，比例达 43.3%；2002 年有 120 人取得资格证，77 人选择移民，比例高达 64.2%。其他如护士、牙医等人才每年都有流出。对于正在发展中的加纳来说，亟须医疗行业的专门性人才。以 2002 年为例，加纳需要的医生为 1 804 人，现有 633 人，缺口 1 171 人，缺失比例高达 64.9%；药剂师需要 371 人，现有 161 人，缺口 210人，比例高达 56.6%。[3]

随着经济全球化和加纳国家的对外开放，加纳大学生开始到海外留学。大部分人去 OECD 国家，主要以美国和英国居多。2000 年有 4 661 人留学海外，2006年 8% 的加纳大学生留学海外，为 8 064 人。2006 年在美国读书的有 3 272 人，在英国的有 2 894 人。很多人学成之后并未回到加纳，而是选择留在当地就业。

第四，面临非正规移民的治理问题。如表 4-4 所示，2001—2007 年加纳的非正规移民的类型包括虚假证件者、签证欺骗者、伪装者、虚假签注者、偷渡者、携带毒品者、未予批准者以及滞留者等八种类型。这几种类型的非正规移民的人数并未持续攀升，而呈现高低起伏波动态势。2004 年之前每年非正规移民人数也是呈高低起伏态势，于 2004 年达到高峰，有 8 912 人，2007 年又降为2 801 人。七年间，滞留者人数达 19 082 人，未予批准者为 4 636 人，虚假证件者为 1 452 人。这三类群体的数量位居非正规移民的前三。偷渡者 1 266 人，位居第四。除了这些类型的非正规移民外，加纳还被称为妇女、儿童贩卖的中转国、目

[1] Nieswand, Boris, Ghanaians in Germany—Transnational Docial Gields and Social Status, Halle/Saale, Germany: Max Planck Institute for Social Anthropology, 2002. http://www.eth.mpg.de/cms/en/people/d/nieswand/project.html.

[2] Peter Quarter, Migration in Ghana: A Country Profile 2009, IOM, 2009, p.13, 21, 57.

[3] James Buchan and Delanyo Dovlo, International Recruitment of Health Workers to the UK: A Report for DFID, 2004, DFID Health Systems Resource, p.22.

的国和来源国。加纳于1992年就批准了儿童权利公约，但贩卖儿童现象无论是国内贩卖还是跨国贩卖均十分普遍。多哥、尼日利亚、中国、科特迪瓦和布基纳法索等国被贩卖的妇女、儿童往往以加纳为中转国、目的国。作为贩卖妇女、儿童的来源国，加纳妇女和儿童常被贩卖至欧洲，尤其是德国、意大利和荷兰，遭到性剥削。有的受害者则被迫留在中东国家充当家庭奴工（Domestic Servitude）。贩卖加纳妇女、儿童到其他国家的中转国有尼日利亚、科特迪瓦、利比亚、比利时、荷兰以及美国。[1]

表4-4　加纳的非正规移民类型（2001—2007年）[2]　　　（单位：个）

年份\类型	2001年	2002年	2003年	2004年	2005年	2006年	2007年	总数
虚假证件者	270	245	254	131	57	242	253	1 452
签证欺骗者	33	70	57	46	22	146	140	514
伪装者	62	35	58	43	88	104	83	473
虚假签注者	23	21	14	14	48	16	39	175
偷渡者	189	288	221	122	40	101	305	1 266
携带毒品者	9	6	4	3	64	0	0	86
未予批准者	472	459	519	631	881	990	684	4 636
滞留者	1 035	2 882	1 880	7 922	1 573	2 493	1 297	19 082
总计	2 093	4 006	3 007	8 912	2 773	4 092	2 801	27 684

第五，加纳每年的侨汇数额较大，对加纳移民相关个体生活水平的提高有明显作用，但是对加纳经济发展的贡献率偏低。进入新世纪后，加纳的侨汇数额逐年增加，成为仅次于可可、黄金和旅游之后的第四大外汇来源。据加纳银行的统计数据显示，1990年加纳海外个人汇款约有2.02亿美元，到了1999年增加到4.79亿美元。2001年约为7.17亿美元，2003年（约为10.2亿美元）开始突破10亿美元，之后一路攀升。[3] 据加纳银行的统计，2006年总额达17亿美元，2007年上升为37亿美元。[4] 2008年金融风暴初期对加纳侨汇影响并不大，2008

---

①　Peter Quarter, Migration in Ghana: A Country Profile 2009, IOM, 2009, p. 65.

②　Peter Quarter, Migration in Ghana: A Country Profile 2009, IOM, 2009, p. 51.

③　E. K. Y. Addison, The Macroeconomic Impact of Remittances in Ghana, Director of Research, Bank of Ghana, 2004, p. 11.

④　IOM-Ghana Strategy Plan（2011－2015）, IOM, 2011, p. 68.

年加纳侨民通过各银行汇入的金额达 87 亿美元。① 但随着危机的深入，影响逐步显现，加纳总统表达了担忧，自 2009 年 3 月以来，侨汇收入的大幅下降已对加纳货币塞地形成了巨大压力。② 这些数据基本上来自于加纳银行的统计。而就世界银行和国际移民组织估计的统计数据来看，个人从海外汇款到加纳的款项总额远不及加纳银行的统计数据。据世界银行估计，2009 年为 1.14 亿美元，2010 年汇款总额只有 1.19 亿美元；③ 国际移民组织估计 2012 年加纳侨汇收入只有 1.41 亿美元。④ 虽然三者数据出入较大，但总体来看，加纳侨汇收入在近些年逐步提高。加纳的侨汇主要用于生活消费、学费、医疗费、婚礼费、丧葬费、偿付移民海外的债务以及其他社会活动。以 2005 年的数据为例，48% 的侨汇用于生活消费，27% 用于学费，葬礼占 1%，其他社会活动占 3%，而用于投资的只有 17%。可见，由于侨汇大部分用于个人消费，而在经济投资上明显不足，使得加纳侨汇虽然每年都在增加，但对国家经济发展的整体贡献率较低。据世界银行统计，2007 年的侨汇对加纳 GDP 的贡献只有 0.8%。⑤

第六，加纳现有的移民政策法规不完善、相关移民机构间的协调与合作以及移民甄别技术有待加强。移民劳工输入国对移民劳工在任职资格上很是重视，但由于加纳缺乏相应的职业标准，加纳人在外出务工时遇到很多障碍。加纳作为一个发展中国家，既需要人才、资金，也需要技术。面对移居海外的高技能人才及一些非洲后裔，加纳政府采取了一系列措施，如实施双重国籍制度，并采取一系列优惠措施吸引他们到加纳旅游、参观访问、投资等，但对海外加纳人的安全保障问题则关注较少、立法不足。由此，在从业职格认证标准的法制化和国际化上，以及保护海外侨民的立法上仍需进一步完善。加纳有移民局、难民委员会负责移民与难民事务，妇女儿童事务委员会负责协调各机构共同反对人口贩卖以及外交部、公安部负责不同的移民事务，⑥ 分工细致，但各部门之间往往很难协调，大大影响了加纳移民治理的效率。同时，运用传统手段很难甄别部分移民持有的假护照，给加纳移民出入境管理部门提出了挑战。

---

① 《2008 年加纳侨汇收入达 87 亿美元，加纳使馆经商处》，2009，http：//gh. mofcom. gov. cn/article/jmxw/200902/2009020606 7021. shtml。

② 《加纳总统警告：加纳经济面临三大威胁》，2009，http：//finance. QQ. com。

③ Ghanaian Chronicle, Ghana to See Modest Rise in Remittance Inflows, 2010, http：//www. modernghana. com/news/303840/1/ghana-to-see-modest-rise-in-remittance-inflows. html.

④ Peter Quarter, Migration in Ghana：A Country Profile 2009, IOM, 2009, p. 68. Ghana Country Profile, http：//www. iom. int/cms/en/ sites/iom/.

⑤ IOM – Ghana Strategy plan（2011 – 2015），IOM，2011，pp. 68 – 70.

⑥ Peter Quarter, Migration in Ghana：A Country Profile 2009, IOM, 2009, pp. 80 – 81.

（二）IOM 在加纳的移民治理实践

IOM 在 2011—2015 年针对加纳的移民治理文件中明确了 IOM 未来几年在加纳的战略目标和任务。目标是通过促进合法移民、为移民提供直接帮助并提高利益攸关者在移民与发展上的能力，促进加纳经济社会的发展。主要开展与移民相关的五个方面的任务：提供移民相关的技术合作、合作开展移民治理实践操作、提供移民健康服务、强化信息资源管理以及提供信息技术服务。① 为了完成这些目标和任务，IOM 在加纳已经展开的移民治理活动为 IOM 在非洲进一步参与全球移民治理奠定了一定的基础。IOM 在加纳的移民治理实践主要表现在以下几个方面：

第一，移民与发展领域。前文提及"移民与发展"是 IOM 开展全球移民治理实践的重要内容之一。对于非洲大陆而言，IOM 针对非洲国家独立后亟须专门性人才服务于国家经济社会发展的需要，实施了"帮助高技能非洲移民返回非洲的项目"（1988—1992 年）。其中包括资助加纳海外高技能侨民返回加纳，帮助加纳经济社会发展。这恰恰成为针对当时加纳向外流失人才情况而采取的有效项目。前文提到，20 世纪八九十年代加纳大量专业性人才离开并前往其他国家发展，造成大量人才的流失。基于吸引人才回归的愿望，IOM 和加纳政府在 2012 年开展了一项"海外侨民统计项目"（The Diaspora Engagement Project），旨在加强海外侨民与加纳的联系。这一项目主要针对美国、意大利、英国、德国和荷兰等五个发达国家的加纳侨民，并通过建立海外侨民数据库及网站，加强与海外侨民的联系以促进加纳经济社会的发展。② 针对前文提到的加纳医学方面人才短缺且流失情况严重的问题，IOM 在加纳开展了"加纳健康项目"（2005—2012 年），吸引医学方面人才的回归。2013 年又启动了"高技能人才的短暂返回"项目（Temporary Return of Qualified Nationals）。

第二，促进移民领域。IOM 在促进移民领域有很多治理活动，对于在加纳开展的促进移民领域项目主要涉及为移民劳工提供相应的移民信息服务。项目开展的目的是使移民劳工获得更多可靠的海外劳工信息、在海外获得更好的保障。故加纳和 IOM 开展的相关项目，主要是建立完善的劳工市场信息系统，主要用来搜集、整理、分析和传播相关的移民劳工信息，并加强本国与移民输入国之间的沟通与协作，提高劳工信息来源的合法性；与此同时，打击非正规移民劳工。③

① IOM-Ghana Strategy plan （2011 – 2015），IOM，2011，p. 21.
② Statement on the Diaspora Engagement Project and Website，http：//www. ghanaiandiaspora. com/about-us/.
③ IOM-Ghana Strategy Plan （2011 – 2015），IOM，2011，p. 31.

IOM 主要开展的是在西非国家间劳工信息的搜集、分析与整理的项目（2006—2011 年）。与此同时，IOM 也为试图移民海外的加纳人提供相关签证、语言培训等服务。

第三，规范移民领域。这一领域的突出问题之一是人口贩卖问题。针对加纳是人口贩卖的三位一体国家，IOM 采取措施减少人口贩卖。一方面与加纳相关移民机构、公安机关合作加强对人口贩卖活动的打击力度和救助被贩卖的人口，并注重提高加纳政府在反对人口贩卖上的能力。2002 年，IOM 在加纳渔业社区开展了救助、安置加纳被贩卖的儿童项目。另一方面，联合加纳移民局和一些非政府组织在社区开展移民宣传活动，给那些参与非正规移民的人以警示，促进合法人口的合法迁移。2013 年，为了更好地达到制止或减少人口贩卖的目标，IOM 与联合国儿童基金会一起在加纳一些特定社区开展对社区负责人和成员的培训。

第四，帮助被迫移民领域。前文提到加纳接受了一些周边国家的难民，IOM 从 1999 年开始帮助把这些来自周边国家的难民重新安置到西非和中非国家。除了重新安置难民外，IOM 还协助加纳政府促进自愿遣返者回到家园。2011 年利比亚危机导致大量加纳人试图返回加纳，IOM 帮助他们回到加纳，这是 IOM 在紧急情况下实行人道主义援助的又一实践。同时，由于在英国、比利时、马耳他等国加纳人因为无合法证件或滞留或偷渡而来，常被遣返回加纳，IOM 经常协助这部分非正规移民回到加纳。

第五，一些交叉领域。主要涉及移民治理能力合作以及移民与健康。针对加纳移民治理能力方面亟须提高的事实，IOM 通过与加纳移民局、加纳统计局之间的沟通与交流，开展一些关于移民治理的研讨会、培训以及其他能力建设项目以促进加纳移民治理能力的提高。如在加纳移民局的请求下，IOM 非洲能力建设中心为加纳移民局的 10 个工作人员在护照验证程序上进行了培训。[1] 同时，移民的健康以及移民可能给移居地带来的安全威胁等，使国家认识到处理好移民与健康的问题很重要。IOM 在加纳的移民健康活动主要包括医疗服务、健康评估、移民前的健康检查、接种疫苗、艾滋病信息宣传等。[2] 据世界卫生组织统计，2011 年加纳十万人中有 79 ~ 92 人感染肺结核。故 2013 年 5 月 IOM 和加纳卫生部联合开展一项防止肺结核扩散的项目。[3]

---

[1]　Enhancing the Capacity of Migration Management in North Western Africa: Training for Ghana Immigration Service Staff on Border Management, 2011, http://www. iom. int/cms/en/sites/iom/ home.

[2]　Peter Quarter, Migration in Ghana: A Country Profile 2009, IOM, 2009, pp. 80 – 81.

[3]　Mobile Initiative Aims to Combat Tuberculosis in Western Ghana, 2013, http://www. iom. int/cms/en/sites/iom/home.

（三）IOM 在加纳开展的移民治理活动发挥的积极作用

第一，促使加纳政府和人民正确认知移民及其衍生问题。移民及其衍生问题是客观事实，积极迎接挑战才是正确解决移民问题的治理之道。通过 IOM 在加纳开展涉及"移民与发展领域"、"促进移民领域"、"规范移民领域"、"帮助被迫移民领域"以及"一些交叉领域"等一系列项目，有助于加纳政府正确认知加纳面临的移民问题及其治理的重要性。同时通过在社区开展反对人口贩卖及非正规移民的宣传活动，让生活在渔村及移民输出地方的上千人意识到儿童贩卖及非正规移民的危害，防止人口贩卖的发生并促进正规移民。

第二，通过高技术人才的回迁计划，提高加纳社会管理的制度化能力。IOM 在加纳开展的高技能人才回国的项目，无疑为人才相对缺乏的加纳提供了一些人力资源。这些人才在加纳各职能部门的工作，无疑为加纳各项管理制度的完善与发展提供了可能。同时这项计划的开展在一定程度上缓解了加纳人才外流的情况，符合加纳国家利益，从而有助于在移民治理项目开展上获得加纳政府的支持。

第三，通过各种治理活动的开展使相关群体获得不同程度的帮助。在利比亚危机中，超过 18 000 加纳人迅速疏散。IOM 除了协助他们离开利比亚回到加纳外，还积极通过商业技能培训、心理咨询等途径帮助他们再融入到加纳社会。2002—2012 年间，在重新安置与自愿遣返领域，IOM 重新安置了 41 544 个难民，帮助了 11 190 个人遣返回到家园，6 762 人获得了相应的移民服务。在紧急情况下的救援领域，IOM 为 26 261 个加纳人提供了人道主义援助，使加纳 3 万名医务工作者和学生获得了帮助。在反对人口贩卖领域，IOM 十年间共营救了 731 名被拐卖的儿童，安抚他们受伤的心灵，让他们与家人重聚，并使他们重新融入到当地社会。[①]

三、国际移民组织——加纳"移民健康项目"

国际移民组织在加纳开展的移民治理项目是其参与全球移民治理的重要组成部分。上一部分已经从总体上概述了国际移民组织在加纳开展的移民治理活动及其发挥的作用。此处从开展的项目之中选取有代表性并富有成效的"移民健康项目"进行考察，从中管窥 IOM 在加纳开展移民治理项目的活动开展情况、取得的效果以及该组织在其中发挥的作用。

---

① Ghana Country Profile, http：//www. iom. int/cms/en/ sites/iom/.

(一) IOM—加纳"移民健康项目"的内容与目标

2005 年 1 月，IOM 海牙、阿克拉办公室联合加纳卫生部与荷兰驻加纳大使馆发起了加纳"移民健康项目"（2005—2012 年），由荷兰政府出资，荷兰驻加纳大使馆还负责技术支持。该项目主要由三个部分组成：第一，选派荷兰、英国和德国的加纳裔医学专业人士到加纳完成短暂的医学任务；第二，选派加纳的医学专业人才到荷兰、英国或德国的医院、医学学校等部门实习；第三，IOM 和加纳卫生部联合负责对移居其他国家的加纳裔医学人才对于加纳医疗事业的长期效用进行评估。参与该项目的主要有以下几个群体：一是生活在荷兰、英国和德国或其他欧洲国家的有相关卫生保健方面背景的加纳人，如医生、护士、牙医、医院技术人员等；二是加纳的医疗工作者，如医生、护士和技术人员；三是加纳的医院，尤其针对加纳北方的四个地区；四是荷兰、英国以及德国的医疗机构。选出来的医务工作者代表在加纳和在欧洲相关国家分别完成项目，时间在两周至三个月之间。

考虑到加纳医学人才流失较为严重、国内医学人才缺口较大以及加纳医学水平总体不高的情况，IOM 与加纳政府联合开展了这一项目。显然，该项目的主要目标是通过项目的开展促进加纳医学事业的发展。

(二) IOM—加纳"移民健康项目"的效果

第一，加纳政府更加重视海外加纳移民社会网络对加纳发展的作用。这一项目离开了加纳政府及其相关职能部门的配合是不可能实现的，加纳政府全程参与了该项目，并从中受益。较之对海外加纳人汇款的重视程度，加纳政府往往忽视海外加纳移民社会网络在加纳发展中可能发挥的作用。通过该项目，加纳政府日益认识到其重要性。如项目经理丹尼尔（Daniel Sam）所言："加纳政府 2012—2016 年的健康发展计划中正式提出海外加纳裔人才对加纳卫生事业的发展做出了贡献。"[①] 因此，在该项目实施的几年中，加纳政府积极采取措施（如保障参与该项目前往其他国家学习的医务工作者在加纳的工作岗位和工资），促进这一项目的顺利开展。

第二，对于医学人才流失十分严重的加纳而言，这一项目会使来自荷兰、英国和德国的加纳裔医学人才通过短暂的回归，逐步加深对祖籍国发展的认知，即使其不会永久性回归，也一定程度上达到了人才循环的目的。夏甲（Hagar Amponsah）是英国罗姆斯女王医院（Queen's Hospital）的一名护士，她早在 1989 年

---

① MIDA Ghana Health Project, IOM, p. 7.

就来到欧洲，当年她只有 10 岁。她从 2006 年开始参与该项目，已经到加纳的一些医院参观考察了四次。① 海外加纳裔人才的循环亦有助于加纳医学事业的发展与完善，一定程度上缓解了医学人才流失对加纳造成的冲击。一方面，通过海外加纳裔医学人才在加纳各医院的短暂交流，有助于医院医疗水平和工作人员水平的提高。如该项目中，来自于英国和荷兰的加纳裔医学专业人士在加纳第 37 军事医院进行了复杂的整形外科手术并培训了该医院的医生。对第 37 军事医院整形外科技术水平以及医务工作者医务能力的提高起到重要作用。沃尔特河权威医院的内科主任丽贝卡（Rebecca Acquaah-Arhin）认为："加纳任何医院都做不了如韧带固定以及髋关节、膝关节置换等手术，做该手术的病人必须去欧洲、北美或南非。但通过该项目前来的医生有这方面的技术，因此，全国来的此类病人直接就可以获得医治。"② 另一方面，加纳医院及其医务人员可以通过与海外加纳裔医学专家保持长期联系，深化双方的沟通、交流与合作，进而提高有关医院及其医务人员的专业水平。

第三，加纳医学人才到荷兰、英国和德国进行实习提高了加纳医学人才的专业素养。这些人通过一段时间的实习，一方面开阔了视野，认识到自身的不足；另一方面，获取了先进的医学知识，提高了专业技能。克雷芒（Clement Jafani Nabar）是来自加纳的一名普通医生，他去了德国医院实习。去德国之前，他意识到加纳没有泌尿科医生，便致力于泌尿科知识及能力的提高。他认为，该项目的影响很大，项目的意义不止体现在金钱上。在专业领域，同行的知识分享有助于个体对知识的获得和吸收。③ 雅阿（Yaa Ntiriwaa Danso）作为沃尔特河权威医院的一名护士，被选作代表到英国的一所私立卫生保健医院的外科病房进修，这期间她参与了固定髋关节和膝关节及其他外科手术。通过培训，她认识到，参加这一国际培训的计划很难得，通过这次培训，不仅使她更加明白术前准备工作的重要性，更重要的是她能够获得更多护理方面的专业知识。④

（三）IOM 在加纳"移民健康项目"上发挥的作用

IOM 在加纳的"移民健康项目"从 2005 年开始，历经 7 年，到 2012 年结束。通过对项目效果的考察，我们可以看出项目开展取得了一些成绩，并获得参与各方的好评与支持。正如加纳卫生局人力资源开发部副局长奎西（Kwesi Asabir）所说，

---

① MIDA Ghana Health Project, IOM, p. 19.
② MIDA Ghana Health Project, IOM, pp. 14 – 15.
③ MIDA Ghana Health Project, IOM, p. 16.
④ MIDA Ghana Health Project, IOM, p. 21.

"希望与 IOM 保持长期合作，来促进海外加纳裔医学人才的回归"①。项目取得的成绩是各方共同作用的结果，但 IOM 在其中发挥的作用也不容忽视。

第一，IOM 是项目的发起者与全程组织参与者。IOM 海牙、阿克拉办公室成为该项目的发起者，为了该项目的开展，两个办公室都要参与说服荷兰与加纳政府。该项目实施后，IOM 成为项目的重要参与者之一。加纳医院要把培训建议及所选派代表们的简历发给 IOM，在欧洲的加纳人也要把他们的简历和申请表格发给 IOM，这两类项目参与者都需要 IOM 和加纳卫生部联合进行筛选，由该项目特别工作小组给候选人发正式批准函。他们的旅行、住宿、生活费用以及保险等费用均由 IOM 提供。IOM 和加纳卫生部按照加纳医院和卫生培训部门的需要调配来加纳的医学专家的专业；IOM 还要在荷兰和其他欧洲国家的医院确认实习机会；IOM 负责候选人的旅行、到达目的地及返回所在国。② 对于长达 7 年的项目开展，IOM 既需要寻找合适的人选，也需要寻找合适的实习医院，并且需要与医院所在地的地方政府进行沟通，协作配合代表们的实习和考察。最后，要与加纳政府合作，对项目所产生的效用进行评估。

第二，IOM 组建了一个沟通网络，为项目的开展提供了必要条件。该项目时间长，参与者多，IOM 充当了政府、医学专家与医院等参与各方之间的桥梁。IOM 充分发挥这一桥梁优势，在加纳政府及其医疗卫生部门、地方政府及地方医院，以及荷兰、英国、德国政府及其地方政府与地方医院，乃至医学专业人士之间，建构了一个较为完整的沟通网络，保证了项目的顺利开展。当然，即使没有IOM 参与，也可能会有海外加纳裔医学人士返回加纳开展相关医学活动。但要想实现类似于"移民健康项目"这样的规模与效果，就必须由在移民领域富有经验的国际组织来操作。

第三，游说相关国家参与移民治理领域的合作。从这一项目的开展情况来看，涉及多个国家行为体。如何协调各国在移民治理上的立场关系到项目的顺利开展。国际移民组织海牙、阿克拉办公室为此制定规划，与各方积极沟通、协调，最终促成该项目。来自海牙 IOM 移民劳工与人力资源部的拉尔夫（Ralph Welcker）提到，荷兰政府已经表示愿意与移民来源国加强合作联系。③ "移民健康项目"由荷兰政府出资，荷兰驻加纳大使馆负责技术支持。但是项目的具体实施还需要英国、德国以及加纳政府的支持。国际移民组织充分利用自身全球移民治理领域的丰富经验和操作能力来促成各方达成共识，参与到"移民健康项目"之中。

---

① MIDA Ghana Health Project，IOM，p. 9.

② Migration and Development，MIDA Ghana Health Project，IOM，2010.

③ MIDA Ghana Health Project，IOM，p. 7.

第五章　国际移民组织参与全球移民治理的评价

本章在前几章分析的基础上，对国际移民组织参与全球移民治理进行了总体评价，主要是依据国际移民组织参与全球移民治理的目标对其参与治理的过程及结果进行价值判断并展望其未来的趋势。在总体评述国际移民组织在全球移民治理进程中的影响、作用、特征、经验以及发挥作用的限度与制约因素之后，对国际移民组织职能作用的未来发展作一前瞻式描述。

第一节　国际移民组织参与全球移民治理的影响和作用

尽管在选择评价标准时自然容易联系到要"解决的问题"（结果导向型），但"过程管理"（过程导向型）的评价方法在分析探讨国际移民组织的作用时应该给予更多关照。尽管国际移民问题结构的特殊性致使国际移民组织在推动对移民问题理解、认知方面起到的作用也许会比问题的直接解决方面更大，但不管是推动移民治理共有知识的传播还是直接处理移民问题的操作实践都服务于国际移民组织"实现移民有秩序迁移"的目标。只是在参与全球移民治理进程中，有些措施是对目标起直接作用，有些是间接作用。移民问题的治理本身也是一个长期的过程，某一时期的阶段性成果甚至会被新出现的移民问题所冲淡。比如移民数量增多是趋势，难民问题从未被终结，移民问题复杂成为常态，但不能据此认为包括国际移民组织在内的移民治理行为体没有作为。创立初期，国际移民组织负责欧洲过剩人口的迁移，原本 500 万的数目，从国际移民组织的运输能力及移民接收国的态度变化来看，需要的时间应是漫长的。更何况欧洲经济恢复后，需要大量的劳动力，人口过剩问题已不存在，此时很难说国际移民组织是欧洲经济恢复的自变量。当然，并不能排除国际移民组织为人口迁移作出的贡献，至少在某种程度上缓解了过剩人口对欧洲经济恢复的压力。尤其是进入新世纪后，由于国际移民问题牵涉的问题领域极为宽泛（政治、经济、文化、环境等），在国际移民治理领域尚未形成强约束性"合力"的情况下，任何移民治理行为体的行为只要能够在某种程度上缓解相关区域的某些移民问题，实质上移民治理的有效性已经得以体现。

有学者于 1998 年对国际移民组织作了这样一个评价："只有 62 个成员国，试图成为全球性组织显然不现实。只能作为一个服务于组织中拥有更大权力的成员国需要的一个组织。"① 这种质疑显然是根据国际移民组织当时的发展情况而作出的判断。但是，从 1998 年至 2013 年已有 15 年的历程，15 年间，国际移民组织已发展为拥有 151 个成员国的组织，是 1998 年的两倍有余；同时它在全球移民治理领域中发挥了更重要的影响和作用，已经逐步成为一个全球性的关于移民问题治理领域的组织。围绕"实现移民有秩序迁移"的目标可以将这些影响和作用概括为以下四个方面：

一、保障了部分移民个体的权利

无论是正规移民还是非正规移民，无论是难民、庇护申请者还是国内流离失所者，作为普通的移民个体，其权利在移民过程中往往受到各种侵害。如正规移民，可能会遭遇由于本土人的反移民情绪激化所造成的暴力行为，财产安全、人身安全面临威胁。除了来自于移居国政府和祖籍国提供的保护外，作为第三方的国际组织也能够在一定程度上充当"保护伞"的角色。尤其是对于非正规移民而言，他们的"无文件"或"非正规"身份致使他们无法得到移居国为其提供的保护，且祖籍国又远在他方，加上部分人不愿申请"领事保护"（可能害怕被遣返回国）的情况下，向国际组织提出请求也就成为现实选择。国际移民组织在其中起到的作用比较明显。

在移民个体权利层面，通过历史的探源我们可以看出，国际移民组织承担了国际难民组织为难民提供迁移服务的责任，而难民署承担了为难民提供法律保护的责任。因此，在国际移民组织的章程中或在成员国的授权中，并没有对移民个体的权利实施保障的"授权性"法律保护义务。但是，从它的历史发展进程及大量的实践活动中可以发现，国际移民组织利用其不断增长的自主性在全球移民治理进程中不断呈现出它在移民个体权利保护上潜在的和事实上的作用。

一方面表现在对保障移民个体权利法案的研究和宣传上。国际移民组织对移民问题领域中相关的国际法及国内法进行了大量研究，并出版各种书籍以期获得国际社会对国际移民法律规范的全面认知。同时，在案例中也可发现，国际移民组织通过参与到全球性的、区域性的、国家层面的移民治理进程中，不断地宣传移民问题领域的相关国际法律规范，不断强化"移民个体权利保护"共有知识

---

① Kathleen Newland, Demetrios G. Papademetriou, Managing International Migration: Elements of an Emerging International Regime. p. 7, http://igcc. ucsd. edu/research/IDDC/immigration/presentations/Newland. pdf.

的形成和推广，从而有助于国家内化这些规范和共识，进而起到保障各种类型移民者权利的作用。

另一方面表现在操作实践上。国际移民组织主要为三类移民个体提供移民服务：为希望移民但又不具备条件的移民提供迁移服务援助；为难民个体及国内流离失所者提供运输、医疗、物资等援助；为偷渡人口和贩卖的人口提供援助，并为这些人中的寻求庇护者提供庇护咨询等帮助。非正规移民既是违法者，也是受害者。给予他们基本的人道主义待遇，提供必要的救助对于保护移民个体的权利来说十分重要。

二、在一定程度上推动了国家的"社会化"进程

国际政治中国家的社会化问题是学者们将社会学理论运用到国际政治现实分析之中的结果。温特把作为国际政治主要行为体的国家的身份和利益作为一种外在的、受外来因素影响并发生变化的变量，是非先验性的。费丽莫通过"国家的科层组织化、战争规则变化中国家利益认同的调整和经济发展中国家利益认同的确定"三个案例的分析，得出"国际政治使国家社会化，去接受新的政治目标和新的价值，这些目标和价值对战争的方式、国际政治的运行及国家本身的结构有着持久的影响"的结论。[①] 事实上，费丽莫跟温特表达的思想是一致的，国家在国际政治中的"社会化"进程十分明显，而费丽莫更加强调国际组织在国家的社会化进程中扮演的角色和起到的作用。在国家的社会化进程中，"学习"是一个重要表现。但国家究竟是主动学习还是被动学习，既需要考虑到国家试图或正在学习的内容的利害关系，也要考虑到外在环境是不是迫使国家不得不实施学习的行为。在大变革的全球社会中，国家往往一方面积极主动地学习一些国际经验，但是同时在一些与本国利益相去甚远的领域并不积极主动，这也成为国际组织主动"灌输"一些知识给国家的原因。[②] 由此看来，在国家的社会化进程中，国际组织的作用是较为明显的。

前文已说明国际移民治理领域与其他领域并不太一致，主要是由于国际移民问题结构的特殊性，导致国家在国际移民治理上的态度不一致，因此，在不同移民问题领域有着不同的机制安排或者尚未形成统一的安排。国家行为被各自国家利益限定的事实毋庸置疑，同样国家也普遍面临着相似的全球性问题，因此，各

---

① ［美］玛莎·费丽莫著，袁正清译：《国际社会中的国家利益》，杭州：浙江人民出版社2001年版，第4页。

② 刘贞晔著：《国际政治领域中的非政府组织：一种互动关系的分析》，天津：天津人民出版社2005年版，第96～101页。

个国家都主动或被动地参与到一些正式和非正式机制之中。国际机制和相关国家相互影响。国际移民组织恰当地利用这种局面，通过各种正式机制和非正式机制，与其他国际组织一起不断地把国际移民问题推上全球议题；通过发布世界移民报告等方式吸引国际社会和国家的关注，从而在潜移默化中使国家逐步加重了对国际移民问题的关注。事实上，在此过程中，国际移民组织通过自身的全球移民治理模式不断地"教化"国家接纳关于移民问题的共有知识。社会心理学告诉我们：在被不断强化认知的过程中，国家行为体也就有可能接纳了这些关于移民问题的认知并内化为相关法律、政策和措施。案例中一些国家移民认知与实践的变化是最好的明证。

三、促进非政府组织参与到全球移民治理进程中来

全球问题治理的大背景下，各非国家行为体如"八仙过海各显其能"，尽力展现着各自的地位和作用。其中，非政府组织作为全球公民社会的主要代表，由于其所具有的是政府间组织缺乏的"非政府性、公益性、灵活性"等特征，这使其能够参与到很多领域的治理进程中，其作用不容忽视。但是，"非政府性"特征又可能成为其弱点，因为授权性（意味着合法性）问题、资金问题等成为非政府组织无法绕开的"软肋"，而这些恰恰是政府间组织的相对优势。因此，非政府组织与政府间组织各自具有的比较劣势和比较优势，促使它们往往就某些问题的治理而加强彼此间的合作。大多数情况下，全球性问题的治理仅靠某一方是无法完成的，需要双方与主权国家一起协调合作才可能顺利解决。

在全球移民治理进程中，非政府组织不能被排除在外。它们所具有的比较优势能够为全球移民问题的治理提供"助力"。例如，知名度颇高的国际红十字协会在难民援助及推动《日内瓦公约》的制定、实施上起到了明显作用。国际移民组织在其宗旨中明确了要加强与各类型组织包括非政府组织之间共同合作处理移民问题的能力，明确了不断强化与非政府组织之间的合作伙伴关系，发挥公民社会在移民问题治理上的作用。从宏观角度来看，无论是国际移民的全球治理、区域治理还是国家治理，均离不开非政府组织的积极参与。具体而言，为国家提供技术支持，把援助国家的项目计划付诸操作实践，国内的非政府组织是重要的参与者、推动者和监督者；在帮助难民安置、迁移，反对人口贩卖、保护移民个体权利等方面，非政府组织（国内和国际）都能参与其中，协助国际移民组织

完成任务。① 与此同时，处理移民问题的非正式机制和正式机制也通过把非政府组织纳入到其进行移民治理的讨论与实践操作中，使这些组织像对待普通人那样对待移民，而不只是把移民当作一种生产要素。在未来全球移民治理制度的建设进程中，国际移民组织与非政府组织的移民事务合作能够使非政府组织更广泛地参与到促进全球移民治理制度建设谈判之中。这种共同努力或将为全球移民治理制度建设的实现提供可能，最终达到各行为体广泛合作以实现国际移民有秩序迁移的目的。

四、推动了全球移民治理的进程

在目前看来，国际移民的全球治理呈现出与其他全球性问题不一致的情况，这种全球治理更多地来自于国际组织的不断推动，却呈现裹足不前的状况。国家层面的治理仍是全球移民治理的重要模式，伴随着区域化进程中区域"联盟"的出现，国际移民的区域治理也愈发重要。然而，随着全球化进程中复合相互依赖的加深，国家间的联系日益紧密，国家移民政策的"溢出效应"越来越大。一个国家关于技术劳工移民、侨汇管理等方面的政策选择往往有可能影响到其他国家。全球移民治理制度建设的必要性增加，在不同的移民问题领域逐步走向协调则成为相互依赖时代中的明智选择。国际移民全球治理已经在不同层面显现出来，即使不存在统一的全球移民治理多边机构，但不同领域中的移民治理合作均在"如火如荼"地进行着。

国际移民组织通过不同层面且在不同的移民治理领域已经发挥着或试图发挥其影响力，本书第四章实证考察中的每个案例分别代表了国际移民组织在特定国际移民领域中发挥的作用。在国际移民的国别治理层面，国际移民组织通过计划项目不断增强国家移民治理的能力，强化国家对移民问题的认知；通过移民返回计划帮助发展中国家的发展。在国际移民的区域治理层面，通过参与非正式的移民区域磋商机制及与区域内国际组织、非政府组织一起推动本区域内移民治理机制的完善。在国际移民的全球治理层面，基本上探讨所有的移民问题，不断推动国际移民问题上升为国际议程，促进国际移民共有知识的形成与发展。在某种程度上，全球移民治理进程被逐步地向前推进。

尽管民族国家与国际组织是在当今国际社会发展进程中所开创的不同组织结

---

① 详细参见：IOM：MC/INF/253，IOM Partnership with Non-governmental Organizations（NGOs）in Managing Migration，2002.

构的"两条道路"，[①] 但民族国家仍是国际社会的最关键的行为体。因此，国际移民组织作为政府间组织成为国家这一常态组织的有益补充，常充当关注国际移民问题的先锋。尽管主权国家创立它的目的仅是为了服务于国家的现实需求，并不期待它创建一些规范来约束国家的行为。但是，该组织在历史发展进程中，逐步呈现出在全球移民治理进程中"有所作为"的特质。实践证明它能发挥作用，其掌握的资源足以使它能够呈现出它所理解的全球移民治理愿景的道义诉求。它逐步把被委托要保护的道义原则上升为道义诉求，如保障移民迁移的权利与自由、推动国家移民政策的改革和促进移民有秩序地迁移等，以此为基础有可能使其成为移民个体的"代言人"，从而代表移民个体的利益行事。这些均能促使国际移民组织逐渐成为移民问题领域的权威，最终实现国际社会对它的广泛认可，并按照其所推广的一些共识来处理全球移民问题。

第二节　国际移民组织参与全球移民治理的特征与经验

一、国际移民组织参与全球移民治理的特征

综合这三个案例以及当下国际移民组织的治理实践发现，国际移民组织参与全球移民治理的不同层次，有着不同的行为方式，呈现出一定的特征。

（一）参与全球移民治理实践的丰富性

丰富性首先体现在治理层次上，国际移民组织分别在全球、区域以及国别三个层次开展其治理活动。但由于国家主导着国际移民领域很多问题的治理逻辑，国际移民组织在这三个层面上有所侧重。它把增强国家的移民治理能力、完善国家的移民法律规范作为其参与全球移民治理进程的重中之重。其次体现在治理内容上，无论从移民法规的宣传还是移民领域共有知识的建构；无论是移民劳工管理、难民救助，还是非正规移民治理；无论是国家移民治理体系的完善还是具体的移民治理能力的提升都有国际移民组织参与其中。近年来，由于阿拉伯国家发生危机，国际移民组织参与紧急情况的人道主义救助颇为频繁，对部分难民提供人道主义援助。截至 2011 年 3 月 5 日，国际移民组织从利比亚向埃及转移了

---

① ［美］约翰·罗尔克编著，宋伟等译：《世界舞台上的国际政治》（第 9 版），北京：北京大学出版社 2005 年版，第 237～277 页。

1 025名外国公民。国际移民组织当天还动用了两架飞机，将滞留在突尼斯杰尔巴岛的孟加拉国公民运往孟加拉国首都达卡。[①] 截至2012年5月18日，国际移民组织已分批将约2 500名被困苏丹的南苏丹难民运送回国。[②] 截至2012年10月19日，已有超过1.6万叙利亚人获得了国际移民组织提供的住房、保暖材料、毛毯和个人卫生用品包。[③] 以上治理内容是国际移民组织针对不同的主体（国家或个人）展开的治理活动，体现了国际移民组织从宏观移民治理到微观移民治理的全方位治理内容。

（二）参与移民全球治理的执着精神

国际移民问题治理的"主权"属性及全球治理的"超前性"等限制性因素的存在，并未削弱国际移民组织参与移民的全球治理进程的积极性。其一方面不断推动国际移民问题成为国际议程（通过参与伯尔尼倡议，搭建国际移民论坛等来实现），并促使国家正确认知和理解移民及其相关问题、促成移民全球治理共有知识的形成；另一方面，始终把合作治理全球移民问题的理念付诸操作实践。这一实践主要体现在国际移民组织与其他国际组织在相似议题领域进行的合作治理。在实现人口有秩序的迁移中，国际移民组织强化与联合国难民署、世界贸易组织、国际劳工组织在难民、移民劳工等问题领域的互动与合作。

（三）参与移民区域治理的主动性

在参与国际移民的区域治理进程中，国际移民组织除了参与正式区域组织探讨移民治理问题外，还主动参与一些非正式机制——由国家主导的区域磋商机制，并呼吁和推动国家组建移民区域磋商机制。与正式区域机制展开合作如国际移民组织与欧盟的合作。北非前往西欧国家的非正规移民问题日益引起欧盟国家的重视，国际移民组织主动地与欧盟合作，通过提供相应的非正规移民数据、开展提高北非国家人民的反对非正规移民意识的宣传等，参与治理北非非正规移民问题的行动。从案例的考察中，我们可以看到国际移民组织参与和推动移民治理区域磋商机制的事实。在非正式机制的各层次会议中，国际移民组织尽力推动本区域移民问题共有知识的产生及区域移民治理机制的发展与完善，同时也主动参

---

① 《国际移民组织加速从利比亚撤离外国公民》，http：//world. people. com. cn/GB/1029/42408/14068345. html。

② 《国际移民组织空运南苏丹难民返乡》，http：//news. xinhuanet. com/world/2012－05/19/c_111989367. htm。

③ 《国际移民组织帮助滞留叙利亚的菲律宾工人回国》，http：//www. gx. chinanews. com/2012/1803_1020/64508. html。

与磋商机制达成的一些操作性活动。

（四）参与移民国别治理的创造性

在参与移民的国别治理进程中，国际移民组织不再仅仅按部就班地与国家开展合作，还寻找合适的途径创造性地介入国家的移民治理。一是凭借自身优势，促使国家意识到与国际移民组织合作的必要性；二是加强与国家开展项目合作计划。一方面主动提供合作项目与国家、政府合作。国际移民组织的"提高国家的移民管理项目"是与国家政府进行的官方合作，总体上帮助国家增强对移民问题的理解。另一方面，积极与地方政府进行交流与合作。如"反对人口贩卖和偷渡"具体实践常常落实到中央政府、地方政府、民间组织及社会个体的共同努力的行动上。国际移民组织借助其在人口贩卖和偷渡问题方面的理解和治理经验、收集的数据参与其中。输入移民劳工的国家的工人的需求信息往往也需要通过地方政府、移民劳工输出的私人部门等发布。因此，强化与地方政府甚至是地方非政府机构的沟通，有助于移民信息的宣传。国际移民组织通过一系列的项目合作计划为国家和地方政府提供移民政策咨询、移民信息，创造性地推动国家的移民治理能力。

总体而言，要保障移民的权利，国家层面最为重要。要管理好国际移民，区域层面国家间的协调更为有效。要增强国际社会对移民共有知识的理解与认知，移民全球治理的论坛机制提供了重要的平台，为现有国际移民相关法律规范的宣传提供了条件。可见，治理的不同层面有着不同的重要意义，忽视每一个层面都不足以更好地"认知与理解"国际移民及其治理问题。因此，对于国际移民组织而言，并未把视野限定在单一层面的治理上，而是参与到各个层次的治理中，推动三个层次治理的立体联系与互动，从而在全球移民问题的治理上展现出自身的治理特色。

二、国际移民组织的全球移民治理经验

国际移民组织章程规定了国际移民组织的宗旨与职能。按照章程，国际移民组织积极参与全球移民治理，并发挥自身优势取得了积极的成效。本章第一节对国际移民组织参与全球移民治理的影响和作用进行的考察主要围绕宗旨开展的活动来展现的，也体现了国际移民组织内部功能在外部因素影响下的实现程度。当然，对于影响和作用有积极和消极的价值判断，开展的活动也有成功与失败之分。本书主要从推动全球移民治理的角度来考察国际移民组织所产生的积极影响和作用。所以，从国际移民组织参与全球移民治理的积极作用角度去考察所开展

的活动就能总结出其参与全球移民治理的经验。

（一）在治理模式的建构上，着眼于全球移民问题治理

实现移民有秩序迁移依赖于国际移民组织推动全球移民治理进程的模式与结构。自从 1989 年修订的章程执行后，委员会改为现名"国际移民组织"以来，国际移民组织不断进行调整，逐步实现治理模式的立体化、治理内容的综合化。从上一章国际移民组织参与全球移民治理的案例分析中，我们可以看出其治理模式从参与国家层面到区域层面再到全球性机制。新的章程生效后，国际移民组织对目标、使命的规划已经脱离原先狭隘的区域化、单一的功能化而向移民问题治理综合化、全球化层面靠近。国际移民组织通过成员国的全球分布、全球各区域机制的广泛倡导与参与、全球范围内项目开展逐渐实现治理模式的全球转变。经过 60 余年的发展，国际移民组织参与国际移民治理的模式，逐步形成了以参与移民的国别治理为核心，以参与移民区域治理进程为辅助，同时"辐射"至移民全球治理的一个"同心三环"模型。在各个治理层面，国际移民组织通过不同的方式参与其中，形成了独特的全球移民治理模式。国际移民组织参与移民的国别治理、区域治理与全球治理机制涵盖了其治理的四大领域"移民与发展、促进移民、规范移民、帮助强迫移民"，构成了国际移民组织全球移民治理的主要内容。在移民个体治理层面，国际移民组织为希望移民但又不具备条件的移民提供服务援助，间接或直接地实现了对移民个体权利的保护。在参与国家移民治理层面，国际移民组织积极主动地为国家提供移民信息、移民政策建议并开展移民治理相关项目培训，提高国家移民治理能力。在参与全球治理层面，积极推动着移民治理全球性论坛和移民治理区域磋商机制的成立，促进国际社会对"国际移民"共有知识的形成与传播。对于国际移民组织这样一个移民治理领域的后起之秀来说，能在全球移民治理领域不断发挥其影响力和促进作用，与其全球化治理模式密切相关。

（二）在与外部环境的关系处理上，通过自身调整积极应对挑战

外部环境的出现往往具有客观性，是时代的产物，如何适应考验着组织的灵活性也关系到组织功能能否发挥出应有的作用。国际移民组织参与全球移民治理是对外部环境变化的积极应对。全球化进程是一种客观的历史进程，这一客观进程加速了国际移民迁移的频率、规模。人口的全球范围迁移所带来的社会问题、安全问题等挑战着国际社会的治理与应对能力。有些国家制定了严苛的移民准入政策，但这样的措施并未减少移民的数量，反而使非正规移民的数量急剧攀升，同时还出现人口贩卖的跨国犯罪现象。作为一个传统的移民组织，国际移民组织

意识到外在环境的变化，开始主动面对这一新状况带来的新挑战，并制定新的组织发展战略。国际移民组织从 1995 年逐步开拓该组织的发展战略，即"走向 21 世纪的国际移民组织的战略计划"，规定了组织的四大使命和九大具体目标。四大使命为：一是协助应对移民迁移的挑战；二是促进对移民问题的理解；三是鼓励通过移民实现社会经济发展；四是捍卫移民个体的尊严和追求幸福生活的权利。九大具体目标围绕四大使命，涉及移民迁移的服务、移民论坛的倡导以及移民个体的权利保护等。国际移民组织在成员国存在多重顾虑以及组织存在经费压力的情况下变革发展战略，充分体现出应对外部环境的积极性和主动性。从外部环境的挑战中积极应对，通过主动变革从而迎来组织发展的新机遇。这一主动迎接外部挑战的行为展现了国际移民组织的灵活性，为其成为一个全球治理行为体奠定了基础。

（三）在治理能力建设上，"硬件"和"软件"两手一起抓

"打铁还需自身硬"，治理能力的提高是国际移民组织参与全球移民治理进程并发挥积极作用的根本性因素。本书在第三章通过麦肯锡的 7S 模型对国际移民组织强化自身能力建设的内容进行了分析。7S 模型指的是企业组织中的"七大要素"，包括结构、战略、制度、技能、风格、员工、共同价值观，涵盖了组织生存和发展中必须全面考虑的情况。在模型中，战略、结构和制度被认为是企业成功的"硬件"，风格、员工、技能和共同价值观则被认为是企业成功经营的"软件"。对于一个国际组织而言，"软件"和"硬件"同样重要，两手都要抓，这关系到组织的生命力与活力。国际移民组织为使其生存和可持续发展，针对这七个构成要素，不断地强化其完成使命和宗旨的治理能力。如本书第三章所述：加强 IOM 的"共同价值观"建设；开拓 IOM 的发展战略；完善 IOM 的组织结构；加强 IOM 的制度建设；增强 IOM 的移民治理操作能力；培育学习型的组织文化；提高 IOM 办公人员及专家队伍的素质，增强专业权威。为了更好地完成 IOM 的项目计划，提高 IOM 的移民服务能力，同时推动关于移民问题共有知识的形成，增强移民问题治理的"有效性"，国际移民组织从这七个方面不断强化其移民治理能力，并使其能够成为移民治理领域的首要组织。通过不断建设，国际移民组织的结构不断完善、发展战略体现时代性、制度越来越规范、开展移民治理活动的技能更加成熟、学习型的组织文化得以体现、员工素质专业性增强、组织宗旨和目标明确。凭借其在移民领域的专业管理经验，国际移民组织帮助移民实现合法、自由移民的愿望并为移民提供专业服务和咨询。通过对移民治理能力的全面建设，国际移民组织才能在国际移民治理领域发挥越来越重要的作用。

（四）治理目标的实现上，循序渐进

治理目标通过治理任务来实现。在任务的设计上，国际移民组织能灵活机动，做到具体问题具体分析。实现移民有秩序迁移的目标涉及很多具体问题，并不是单一的问题。如何从具体目标展开任务是国际组织应该考虑的情况。国际社会每一个时期都有其具体的移民问题，比如局部冲突产生的难民问题等，分清具体移民问题的轻重缓急方能设计具体任务，这有利于"移民有秩序迁移"这一根本性目标的实现。另外，移民问题涉及多个国家和地区，与多个国际社会重要问题领域重叠（如安全、发展等问题），如何作为才能迎合国际社会期望、与相关国家利益契合，这考验着国际组织的生存智慧。国际移民组织的做法是一方面利用松散治理机制先影响国家，传播共有知识，不以形成约束力的规范为直接目的；另一方面优先关注国际社会比较紧迫的移民问题，从而循序渐进地实现自己的目标。国际移民组织参与移民问题的全球治理主要通过汇聚国家行为者的预期来加快国际移民信息的沟通与传递，促进和扩大各国际关系行为体在国际移民问题治理上的共识。主要采取的途径是：通过参与国际移民的全球性论坛，进而推动移民领域共有知识的产生及推动国际移民法律规范的传播，同时也通过参与一定的全球治理操作实践发挥作用。尽管与其在全球层面参与推动的全球性论坛一样没有达成正式的规范，但在推动国家移民治理合作化进程中展现出巨大的作用。例如，亚太移民治理区域磋商机制能在灵活互动中让参与者在各自国家利益和移民治理之间找到平衡点，促使亚太国家和地区在移民问题治理上"求同存异"。从本书第三章的论述中，我们可以看到国际移民组织不断调整自身的功能，开展具有时代紧迫性的任务。在60余年的治理实践中，国际移民组织的职能已然发生了较大变化，已然从纯粹的移民迁移扩展至与移民相关的所有领域，主要集中在"移民与发展、促进移民、规范移民、帮助被迫移民"等四大领域进行移民治理，亦包含一些交叉的治理领域。功能的调整体现了时代性，但是都为实现移民的有秩序迁移服务。通过具体目标的完成循序渐进地实现根本性目标，体现了国际移民组织的生存智慧，也是其参与全球移民治理并不断发挥影响力和促进作用的重要原因。

以上四个方面展现了国际移民组织既重视内部治理能力建设，同时又注意与外部环境的良好互动，既保持着实现目标的执着，又考虑活动开展的灵活机动、循序渐进。这些都是国际移民组织参与到全球移民治理进程中并发挥积极作用的重要推动因素。

第三节　国际移民组织发挥作用的制约因素

当然，在充分肯定国际移民组织在全球移民治理中发挥积极作用的同时，也不能忽视其发挥作用的有限性及影响其发挥功能作用的制约因素。

一、独立于联合国体系之外的特殊性

大国导致了国际移民组织成为独立于联合国体系之外的一个专门性的处理移民问题的政府间机构，致使其并不具备联合国一样的权威来推动国际移民法律规范的创制。这一特殊性决定了国际移民组织只能作为一个项目型与开发型的国际组织，这也是其作为国际组织能够发挥多大作用的关键考量。借用奥兰·扬关于国际机制类型的观点，本书认为国际组织按照组织是否达成具有约束力的协定，可以分为管制组织、程序组织、项目组织和开发组织（推广型组织）四种类型，[①] 当然某些组织可能兼具两种或多种特征。管制组织主要是建立和颁布规则或行为规范，其目的是使参与的行为体在共同决策中获取集体利益或避免集体损失。如 WTO 规定授予最惠国待遇的地位。程序组织为成员国提供一个机构，使它们得以对在机制规定范围内发生的问题采取集体或共同的行动。根据前文有关国际移民组织治理角色的变化我们可以看出，尽管国际移民组织发挥其自主性尽力地完成国家委托的任务，但在其提供公共物品以满足国际移民问题的治理需求上仍旧稍显不足。它仅仅是在做具体的操作性实践，并未形成一些长效机制以及约束国家行为的原则、规范、规则等。

典型的国际组织都会确定行为规范，制定有关各方能够借此作出集体选择的程序，但是仍有许多组织远达不到这一目标，只能选择集中有效资源，实施因这样或那样的原因而无法由各个成员国单独执行的项目，这便是项目组织的功能。对于国际移民组织而言，在无法完成国际移民法律规范制定的情况下，它往往通过与国家、其他国际组织一起开展项目计划，以发挥自身的作用，从而有助于组织的发展。所谓开发组织，即致力于开发国家未曾有过的独特的社会实践的组织形式。此种类型的组织往往在于传播观念，并使之成为国际议程的一部分。这类

---

① ［美］奥兰·扬著，陈玉刚、薄燕译：《世界事务中的治理》，上海：上海人民出版社 2007 年版，第 24 ~ 31 页。

组织常常以促进某项事业的发展作为该组织存在的动力。当移民大量移出时，移民接收国并未注意到这对移民输出国发展带来的危害，但国际移民组织在20世纪70年代之后就开始开发"拉美国家移民发展计划"，在某种程度上推动了国际社会对"移民与发展"的全面认知。国际移民组织独立于联合国体系之外且因授权不足而只能是一个项目型和开发型国际组织，而非一个管制型或程序型国际组织，这一性质决定了它在全球移民治理上的工作行为及能力。因此，国际移民组织在创立某些国际移民治理规范性的框架上远比不上联合国和联合国难民署。

二、共有知识不具备国际法性质

从国内法法律关系来看，法律主体、法律客体和法律内容构成了法律关系的三大要件，法律主体、客体以及内容高度地明确和具体。同时，国内法有强有力的中央政府及暴力机关保障其实施。但是，对于国际法而言，法律主体、客体及内容并不高度明确和具体。在无统一中央权威的前提下保障各国高度集中的遵约，显得不切实际。然而，"有"总是比"没有"强。人类文明发展至今，事实上就是一个不断创立法规、改进法规以约束人类和国家行为的过程。伴随着全球化进程中国家相互依赖的增强，"各种国际条约与国际组织正在把国际法的触角延伸到国内法律制度的每一个领域"①。由此带来的结果是，在相关国际法存在的问题领域中，虽不能保障国家在任何情况下都要履行国际义务，但毕竟促使国家在很多情况下考虑到国际法因素并有一定的守约行为。全球问题治理本身也是国际社会不断地推出新的法律规范以明确国家可为和不可为的事项。然而，作为一种国际社会共有的理念、信念、认知的共有知识，并不具备国际法的约束性质，国家权利义务并未具体、明确。在权责无法高度明确的情况，弱约束力将导致国家不会承担事实上应该存在的或潜在的国际义务。

关于国际移民问题的共有知识，更多的是国家对移民问题上认知的趋同，并不意味着国家因之就会改变其对待移民的行为方式。例如，在对待偷渡和贩卖人口上，应该有明确的区分，但由于国家认为此类群体都危害到了国家公共安全和边境安全，因此可能采取严厉措施对它们进行"无差别打击"。同时根据前文分析，国际移民问题结构的特殊性也致使国际移民组织更应该把全球移民治理的重心放在对移民问题的理解与认知上。通过本书的案例我们也可以看出，国际移民组织在参与移民全球治理的进程中，更多的是促成共有知识的形成与传播。国际

①　曾令良等主编：《全球化时代的国际法——基础、结构与挑战》，武汉：武汉大学出版社2005年版，第13页。

移民组织积极推动移民区域磋商机制的建立与发展，然而在不能达成一些共有法律规范的情况下，国家移民政策依旧是按照本国国家利益行事，而国家给予某些移民群体的关注往往出于道义上的"同情"，缺乏强约束力的义务制约。

三、国际移民问题结构的复杂性

相对于其他问题而言，进入全球政治议程的问题往往难以解决，这便是研究国际组织（机制）的学者不断对"问题结构"这一概念增加兴趣的原因。很少有人会质疑，确立国际移民政策的统一标准比打击跨国人口走私与贩卖更复杂、更具有挑战性，因为前者涉及不同类型的国家核心的主权活动（决定谁可以移入的问题），涉及的面很宽泛，而后者只涉及一个狭窄的门类。图宾根学派指出，问题（或冲突）的性质决定解决问题的方法。[1] 因此，只有明确了国际移民问题的结构或性质，才能更好地把握国际移民的治理之道。

（一）国际移民问题的属性

奥兰·扬认为，讨论问题本身的各种属性是对问题属性展开讨论的一个逻辑起点。正如国际移民组织所要求完成任务的性质，就是决定移民问题有多难解决的重要因素。对于国际移民组织而言，最初成立是为了解决剩余人口的迁移问题，这一任务也就决定了移民问题能否被有效解决。因此，全球性国际移民制度的建设必须准确框定国际移民问题或提出解决该问题的方法。然而，由于国际移民问题领域的复杂性，如移民劳工、人口贩卖和偷渡、高技术移民、难民等问题又有着较大的异质性，这决定了每一个问题领域的解决都面临着不同的难度。显然，全球性国际移民制度建设任重而道远。因此，国际移民组织应把重点放在一部分数量有限但特征清晰可辨、行为容易受监督的行为体的行为身上。不过在寻找有效的问题解决方案时，为了尽量减少可能出现的困难，国际移民组织可以把大量的时间和精力投入到收集各种移民问题的理解方式上来，如移民与发展的关系、跨国人口偷渡与贩卖的危害等问题。

（二）国际移民治理行为体的特征

按照一般推论，问题解决的难度与问题利益攸关方的数量及寻求解决该问题方法时必须考虑不同利益的数量呈正相关关系。一旦后两者数量增加，前者解决

---

① ［美］奥兰·扬著，陈玉刚、薄燕译：《世界事务中的治理》，上海：上海人民出版社2007年版，第47~66页。

的难度将会递增。国际移民问题的解决往往面临着不同类型国家如发展中国家与发达国家的需求表现并非一致的情况，从而使在谈判达成相关的协议时有很大难度。何况国际移民进程之快或者移民者流动性之强导致国际移民问题复杂性远超过其他全球性问题，决定了国家不可能单纯依赖双边合作或单边行动就能管理好国际移民的进程。因此，有一定移民问题治理能力的国际移民组织自然应该不遗余力地把国际移民问题当作一个亟待解决的全球性问题来加以考量，当然也不能忽视其他非国家行为体（如非政府组织）在解决国际移民问题（尤其是难民问题）上所起到的作用。

（三）国际移民问题中的不对称性

不对称性就是指问题对于各问题攸关方之间的关系是不对称的。以上下游问题为例：当水资源成为一种稀缺产品时，无论下游国家是否同意，在上游国家只要通过简单分流就能满足自己需要的情况下，要对有限的水资源进行合理分配显得异常困难。在国际移民问题上也面临着极为明显的不对称性。如在人才流动问题上，发达国家为了保持在全球政治、经济、科技领域占据主导性优势，仍旧会不断采取措施吸引大量人才。这样对于解决发展中国家的人才流失问题显得有些困难。在难民问题上也存在着不对称性，难民安置国只要拒绝接纳安置难民，难民产生国也无法进行反对。因此，难民问题解决起来难度大增。其中还包含着问题解决中角色的不对称性，如非正规移民的目的国、来源国、过境国三者之间承担的角色不同，使得各国对待非正规移民的态度迥异，这也会给非正规移民的管理问题带来挑战。

（四）国际移民问题产生的社会背景

了解问题产生的社会背景有助于把握问题产生的根源及寻找到解决问题之道。比如，在经济陷入低迷，本土居民自身利益受到影响时，移民就经常成了他们发泄的对象。发达国家的反移民运动人士往往指责政府未能有效阻止来自发展中国家的低廉劳动力，从而对本土工人构成了竞争威胁。但在经济繁荣的时候，对待国际移民的态度就会有极大的不同。移民频频离开发展中国家同样也说明发展中国家的社会、经济等与发达国家之间的差距。对于难民问题、非正规移民问题的解决同样需要考虑与之相关联的问题，即一方面必须考察这些问题产生的社会根源，另一方面也要考虑到与其他问题联系起来一起"打包"解决。如移民问题和发展问题、难民问题与冲突问题结合在一起，如果参与者能够在同时解决这两个问题中形成平衡、达成交易，将有助于一系列问题的解决。因此，必须把握问题产生的背景才能更为有效地解决国际移民问题。

综上所述，如果国际移民组织未能考虑到移民问题结构的四个维度，仅仅以机制自身的热情去解决问题，那么移民问题治理的难易程度也就很难明确，进而对移民问题的成功解决产生较大影响。

四、国际移民领域中的"主权"属性

国际移民问题的属性，不仅是各移民问题本身具有的异质性，最根本的是国际移民问题的"主权"属性。诸如新古典主义经济理论、新经济移民理论、劳动力市场分割理论和世界体系理论等传统移民理论，着重从经济学角度分析国际移民迁移的动因。诸如移民网络说、连锁因果说及多元文化论等新的理论范式，着重从社会学、人类学角度分析国际移民迁移的动因。显然，这些理论缺失了从政治学角度探讨国家如何影响移民的取向、规模以及类型。事实上，移民迁移的意愿能否实现，与相关国家的移民政策有直接关系。从国际移民的历史可以看出，国际移民自由迁移的时代已经一去不复返。尽管全球化日益"模糊化"国家边界、"碎片化"国家主权，但主权国家仍是捍卫国家在全球竞争中利益的主要政治实体。现代民族国家体系就成为一种"限制性因素"，它将总是阻扰任何想以超越主权国家政治的方式处理国际关系的企图。[1] 因此，"国际移民治理的全球制度"在传统的国家主权范式中成为一个极富挑战性的问题。同时，国际移民与安全、发展、认同以及环境之间的关系在全球化进程中更为复杂。[2] 其中，移民不再纯粹由市场经济进程决定，而是成为塑造一国政治文化（the culture of politics）和文化政治（the politics of culture）的关键变量。[3] 基于此，在移民全球化的今天，国家必须不断采取措施以保持本国民族的"高纯度性"，不至于"迷失"在主权国家林立的全球政治舞台上。可见，即使国际移民问题日益增多和突出是显而易见的事实，但讨论和解决这些问题仍需依赖以主权国家之间为主导的国际合作，突破"国家"框架解决至少在目前来看是完全不现实的。[4] 国际移民的迁移不可能"规避"国家的主权属性。

尽管对持续低生育率、人口老龄化、失业、人才流失和吸收人才、劳工汇款、人权、社会融合、仇外心理、人口贩卖和国家安全等问题的国际和国内讨

---

① ［英］戴维·赫尔德著，胡伟等译：《民主与全球秩序：从现代国家到世界主义治理》，上海：上海人民出版社 2003 年版，第 79 页。

② Rudolph C., Globalization and Security：Migration and Evolving Conceptions of Security in Statecraft and Scholarship, http://www.ciaonet.org/wps/ruc02/ruc02.pdf.

③ Ronaldo Munc, K., Globalization, Governance and Migration：An Introduction, *Third World Quarterly*, Vol. 29, No. 7, 2008, p. 1237.

④ 吴兴唐：《众说纷纭的"全球治理"》，《红旗文稿》2010 年第 16 期，第 20 页。

论，促使主权国家对移民政策以及对移民来源国、目的国和过境国潜在的利弊进行重新审视，国家也试图以合作的姿态强化对移民问题的理解，并在某些领域逐步展开了实际行动。但是，从国际移民的历史可以看出，国际移民自由迁移的时代已经一去不复返。国际移民的迁移受到更多的限制，其中最为重要的因素仍是国家的"主权"属性。在过去的几十年中，采取新的移民政策的政府数目迅速增加，其中采取降低移民人数政策国家的比例从 1976 年的 6% 增加到 2001 年的 40%。① 可见，全球移民治理领域中国家强化"主权"对国际移民水平和模式产生了影响。在这种情况下，大大缩小了国际移民组织在参与推动全球移民治理进程中发挥作用的空间。

五、"自由移民"与"控制移民"：内嵌的矛盾性

绝大多数的国际组织由西方的"自由"国家建立，并且旨在推行自由主义的价值观。国际移民组织的成立也难逃此命运。它是在西方社会的土壤上成长起来的，是建立在西方世界国家与社会二元结构基础上的，并在西方宪政民主结构、自由和市场经济的环境中逐渐壮大的，因此主要体现了西方社会的价值观，即一种"内嵌的自由主义"（embedded liberalism）。然而，所谓的"自由"却深深打上了西方发达国家吸纳和控制移民悖论的烙印。

反对国际移民组织治理行为的个人或组织（如无边境组织）提出质疑，国际移民组织的活动是在限制人口的自由流动，是对人权的制约与控制。② 从下面两个图片能够较为形象地看到国际移民组织内嵌在移民治理中的矛盾：国际移民组织的组织标志，如图 5 - 1 表明国际移民组织的本意是为了保护国际移民，但也有可能因此"画地为牢"，在某种程度上限制了人的自由。图 5 - 2 是反对国际移民组织的标志，从中可以看出，应该把人从"牢笼"中解放出来。

考察国际移民组织成立至今的移民治理行为，经常处于这种悖论之中。国际移民组织成立之时，西方国家号召只有提倡"自由移民"的国家才能加入该组织，这种倡导服务于冷战的需要。因此，国际移民组织在 1953 年的章程中规定了那些提倡移民自由的国家可以被允许加入该组织，帮助国家迁移人口，实现人口的迁移。冷战结束后，移民的大规模迁移及其引发的问题致使西方反移民情绪日益高涨，国家实施了更为严格的移民控制政策。但该组织修订的 1989 年章程并未去除该条规定。在其核心议程中，国际移民组织一方面服务于移民个体，另

---

① UN，ST/ESA/SER. A/220/ES.

② http：//www. noborder. org/iom/index. php.

一方面服务于国家治理移民的需要。既要保障移民个体的自由迁移权利，又要帮助国家提高移民治理的能力，并为其提供移民信息等，这已经较为明显地说明了该组织是在这种矛盾中不断实施其操作行为的。这一悖论将会束缚国际移民组织参与全球移民治理进程的目标、广度和深度。

图 5-1　IOM 的组织标志 ①　　　　　图 5-2　反对 IOM 的标志②

六、国际移民组织机制的缺陷及改革难度较大

国际移民组织的成员国越来越多，执行委员会的成员数目也在增加，理事会和执委会的权力如何进行协调等均是该组织不得不面对的问题。同时，组织活动的有效性在很大程度上"依赖于一个特殊的富有魅力的领导者"，正如当年的南森，他在推动各国认可为难民提供保护的"南森护照"中发挥了特殊的作用。也如难民署的高级专员，在推动难民署的发展进程中起着关键作用。对于国际移民组织而言，总干事如何超脱国家利益，或某些个别国家的利益，最终实现真正的转型——更为人道的全球移民治理行为体尤为重要。因此，三个主要机构在新的国际移民形势下，都不可避免地糅合进了改革的因素。尽管国际移民组织已经意识到该问题，而且正试图进行一定程度上的改革，但改革的步伐并不顺利。1998 年第 76 次理事会通过了章程修订案的决议，主要是针对成员国的责任、理事会的权力、总干事的任期等内容的修订。③

（一）成员国的责任

旧章程第 4 款明确了"成员国一旦连续两年不缴纳费用，2/3 理事会可以剥夺其投票权，并停止对该国的服务，但理事会可以通过少数票恢复其投票权和服务"。修订后的则为"某一成员国拖欠的会费等于或超过前两年的贡献时，该国

---

① http：//www. iom. int/jahia/Jahia/lang/en/pid/1.

② http：//www. noborder. org/iom/index. php.

③ Amendments to the Constitution of the International Organization for Migration, Geneva, 1998.

将没有投票权。当然，在理事会认定某成员国依旧拖欠所规定的标准会费时，将通知该国，一年后该国投票权的丧失便可生效。如果成员国可以证明其拖欠会费是因为发生了超出成员国控制的事情，那么，理事会可以简单多数表决，维持或恢复成员国的表决权"。

（二）理事会的权力

旧章程第6款规定了理事会的权力为决定组织的政策；审查、通过并指导执行委员会的活动；审查并通过组织的计划、预算及开销；扩展组织目标而采取恰当行为的权力。修订后的第6款为决定、检视并审查组织的政策、计划和活动；审查、通过并指导任一次级部门的报告、活动。第10款修订为理事会可以设立任一个次级部门。章程第30款修订为"包括组织章程根本性变化或增加成员国新责任的修订，当被2/3理事会成员国通过实施和2/3以上成员国根据它们各自的宪法进程通过后立即生效。无论修订是否包含章程的基本变化都将由理事会2/3绝大多数投票通过"。之前同样规定了"章程重大修订必须经过理事会2/3和2/3以上成员国根据它们各自的宪法进程通过后生效，但前提是成员国新的责任的修订只有当某一成员国通过了该修订才能生效"①。在未修订之前，修订需要得到成员国批准才能生效，但是修订后去除了该前提，无疑是缩小了国家的权限，扩大了理事会的权力。

（三）总干事的任期

旧章程第18款规定了总干事和副干事的任期，之前为理事会2/3的大多数票通过，并且可以连选连任。修订后的章程增加了"连任一届"的规定。

从1998年开始，理事会号召成员国尽快通过章程修订案。然而，截至2010年，只有62个成员国批准通过，还未达到2/3的成员比例。十几年过去了，章程修订通过的进展缓慢，原因从提到的前后内容的变更就能知晓。修订后的章程限定了国家的义务，进一步明确了国家的责任；惩罚性措施更为严格和具体，一旦拖欠的会费达到一定程度，成员国就自动丧失表决权，除非能够提出拖欠是在特殊情况下发生的证明。这一修订避免了理事会即使在某国长期拖欠会费仍旧未停止其表决权情况的发生。然而，增加对国家违约的惩罚力度，扩大理事会的权力，显然不符合成员国的利益。国际移民组织总干事任期时间的具体化，来自于与其他组织类比的结果，试图使国际移民组织更"像"一个组织，并且促使国际移民组织总干事的"大国倾向性"减弱，增加其民主性和合法性的基础。但

---

① Constitution of IOM, p. 21.

理事会对章程的修订仍旧采取让总干事继续为此努力，向成员国说明修订的重要性，但并未作出实质性的修正，改革仍在继续讨论中。

第四节　国际移民组织参与全球移民治理展望

上述内外制约因素使得国际移民组织承受着很大的压力。从未来趋势来看，国际移民组织成员国的数目、实施项目计划的数量都将持续增加，职能也会不断扩展。争取获得更多支持，提升其移民治理效果及在移民治理领域中发挥更大的作用是该组织强化其作为"全球移民治理主体"角色必然要面临的选择。同样，作为国际移民治理领域中重要的行为体，参与全球移民治理进程，促进有秩序移民是国际移民组织现在与未来都必然要面对的重要责任。因此，在未来发展进程中，国际移民组织需要进一步巩固和强化自身在国际移民问题领域上的权威和合法性，提高其履行职能的能力，才能使其成为一个真正意义上的"国际移民领域中领导性的政府间组织"。

第一，强化其授予性权威，增强合法性。授予性权威是指成员国授予国际组织的权威。对于一个国际组织而言，在逐步成长的进程中有了组织自身的利益诉求，往往也更希望国家能认可它的观念和行为，进而有助于组织自身的可持续发展。其中，成员国的"授权"成为国际组织实施行为的关键因素。对国际移民组织而言，从组建的过程清晰可见，美国反对建立一个广泛授权的组织。故国际移民组织的创建迎合了美国试图建立一个功能狭小、几乎没什么授权的组织的目的。但通过对国际移民组织历史的考察，我们明显看出国际移民组织在功能领域及议题领域的纵深发展既是被授权所致，也是其自主性的展现。因此，在未来的发展进程中，国际移民组织应在功能拓展上争取成员国更多的授权，并协调好授权方的指令和自主性之间的关系。

国际组织的合法性主要来源于其被授权（各国指定给国际组织的任务）在全球范围发送公共物品。[①] 其中最为关键的是国际组织能否满足国家的利益偏好和现实需求。当然其合法性亦与国际组织能否保持价值中立，追求共享的人类价值（国际组织的成立总是服务于某种社会目的或者某种文化价值）以及国际组织的运作程序是否公开、公平、透明等有密切联系。对国际移民组织而言，它的成立已经说明其具备了一定的合法性，因为它是在成员国授权下组建的。伴随着

---

① 让—马克·柯伊考著，刘北成译：《国际组织与国际合法性：制约、问题与可能性》，《国际社会科学杂志》（中文版）2002 年第 4 期，第 22 页。

历史的发展进程，国际移民组织几经改名，成为一个全球性移民组织，为成员国提供信息服务、移民政策建议等都能使其获得"治理权利"。同时，作为移民领域的政府间组织，国际移民组织付出了很大的努力来修订章程及扩展功能，并超越了传统的服务于欧洲人口的迁移这一基本运输任务，成为全球性移民问题提供自我治理模式的"主导性"行为体，并提供大量的人道主义援助；国际移民组织结构相对单一，投票权并没有如世界银行的加权票，而是规定一国一票。冷战期间美国的主导性优势左右了国际移民组织的功能及作用，但国际移民组织已经逐步彰显了其必要的自主性。因此，在未来，国际移民组织增强合法性对其在国际移民治理领域发挥更大作用有着重要的现实意义。

第二，充分利用其道义性权威，提高影响力。国际组织常常借用其"旨在体现、服务或者保护某种广泛共享的原则，是一种公共权威，代表一种公共意志"的地位使其具备了道义性权威。尽管国际移民组织在创立时成为美国称霸的工具，但在客观上的确促进了西欧国家过剩人口的迁移。一方面为西欧国家经济的恢复提供了一定的必要条件——转移过剩劳动力，减轻社会负担；另一方面，客观上使需要劳动力的国家获得充足的劳动力。此外，加强人道主义援助，使其获得了普遍的认可。冷战后，地区性冲突、战争及自然灾害突发性危机后的人道主义援助行动，国际移民组织都能及时提供支援，从而使其获得较高的道义性支持。在未来的发展进程中，国际移民组织应充分利用其试图成为"非政治性的人道主义"组织可能获得的"道义权威"，才能使其在全球移民治理进程中更好地发挥作用。同样，国际移民组织是秉持着人口自由迁移的宗旨而被创建的，尽管它是因为苏联限制人口的流出而提出的一条原则，但本着人类都能获得有尊严的生活的价值取向，突破其内在的"困境"，并促进人口有秩序地迁移，事实上仍是其获得道义性权威的一个重要方面。

第三，进一步完善其专家权威，建构话语权。组织一般拥有一定的具备相关专业知识的专家队伍对国家希望完成的重要社会性任务进行调查、分析，向成员国、非成员国表明国际生活的主要规则，描述国际治理事务的某些伦理。[①] 这使组织自身具备了一定的专家权威，国际组织往往可以通过这一专家权威建构在特定议题领域中的话语权。国际移民组织若想在未来全球移民治理进程中发挥更大作用，必须夯实其国际移民问题研究、国际移民法律法规研究、国家移民政策研究以及完善移民治理项目开展的专业队伍，从而进一步建构在国际移民问题领域中的话语权。通过拥有专业知识的专家队伍对参与国希望解决的国际移民问题进

---

① 让—马克·柯伊考著，刘北成译：《国际组织与国际合法性：制约、问题与可能性》，《国际社会科学杂志》（中文版）2002 年第 4 期，第 26 页。

行调查、分析，才能进一步增强国际移民组织对参与国的吸引力。

第四，确保议题的针对性和现实性，增强生命力。要保持生命力，保证议题的针对性和现实性是重中之重。为了适应复杂多变的国际移民环境，国际移民组织通过各种途径推动该组织议程的不断扩展，几乎涵盖了移民相关的所有领域。如此扩展中的议程为国际移民组织的发展带来了新的挑战。从中长期来看，国际移民组织的议程重点应放在：其一，加强国际移民问题区域治理与全球治理的具体方案研究。尤其是针对不同移民问题领域、考虑到国家和地区特征的差异性，寻求不同移民问题区域治理与全球治理的方案。其二，强化国别移民政策研究与增强国家移民治理能力项目开展的有效性。与其花费大力气支持相关区域磋商机制，不如集中有效资源加强国别移民政策研究，进而翻译成多种文字，为成员国关于国际移民的理解与交流提供背景知识。同时，注重开展的国家移民治理能力项目的有效性。其三，注重不同地区移民问题的数据统计、分析与整理，促使国家加强彼此间有关移民问题的信息交流。其四，集中有效资源，实施由于各种原因而无法由各个参与者单独执行的项目。以此为基础，才能夯实机制议题的内容性、现实性与针对性，避免机制沦为"清谈馆"，增强机制自身的生命力。

第五，完善项目评估机制，提高项目效益。项目计划的确定、执行与完成是一个复杂的过程。项目能否最终达到预期目标，需要进行相应的评估。国际移民组织每年在全球各大洲开展的项目计划有很多，数量上的增加表明组织自身经费、实力与经验等各方面的增强。该组织也进行了一定的项目评估，但究竟是否每一项目均能达到预期目标，国际移民组织需要进一步细化其项目开展及完成后的评估标准。

以上所提的几个方面不可避免地要受到大国、国际政治现实的不同程度的制约；同时，国际移民组织自身存在的缺陷致使其权威与影响力的获得、保持及完善存在不同程度的困难，所以单独依赖国际移民组织的力量不可能实现国际移民问题的有效治理。但不可否认的是，加强国际移民治理的区域国家间和全球性合作，不仅是一时之为，更是全局之需。国际移民组织倡导的各种机制、论坛已然在国际移民问题治理的实践进程和理念构建上发挥了积极作用。进入 21 世纪后，该组织才逐步开始"像"一个政府间机构。由于国际移民在国际安全、社会变革、文化变迁、经济发展等许多敏感问题上所产生的复杂影响，国际移民的治理在 21 世纪很可能变得更加富有争议性、难度更大以及更为紧迫。因此，作为国际移民治理领域主要的国际组织，国际移民组织需要进一步巩固和强化它的各种"权威"，唯有如此，才能更好地适应未来国际移民的新形势，在全球移民治理进程中发挥更大作用，从而进一步增强组织的吸引力，提升组织在国际社会上的号召力、影响力，维系组织的生命力。

第六章　中国与国际移民组织的关系

作为国际移民问题领域中主要的政府间组织——国际移民组织，它的发展离不开中国。通过吸纳全球人口最多的国家——中国的参与，有助于其成为成员国覆盖范围更广的国际组织。同时中国面临的严峻的国际移民问题也亟须获得更多的移民治理经验以提高移民治理能力。双方在交往中寻找"重叠利益"，双方关系稳步发展。

第一节　中国与国际移民组织交往概况

一、中国与国际移民组织的关系历程

如果说冷战促使国际移民组织成立并排除了社会主义国家，那么冷战结束后，国际移民组织的成员国已经涵盖了大多数发展中国家和发达国家。然而，种种缘由致使国际移民组织与中国的关系进入新世纪之后才得以迅猛发展。根据双边关系的发展，国际移民组织与中国的关系大致经历了以下四个阶段：

第一个阶段主要是排斥与接触。国际移民组织作为对抗东方阵营而建，因此包括中国在内的社会主义国家都被排除在该组织之外。但排斥并不意味着不发生联系，1952 年 3 月国际移民组织在香港成立了办事处，这使得中国与国际移民组织的关系渊源较长。新中国成立后，仍旧滞留在中国的白人移民试图离开中国，国际移民组织香港办事处成为重要的转移枢纽。紧接着，20 世纪 70 年代大量印支难民逃离中南半岛，国际移民组织香港办事处与马尼拉办事处帮助他们迁移。这些都成为双方在排斥中互有接触的证明。20 世纪 80 年代国际移民组织在地区范围及功能领域上逐步扩大至非洲、亚洲国家。同一时期，中国政府在改革开放之后逐渐放松对公民护照申请的限制，大量的中国人移居海外，出现了一股海外移民潮。移民问题上的重叠为中国与国际移民组织的进一步接触提供了可能。

第二个阶段是沟通与交流，为亚太地区移民多边区域磋商机制提供了平台。随着冷战的结束，两极格局分割下的两个市场迅速"一体化"，世界经济、贸易

的全球化主趋势下的人口跨国迁移成为普遍趋势。整个亚太地区包括中国在内的国家同样面临着大规模的移民潮。基于这样的背景，亚太地区移民治理的多边区域磋商机制得以建立，为亚太地区移民治理的相关行为体提供了交流平台。中国参与了由国际移民组织于1996年发起的旨在重点打击和减少东亚和东南亚人口贩卖和偷渡的"马尼拉机制"。之后中国参加了该机制每年度召开的移民问题会议。同年，由联合国难民署和澳大利亚发起的"亚太难民、流离失所者及移民问题政府间磋商机制"成立，中国是该机制的参与国，国际移民组织是观察员组织，双方均参加了该机制召开的移民问题会议。这一时期双方的沟通与交流虽然尚处于多边框架内"间接关系"状态，却为双方关系的进一步发展提供了可能，也为亚太地区移民多边区域磋商机制提供了平台。在中国成为国际移民组织观察员国之前，双方一直处于"间接关系"状态。

第三个阶段是制度化合作初始阶段。国际移民组织接纳中国为观察员国。2000年12月7日，中国驻联合国日内瓦办公室和其他在瑞士的国际组织的常驻代表向国际移民组织提交正式请求函，"中国愿意与国际移民组织建立更亲密的关系，愿意作为观察员身份参与国际移民组织的工作"。国际移民组织总干事于2000年12月14日进行答复，"将在国际移民组织理事会次年会议上讨论"①。2001年6月7日，国际移民组织第81次理事会特别会议审议了中国的申请，并批准中国为该组织的观察员国。② 2003年9月19日，沈国放部长助理在中国外交部会见了来访的国际移民组织亚太区高级顾问古村赖男先生一行，并表示"中方重视国际移民组织在解决移民问题方面的作用，愿在相互尊重、友好协商的基础上，同国际移民组织发展友好合作关系"。古村先生认为："中国在国际事务和移民问题上有重要影响，国际移民组织非常重视中国的作用，希望进一步发展同中方的关系。"③

当然，这个阶段中，中国参与了一些区域磋商机制和全球性移民论坛，双方再次通过非正式会议加强了彼此之间的沟通与交流。2002年8月8日，第三届"亚太难民、流离失所者及移民问题政府间磋商机制湄公河次区域会议"在北京召开，国际移民组织派代表出席了此次会议。④ 2004年7月29日至30日，由瑞士政府和国际移民组织主办的"伯尔尼倡议亚洲区域磋商会议"在中国桂林召

---

① IOM, MC/2028, Application by the People's Republic of China for Representation by an Observer, 2001.

② IOM, MC/2033, Draft Report on the Eighty-first（Special）Session of the Council, 2001.

③ 《沈国放部长助理会见国际移民组织亚太区高级顾问古村赖男》，http：//www. fmprc. gov. cn/chn/pds/wjb/zzjg/gjs/gjzz/gjym/xgxw/t26102. htm。

④ 《中华人民共和国外交部副部长王光亚在第三届"亚太难民、流离失所者及移民问题政府间磋商机制湄公河次区域会议"开幕式上的致辞》，http：//www. fmprc. gov. cn/mfa_ chn/ziliao _ 611306/zyjh_ 611308/t4695. shtml。

开。来自亚洲近 30 个国家、地区及联合国难民署、联合国开发计划署和瑞士政府代表参加会议。由中国外交部、公安部、广西壮族自治区、桂林市政府等部门共同组成的中国代表团出席了会议，"伯尔尼倡议区域磋商会议"首次在亚洲举行，其主题是探讨移民国际管理问题，促进亚太地区的繁荣发展。这些区域性的磋商机制以及全球性磋商会议再次成为国际移民组织与中国关系进一步发展的媒介。

2004 年 11 月 6 日至 7 日，国际移民组织总干事麦金利访问中国，这是国际移民组织总干事首次访华。麦金利此次访华有利于加强彼此间的理解，为未来双边关系的发展奠定基础。[①] 2004 年 12 月 1 日，中国外交部领导成员乔宗淮在国际移民论坛上发言指出，"国际移民组织等有关国际和地区组织在促进国际合作和帮助发展中国家加强能力建设方面，可以发挥更大的作用"[②]。外交部长助理沈国放在中国上海举行的 APC2005 年年会开幕式上的发言中强调了国际移民组织的重要作用，并指出"应继续发挥联合国难民署、国际移民组织等国际组织和有关区域安排的作用"[③]。2006 年 9 月，中国政府与国际移民组织就后者在华设立联络处（Liaison Office）签署协议，为深化发展提供了可能。2006 年 11 月 23 日至 25 日，中国作为 APC2006 年度主席国在厦门主办了"亚太难民、流离失所者及移民问题政府间磋商机制"第 11 届年会。[④]

这些区域性多边非正式会议及双方签署的有关协议，促进了双方的进一步交流，为双方制度化合作之路奠定了基础。国际移民组织于 2007 年 3 月 19 日在中国正式设立联络处。时任外交部长的李肇星会见了麦金利并积极评价中国与国际移民组织的合作关系，赞赏国际移民组织在协助各国加强移民管理能力建设、保护移民正当权益以及打击非正规移民活动等方面发挥的积极作用，希望国际移民组织继续利用其资源、技术优势，在推动国际移民合作方面发挥更大作用。麦金利对国际移民组织与中方的合作表示满意，强调国际移民组织重视中国在移民问题上的积极作用，愿进一步开展与中方的交流与合作。[⑤] 外交部副部长乔宗淮在

① http：//www.china-un.ch/eng/zmjg/jgjblc/t85569.htm.

② 《外交部领导成员乔宗淮在国际移民对话会高级别论坛上的发言》，http：//www.fmprc.gov.cn/chn/pds/zysjbcpd/qiaozonghuai/zyhd/t172660.htm。

③ 《沈国放部长助理在亚太难民、流离失所者及移民问题政府间磋商论坛年会开幕式上的讲话》，本届年会的主题为"难民问题永久解决的综合方案和移民趋势"，http：//www.fmprc.gov.cn/chn/gxh/wzb/wjbxw/t218339.htm。

④ "亚太难民、流离失所者及移民问题政府间磋商机制"第11届年会在厦门举行，本届年会主题为"加强区域合作应对难民保护和移民问题的现实挑战"，http：//www.fmprc.gov.cn/chn/gxh/wzb/wjbxw/t282256.htm。

⑤ 《李肇星外长会见国际移民组织总干事麦金利》，http：//www.fmprc.gov.cn/chn/pds/gjhdq/gjhdqzz/mzblwelm/xgxw/t304684.htm。

2007 年 11 月举行的国际移民论坛上发言，指出中国政府重视并积极参与移民领域的国际合作，与 40 多个国家开展了打击非法出入境活动的合作。中国还将继续加强与世界各国以及国际移民组织等有关国际组织的合作，促进正常移民流动，为世界的繁荣与稳定作出新的贡献。①

第四个阶段是深化与发展——《中国移民管理能力建设项目合作谅解备忘录》的签署，双方开始开展务实高效、互利共赢的合作关系。

伴随着中国经济的快速发展，来华外国人的结构、来源地区域呈现多样化，规模增大且在中国的流动日趋频繁。针对这一现实情况，对中国管理外来人口的能力提出了挑战。另外，中国还进一步推动了与国际移民组织展开合作的实践。2007 年 12 月 10 日，在北京中国正式与国际移民组织共同签署了《中国移民管理能力建设项目合作谅解备忘录》（以下简称《谅解备忘录》），标志着双方开始开展务实高效、互利共赢的合作关系。国际移民组织地区代表查尔斯·哈恩斯（Charles Haeems）和外交部国际司参赞蒋勤出席了签字仪式。出席仪式的还有来自国际移民组织驻华联络处、国际劳工组织北京局、外交部、公安部以及人力资源和社会保障部的代表。双方一致认为《谅解备忘录》的签署代表了中国和国际移民组织之间发展关系的重要里程碑。哈恩斯认为，"既然我们执行项目有了新的进展，我相信国际移民组织和中国的积极关系，特别是与外交部、公安部以及人力资源和社会保障部之间的关系能够在将来得到进一步加强"②。

2008 年 3 月 20 日，国际移民组织和中国外交部正式启动了"中国移民管理能力建设项目"，该项目分为两期。项目旨在通过技术、信息和人员交流，增进中国和欧盟成员国对相互移民管理体制的了解和学习，加强中欧在移民领域的交流与合作。麦金利表示："能力建设项目的启动预示着国际移民组织和中国合作的新阶段。此项目是历史性的合作，作为首次合作，它将促进中国和欧盟成员国之间在技术层面上的交流和对话。"同时，他还认为："这个令人兴奋的项目是国际移民组织和中国合作关系的延续，国际移民组织也衷心希望与中国在全球重要话题的国际移民领域里进行合作。"外交部、人力资源和社会保障部与公安部的高级官员以及欧盟成员国、欧洲委员会轮值主席国和欧洲委员会的代表也参加了启动仪式。中国外交部部长助理刘结一表示，此次活动非常重要，有助于加强国际移民组织和中国之间的友好关系，中方将积极予以执行。但由于 2008 年 5

① 《乔宗淮副部长在国际移民对话会高级别论坛上的发言》，http：//www.fmprc.gov.cn/gjs/jhzc/qt-bldjhzc/t385315.html。

② 《外交部国际司和国际移民组织东亚地区代表处签署〈中国移民管理能力建设项目合作谅解备忘录〉》，http：//www.fmprc.gov.cn/chn/pds/wjb/zzjg/t388591.htm。

月 12 日中国汶川发生地震,① 管理项目启动后于 7 月份才有新的进展。中国移民管理能力建设一期项目已经顺利完成，涉及 400 余名政府官员以及近 150 万潜在移民。2011 年 4 月，中国移民管理能力建设二期项目（2011—2013 年）正式启动，旨在进一步深化第一期取得的成绩。国际移民组织总干事斯温在启动仪式上说，国际移民组织赞赏中方在移民管理能力建设方面取得的成绩，希望二期项目能够成为双方合作的新里程碑。外交部国际司司长陈旭说，二期项目的启动标志着中方与国际移民组织的移民领域合作又向前迈了一步。② 国际移民组织的“中国移民管理能力建设项目”是与中国的历史性合作关系的象征。③ 之后国际移民组织又为中国反对人口贩卖提供了人员培训项目（2008—2012 年）。期间，国际移民组织为近 300 个领事官员、反人口贩卖的警察和收容所经理在关键的问题上，如确认受害者身份，对其采访、实施直接援助，并促使其返回和重新融入等问题提供了培训活动。为了支持这些活动，办公室已经发放了 500 份与这些问题直接相关的国际标准和最佳实践的培训手册。④

1978 年底改革开放之后，中国开始积极主动地融入国际社会，期待着“中国梦”的实现。但此时的中国并非信心十足地投入国际社会的怀抱，1997 年中国在亚洲金融危机中坚定负责任的表现获得了东南亚国家的普遍赞誉之后，才更加积极主动地融入国际社会。进入新世纪之后，随着中国对内改革的逐步深化以及对外开放的日趋深入，中国经济飞速发展，中国有实力更加自信、自觉地参与世界经济与政治的竞争和合作。虽然双方关系的总体发展速度相对缓慢，但进入 21 世纪后明显加快并出现深化合作的态势。诚然，双方的关系源于交往中的互动，但从中国的角度思考加强与国际移民组织合作关系的原因是十分必要的。

二、双边关系发展的特征

通过简要回顾双边关系的发展历程，我们可以看出，双边关系呈现出一些特征。

第一，中国对加入国际组织保持高度的谨慎性。中国并未立即成为国际移民组织的正式成员国。从 2001 年中国成为国际移民组织的观察员国至今历经十余

---

① 《国际移民组织向中国领导表示慰问并向中国提供 5 万美元现金援助》，China，http：//www. iom. int/cms/en/sites/iom/home/where-we-work/asia-and-the-pacific/china. html.

② 《中国将加强与国际移民组织在移民管理领域的合作》，http：//www. gov. cn/jrzg/2011 – 04/26/content_ 1852846. htm。

③ CBMM_China_Fact_Sheets_Labour Migration，http：//www. iom. int/jahia/Jahia/activities/featured-projects/lang/en.

④ China，http：//www. iom. int/cms/en/sites/iom/home/where-we-work/asia-and-the-pacific/china. html.

年的发展，目前中国仍未成为正式的成员国。这无疑说明中国在加入国际组织、融入国际社会时保持了高度的警惕性。我们并不能仅仅依据加入国际组织数量的多少来证明中国融入国际社会的程度，以及国际社会对中国的认可度。中国不仅把拓展国际社会的广度，也把融入国际社会的深度作为评判其外交有效性的标准。

第二，双边合作关系发展的"间接性"。亚太移民区域磋商机制成为双方沟通与交流的主要平台，这种"间接关系"促使双方进一步认知了彼此。同时其他全球性移民论坛，如联合国高级别移民对话论坛以及伯尔尼倡议会议等，也为双方加强了解提供了平台。双边关系除了正式的双边互动外，还通过这些会议、论坛进行了非正式、间接性的交往与互动。

第三，强调双边合作的平等互利性。中国在融入国际社会的进程中，不可避免地要融入由西方创建的国际组织中，其中加入国际移民组织，也意味着要与西方国家制定的规则保持一致，但国际移民组织并未以参与该组织项目附加一些政治要求，而是本着平等互利的原则，促进了双边关系的正常发展。双方基于尊重中国国家利益又考虑到国际移民组织的组织发展愿望，开展双边的交往与合作。

第四，注重双边合作的长期性。从中国和国际移民组织的合作关系历程中可以看出，中国用发展的眼光看问题，用前瞻性视野看待合作。虽暂时未成为正式成员国，但中国并未因此而减少与国际移民组织之间的合作联系。一方面，继续与国际移民组织开展移民治理能力项目；另一方面，积极参与亚洲移民治理的区域磋商机制，强化彼此间的交往与互动。正如中国代表团团长吴海涛大使在国际移民组织第 101 届理事会的一般性辩论发言中提到的："中国愿继续加强与国际移民组织的合作，与国际社会一道，促进全球人口正常流动，推动国际移民事业的发展。"① 总之，中国与国际移民组织的合作历程体现了外交行为与利益的契合，深刻展现了中国基于原则与力量的自信。

第二节　双方合作关系深化与发展的原因

一、全球化进程中国际移民形势复杂性的要求

国际移民并非今日之新鲜事物，国际移民现象早已有之。两千多年前，"丝绸之路"实现了亚欧人口和商品的互动。随着 15 世纪哥伦布发现新大陆，欧美

---

① 《中国代表团团长吴海涛大使在国际移民组织第 101 届理事会一般性辩论中的发言》，http：//www. china-un. ch/chn/hyyfy/t996296. htm。

两大陆间的移民流动得以加速，移民为美洲的发展做出了巨大贡献。这段历史告诉我们，正常的移民人口流动极大推动了国家间的经济、社会发展与文化交流，促进了人才、技术和资金的优化配置，促进了各国相互合作和共同发展。可见，移民是人类社会向前发展的重要动力之一。当前，全球化迅猛发展，科学技术日新月异，人口流动不断加速，人口的跨国移民也逐渐成为一种普遍现象。2010年全球国际移民数量已达到2.14亿人。如果过去20年中的增长速度得以延续，到2050年，国际移民总数将达到4.05亿人。①

与此同时，国际移民领域也出现一些新情况、新挑战。国际移民已经不再如历史上相对的单一与持久，现在逐步转为临时性或循环性。更多国家的人正在跨境迁移，越来越多的国家受到移民的影响。移民与社会、经济、文化、公共安全和公共健康之间的关系日益复杂，这一复杂性也在于不同的移民在不同的空间和不同的时间里能产生相似的结果。而国际移民产生的一系列负面结果，给国际社会提出了新的挑战，如非正规移民（尤其是人口偷渡和贩卖）、难民人道主义救助、侵犯移民合法权益、发展中国家人才流失等现象。这些新问题、新挑战不仅影响到人口的正常流动，也不利于国家经济发展和社会稳定，甚至危及国家的主权和安全。日益复杂的国际移民问题使得每个国家不可能置身于"人口跨境移民问题"之外，同时致使国家治理移民问题的"单边行动"效用已显乏力，多边合作治理的需求随之增加。在此种背景下，中国当然也需要顺势而为，积极参加全球移民问题治理的多边合作。中国外交部领导人指出："在当前形势下，移民已经成为现代社会的一个独特现象，任何一国单凭一己之力都无法妥善解决。移民的来源国、过境国以及目的国应该加强协调与合作，以对移民流动进行有效管理。"② 可见，中国已经意识到多边合作治理全球移民问题的重要性。

二、国际移民组织保持其作为移民治理领域首要国际组织的考量

对于国际移民组织而言，面对着复杂的国际移民形势，要保持其在国际移民领域中的首要地位，国际移民组织不可避免地要把移民输入国、输出国、中转国都纳入其服务对象和合作伙伴之中。中国是人口最多的国家，已成为全球移民浪潮中不可忽视的一个重要行为体。国际移民组织加强与中国的合作关系，有助于实现其战略定位目标，使其更具有普遍性。国际移民组织作为一个国际组织，扩

---

① IOM, World Migration Report 2010, p. 1.
② 《中华人民共和国外交部部长助理沈国放在国际移民对话会高级别论坛上的发言》, http: // www. fmprc. gov. cn/ce/ceee/chn/dtxw/t224411. htm。

大在移民领域的影响力是维持组织生存和发展的需要。中国已经成为国际移民输入国、输出国以及中转国三位一体的移民国家，国际移民治理不可能绕开中国。同时，经过改革开放，中国的经济实力已居世界第二位，又是联合国五大常任理事国之一，在世界上有着重要的国际地位和影响力。因此，发展与中国的合作关系也是关系到国际移民组织自身发展的一件事情。

三、中国"借力"IOM 应对国际移民问题治理的现实需要

1. 借助多边平台化解"中国移民威胁论"与增强中国话语权

第一，借助多边平台是化解"中国移民威胁论"的有效途径。正当中国人跨出国门、走向世界之时，一些不和谐的音符萦绕着中国的和平发展之路，解构着中国的国家形象。在西方话语体系中出现了一波"中国移民威胁论"的喧嚣杂音。按照西方国家的逻辑，"中国移民威胁论"具体内容包括中国移民对迁入国的人口、经济、社会文化甚至包括政治军事产生威胁。这其实是西方世界早已宣传的"中国威胁论"的又一重要内容。从本质上来说，中国各方面都成了威胁是西方国家对中国的迅速崛起感到不安，甚至对中国的发展抱有不信任和恐惧心理的直接反应。在知道了这一现象的本质后，中国就必然面临着化解这种错误认知的外交选择。哈贝马斯强调了交往在理解国家行为体间预期的重要意义。在交往中互动，在互动中交往，如此才能增加共识、增进互信。中国倘若要更好地向世界展示自己的和平外交理念，就必须通过加强对外的文化、政治、经济等领域的往来，化解国际社会对中国发展的错误认知。在国际移民组织提供的全球多边平台上，中国积极参加国际移民组织的年会和国际移民论坛，可以与其他国家行为体展开就国际移民问题的讨论与交流，表达中国在国际移民问题上的立场、主张以及解说中国开展的一些移民治理实践，有助于"增信释疑"，化解所谓的"中国移民威胁论"。同时，中国加强与国际移民组织的合作，有助于中国在认知、管理移民上的理念、立法和实践上的提高，进而对中国加强移民管理，减少和杜绝非正规移民以促进人口的有序迁移，"形塑"中国在国际移民问题领域的负责任的形象。

第二，借助多边平台是增强中国在全球移民问题治理领域中话语权的重要途径。现代科技革命的传播及经济全球化的推进致使国家间相互依赖关系日益紧密。全球各行为体（国家或国际组织）均被揉进了全球化进程之中，并要求各行为体在互动之中扮演好自身的角色，促进国际社会的民主化机制。这一社会化机制强化了国家与国际组织对国际问题治理的"义务"与"责任"，与此同时，非传统全球性问题的出现也大大强化了国际组织的地位。国际组织在形成和实施

普遍性原则和规范方面发挥了重要作用。然而,国际组织大都由西方国家主导建立,其核心价值观与行为规则也与西方国家的核心价值和行为规则保持高度一致。中国必须在融入国际社会的机制中保持高度警惕性,但并不能因此而排斥与国际组织的联系与合作。由此,中国不能仅仅成为国际规则、机制的被动"适应者",适当的时候必须成为现有机制、规则的"改革者",应逐步肩负起推动国际社会民主化机制的责任,积极参与国际事务治理。然而,与经济贸易、政治安全以及金融等领域不同,国际移民问题领域至今缺失统一的机制来协调人口的跨境迁移。正如在贸易领域有以世界贸易组织为主要组织载体的贸易协商制度,在金融领域主要有以国际货币基金组织为正式机构依托的金融协调制度,在和平、安全领域主要有以联合国为正式机构载体的争端协商制度,在国际难民领域主要有联合国难民署为依托的难民保护制度等一样,国际移民领域制度的建设也需要一个组织机构作为依撑。作为国际移民问题领域中主要的政府间组织,国际移民组织必然承担着全球移民治理机制建设的重任。中国已经通过参与全球经济贸易、政治安全、金融合作等领域的多边组织,在这些问题领域的治理中增强了中国的话语权。因此,中国加强与国际移民组织的合作关系,有助于中国参与未来有可能形成的全球移民治理规则与机制的建设,增强中国在全球移民问题治理领域中的话语权,进一步推动全球移民问题治理领域中的民主化、制度化进程。

2. 应对当下中国面临的国际移民问题的现实需求

无论是移民输入国还是移民输出国,"借力"国际移民组织在国际问题领域的优势与经验,有助于提高一国的移民治理水平。加强与国际移民组织的合作联系,有助于中国应对以下移民治理问题。

第一,应对海外中国人安全保障的领事保护新问题。目前,有 16 000 多家中国企业在海外发展。① 据商务部统计,2012 年年底,中国在外各类劳务人员达 85 万人,累计派出 639 万人。② 据教育部统计,截至 2012 年底,在外的留学人员达 155.34 万人。③ 中国人走向全世界的时候,他们的生命财产安全也受到威胁。中国在外务工人员、留学生几乎遭遇了所有类型的安全事件,包括政治动荡、种族冲突、恐怖袭击、自然灾害、刑事案件、交通事故等。其中非洲、东欧和中东等许多国家,因中国外派劳工的劳务纠纷引发的群体性事件持续不断。因

① 《透视中国公民海外安全案件》,《北京晚报》,2012 年 2 月 7 日,http://news. hexun. com/2012-02-07/137842792. htm。

② 《2012 年我国对外劳务合作业务简明统计》,http://www. mofcom. gov. cn/article/tongjiziliao/dgzz/201301/20130100006031. shtml。

③ 《教育对外合作与交流进展情况》,http://www. moe. gov. cn/publicfiles/business/htmlfiles/moe/s7204/201302/148024. html。

为这些问题的存在，中国接受的领事保护事件多达 3 万例。① 强化对海外中国人的领事保护是必需的，领事保护是指中国公民的合法权益受到不法侵害时，驻外使领馆应根据公认的国际法原则、有关国际公约、双边领事协定及驻在国相关法律，向驻在国政府部门反映受侵害者的有关要求，敦促当局依法公正、友好、妥善地处理。② 国际移民组织对相关移民领域的国际原则和国际公约以及相关国家移民政策法规有相关研究，中国海外领事馆可以借助这些成熟的研究为保障海外中国人的安全提供法律基础。

第二，应对非正规移民及其衍生问题。非正规移民数量的增加及其复杂性需要中国提高移民治理能力。非正规移民包括非法入境和合法入境但非法滞留者。中国被认为是非正规移民的来源国。从 1970 年代末到 1995 年，中国大陆、台湾和香港通过合法途径移民到发达国家的人数估计有 142.5 万人，非正规移民就有 10 万 ~ 20 万人。福建、浙江、广西、江苏、山东、辽宁等沿海地区发生了多起成批人员集体乘船偷渡的案件，而内地的北京、西安、重庆等有国际航班的地区也经常发生使用伪证非法出境的严重事件。③ 偷渡到美国的非正规移民，除了上述的坐船、乘飞机或从边境入境外，许多人还通过假文件偷渡入境，而且这类偷渡更是日益增多。④ 这一阶段中国非正规移民的主要特点是成船、成批地从海上偷渡；利用伪证偷渡；另有一些通过陆地边界辗转他国。⑤ 进入 21 世纪后，中国人通过偷渡方式实现国际移民的情况有所减少，以合法入境但非法滞留方式实现国际移民的情况增加。如在法国的中国非正规移民只有 15% ~ 20% 是通过人蛇网络非法偷渡的，其余 80% 是入境手续合法，在签证、居留证过期之后滞留不归。⑥

伴随着中国融入世界的步伐日益加快，中国已不再是单纯的非正规移民来源国，在某种程度上也成了非正规移民的过境国和目的国。在中国，则把非正规移民称为"非法入境、非法居留、非法就业"的"三非"移民。根据 2013 年 7 月 1 日起正式实施的《中华人民共和国出境入境管理法》，非法入境是指外国人未持有中国主管机关签发的有效入境签证或合法有效的入境证件，或未从中国对外

---

① 《2009 年度中国人海外安全报告》，http：//www.infzm.com/content/40876。

② 赵成：《秉持以人为本，全力护侨助民——专访中国驻法使馆领事部主任许建工参赞》，http：//world.people.com.cn/GB/17299124.html。

③ 《中国非正规移民：从哪来，怎么走，到哪去》，http：//view.163.com/13/0131/16/8MIGKN8Q000 12Q9L.html。

④ 《华人偷渡赴美花样翻新　坎坷入美须绕地球一圈》，http：//www.chinanews.com/hr/2010/12 - 01/2692145.shtml。

⑤ 温宪：《中国已成为非正规移民的目的国》，《环球时报》2001 年 10 月 9 日，第 22 版。

⑥ 李慎明、王逸舟主编：《全球政治与安全报告：2007》，北京：社会科学文献出版社 2008 年版，第 205 页。

开放、指定的口岸入境，或未经边防检查站查验而进入中国国境的违法行为；非法居留则是指在中国居（停）留的外国人未在居（停）留许可规定的有效居（停）留期内办理签证或居（停）留证件而留居中国的违法行为；非法就业包括未按照规定取得工作许可和工作类居留证件在中国境内工作的；超出工作许可限定范围在中国境内工作的；外国留学生违反勤工助学管理规定，超出规定的岗位范围或者时限在中国境内工作的等违法行为。① 由于多种因素存在，因此很难准确统计一国所拥有的此类群体的数量。据公安部统计，1995 年，全国公安机关出入境管理部门查处"三非"外国人首次突破 1 万人次，此后以上升趋势为主。2011 年，这一数字达到 2 万余人次。② 据媒体报道，2005—2011 年间，各地清查"三非"外国人已近 14 万人次。③ 据公安部的保守估计，目前在中国境内的外国非正规移民已达到十几万人。④ "三非"案例中，非法居留的占 80%，恶意非法居留占 5% 左右。2011 年，北京市公安局出入境管理总队查出的外国人"三非"案件中，违法主体包括临时来华人员、三资企业人员、留学生等，涉及 100 多个国家，排名前五的分别是韩国、美国、加拿大、俄罗斯和日本，长期非法居留者以来自非洲国家为主，如尼日利亚、利比里亚和喀麦隆。⑤ 来到中国的非正规移民外国人多从事较低层次的一般劳动，试图通过非法务工而谋生，但涉嫌治安违法行为、国际性犯罪、刑事犯罪等活动的情况也逐渐增加。这些人中也有人把中国作为中转国，试图偷渡到其他国家。有些在中国生活了一段时间的偷渡者在蛇头的组织下，逐步向中国北方边境迁移，准备从蒙古人民共和国"转道"偷渡到其他国家。同时，一些来自非洲、中东国家的人想偷渡到法国、瑞典、英国等欧洲国家，他们也试图把中国作为"跳板"。⑥ "三非"外国人给中国的治安管理、出入境管理和边境安全均提出了一定挑战。

无论是中国向外的非正规移民还是向中国迁移的非正规移民，是"疏"还是"堵"以及如何"疏"和"堵"等问题，对于发展中的中国来说，亟须得到相关研究和操作实践经验。非正规移民要接受入境国相关法律的处罚并受国际条约和其他国际法律义务的限制。国际移民组织拥有对国际条约和其他国际法律研究的成果以及相关人口贩卖和偷渡数据库及信息资料，中国可以利用这些研究成

---

① 中华人民共和国主席令第五十七号，http：//www. gov. cn/flfg/2012 – 06/30/content_ 2174944. htm。

② 谢来：《"三非"外国人在华生态调查》，《国际先驱导报》2012 年第 640 期，第 9~11 版。

③ 《对外国人平等相待　才是最大的尊重》，《南京日报》2012 年第 A08 版。

④ 于志刚：《出入境刑事制裁的"假想敌"应调整》，《法制日报》2009 年第 3 版。

⑤ 张海林：《"三非"外国人清理档案》，《瞭望东方周刊》2012 年第 24 期，http：//www. lwdf. cn/wwwroot/dfzk/bwdfzk/201043/ss/255721. shtml。

⑥ 喻尘：《中国非法入境者调查：蛇头将中国视为"跳板"》，http：//news. dayoo. com/china/gb/content/2004 – 11/17/content_ 1813965. htm。

果和数据针对非正规移民问题完善相应的法律并进行有效制裁。另外，由于非正规移民牵涉不止中国一个国家，其他国家在政治、法律法规、司法方面跟中国有差异，这往往给国家间合作打击非正规移民及非正规移民的遣返上带来不少障碍。国际移民组织作为全球性专业组织，往往可以以其"人道主义权威"和"专业权威"来避免障碍，帮助国家在打击非正规移民及非正规移民的遣返问题上达成共识。因此，中国在这方面加大与国际移民组织的合作很有必要。中国更需要深化与有关国家和国际组织的合作，争取遏制非正规移民问题的进一步蔓延。

　　第三，应对大量外国人来到中国出现的移民管理问题。改革开放三十余年，中国逐步加入到移民输入国的行列，来中国学习、工作、投资、访问、旅游和寻找自己"亚洲梦"的外国人数量明显增长。在中国的外国人的数量、类型以及来源国方面都呈现出新特征。据公安部统计，自 2000 年起，居住在中国的外国人人数每年增长 10%。1980 年在华居住半年以上的常住外国人不到 2 万人，2011 年这一数字增至近 60 万人。① 就留学生而言，据教育部统计，1950 年中国接受了第一批来自东欧国家的留学生仅 33 名。从 1950 年到 1978 年的 28 年间，全国累计共接受培养的留学生有 12 800 名。② 自改革开放以来，随着中国经济社会的全面发展，来华留学生人数增加迅速。从 1979 年到 2000 年的 22 年里累计接受的各类来华留学生达到了 39.4 万。③ 进入新世纪的第一年，即 2001 年一年就达 5 万多人（1978 年在华留学生的人数仅为 1 200 余名），是中国历年来接受留学生最多的一年，相当于 50 年代到 80 年代的总和，并首次出现来华留学生总人数与中国同期出国留学生总人数基本持平的现象，均达到 35 万人。④ 2011 年，全年在华学习的外国留学人员总数首次突破 29 万人，共有来自 194 个国家和地区的 292 611 名各类来华留学人员，来华留学生总人数、生源国家和地区数、中国接收留学生单位数及中国政府奖学金生人数四项均创新中国成立以来的新高。⑤ 就外国人在华务工人员来说，据公安部统计，截至 2011 年底，有 22 万外

---

　　① 《中国政府缘何治理外国人"三非"》，http：//news. xinhuanet. com/world/2012 - 05/15/c_111958596. htm。

　　② 《教育部 2004 年第 10 次新闻发布会：通报我国来华留学工作有关情况（文字实录）》，http：//www. moe. gov. cn/publicfiles/business/htmlfiles/moe/moe_ 2271/200408/2577. html。

　　③ 《来华留学工作简介》，http：//www. moe. gov. cn/publicfiles/business/htmlfiles/moe/moe_ 850/200506/8292. html。

　　④ 《来华留学生、出国留学生人数首次基本持平》，http：//www. moe. gov. cn/publicfiles/business/htmlfiles/moe/moe_ 183/200201/1736. html。

　　⑤ 《2011 年全国来华留学生数据统计》，http：//www. moe. gov. cn/publicfiles/business/htmlfiles/moe/s5987/201202/131117. html。

国人在华就业，约占在华常住外国人总量的 37%，主要为三资企业工作人员、教师、外企驻华机构代表。① 这一数据较 6 年前在华就业的外国人人数明显增加，截至 2005 年底仅为 15 万人。② 随着中国改革开放更为深入，在中国的韩国人和非洲人日益增加，已经引起了社会的关注。目前常驻中国的韩国人数量已经达到 70 万。在这些人中，除部分留学生外，大多数以韩商或韩商家属身份来到中国，他们形成了目前中国最大的外商群体。③ 以广州为例，究竟有多少非洲人在广州？说法并不一致，有资料称官方统计数字为 2 万，有的媒体报道是 20 万。由于统计难度大，难以得出准确的数字。人们一般认为 10 万左右是可能的。④ 与中国改革开放前相比，在中国就业的外国人不再局限于北京和上海，现在各省会和稍大一些的城市都有不少外国人。就外国人出入境人次而论，据公安部统计，改革开放之初，1980 年外国人出入境只有 148 万人次。进入新世纪以来，全国出入境边防检查的出入境人次呈上升趋势。2010 年全国出入境边防检查机关共检查出入境人员 3.82 亿人次，其中外国人达 5 211.2 万人次。外国人来华人数居前十位的国家是韩国、日本、俄罗斯、美国、马来西亚、新加坡、越南、菲律宾、蒙古、加拿大。外国人来华事由分为观光休闲、访问、就业、会议商务、学习等多种。2010 年来华事由人次如下：观光休闲 1 238.2 万人次，访问 460.7 万人次，服务员工 246.3 万人次，会议商务 159.0 万人次，就业 80.7 万人次，学习 19.0 万人次，其他入境目的 408.8 万人次。⑤ 与 2010 年相比，2011 年来华外国人出入境人次、来源国以及来华事由的比重有所变化。2011 年，全国出入境边防检查机关共查验出入境人员 4.11 亿人次，同比增长 7.6%。外国人入出境共计 5 412 万人次，同比增长 3.8%。外国人来华人数居前十位的国家是韩国、日本、俄罗斯、美国、马来西亚、新加坡、越南、蒙古、菲律宾和加拿大。来华外国人中，观光休闲 1 221.8 万人次，访问 475.9 万人次，服务员工 269.3 万人次，会议商务 156.8 万人次，就业 93.1 万人次，学习 18.1 万人次，探亲访友 11.0 万人次，其他入境目的 465.1 万人次。⑥

---

① 《截至 2011 年底在华就业外国人约 22 万人》，http：//news. china. com/domestic/945/20120425/17165792. html。

② 《中国成了外国移民的乐园》，http：//view. news. qq. com/a/20070517/000028. htm。

③ 晓德、梁辉：《70 万韩国人常驻中国：加速融入中国社会》，《国际先驱导报》，http：//view. news. qq. com/a/20070517/000001. htm。

④ 《十万非洲人寻梦广州　大量移民进入宜疏不宜堵》，《非洲》，http：//world. huanqiu. com/zhuanti/2010 - 08/1011039. html。

⑤ 《2010 年我国出入境人员达 3.82 亿人次》，http：//www. mps. gov. cn/n16/n1252/n1702/n2347/2667071. html。

⑥ 《2011 年出入境人员和交通运输工具数量同比稳步增长》，http：//www. mps. gov. cn/n16/n1252/n1702/n2347/3100431. html。

　　从以上统计数据我们可以看出，在华留学生、务工的外国人及其家属等人数都在逐步增加；中国的外国人出入境人次明显增加。这些情况表明了中外交流随着中国改革开放日益增加。尽管这些情况能够说明中国对国外的吸引力明显增强，但中国从一个移民输出国逐渐向一个移民目的国转变，对移民治理能力提出新的挑战。中国还是一个移民输入国的"新手"，外来移民的管理及出入境管理方面仍需要进一步加强。作为全球移民治理领域中主要的国际移民组织，它具有大量的国家移民管理能力项目，中国加强与其合作，通过国家移民管理能力项目的开展和实施，促进中国移民治理能力的提高。此后进一步密切与国际移民组织的合作，有助于促进中国移民治理能力的提高。

　　第四，应对地区冲突可能引发的"难民潮"。东亚地区敏感性问题表现出的脆弱性可能导致大规模难民潮的涌现，从而使中国面临着极大的困境。已经发生的冲突，如2009年8月缅甸果敢地区发生冲突，引发了国内关于中国应对难民问题能力及法制的思考。2009年8月8日，缅甸军方以缓和大选威胁为由，派遣军人进入到汉人聚居的果敢地区，导致双方武装的对峙加剧。由于战事临近，气氛变得十分紧张，超过1万名汉人逃往中国。[①] 潜在的地区冲突主要表现在朝鲜半岛问题上。一旦朝韩发生冲突，大量的朝鲜难民就有可能涌入中国东北地区，如何在第一时间采取措施应对难民涌入的确应该做好防患于未然的准备。尽管中国已经有了一定的管理难民的经验——对30万印支难民的安置，但是，中国目前仍旧没有供难民申请难民身份的常设机构，亦没有相关完备的难民法律体系，这些均促使中国需要加快建立、健全难民法律体系，以应对紧急情况下的人道主义救援。难民救助涵盖了确认难民身份、提供医疗卫生服务、提供吃住地方，以及帮助难民回迁、安置等一系列内容。国际移民组织从成立至今一直与联合国难民署加强难民的人道主义救助合作，积累了较为丰富的经验。鉴于此，中国需要强化与国际移民组织的合作关系。

　　大部分国家均有外国人的移入和迁出，一些国家还扮演着过境国角色。因此，国家应建立适当的、具有前瞻性的移民管理系统，确保现有法律和条例符合当前移民现实的需要。制定适当的移民管理框架，并对负责管理移民工作的人员进行培训，[②] 这些对于加强国家的治理能力至关重要。中国已经是一个移民输出大国，同时也面临着外来移民的正规移入和非正规移入问题，移民政策上的缺失并不利于中国应对未来大规模移民潮、难民潮的到来。因此，对中国而言，无论是加大对国内外来移民管理的有效性，还是保护中国海外移民的合法权益，都需

---

① http：//news. ifeng. com/world/special/miandiandongdang/.
② 《联合国经济和社会事务部2004年报告》，ST/ESA/SER. A/235，第24页。

要强化本国移民治理能力；无论是立法上还是强化管理员队伍的整体素质，都需要学习外来经验。对于发达国家解决了几十年但仍未能从根本上解决的非正规移民问题，中国也会面临类似挑战。在"多边是重要舞台"的战略理念指导下，中国需要进一步加强与国际移民组织的合作。这一行为主要是全球移民领域的新问题、新挑战以及国际移民组织的移民治理领域组织优势等外生变量，与中国融入国际社会的需求以及面临的移民治理现实难题亟须治理等内生变量综合作用的结果。

第三节　国际移民组织与"中国移民管理能力建设项目"

一、中国移民管理能力建设一期项目的内容

"中国移民管理能力建设项目"（Capacity Building for Migration Management in China Project，简称 CBMM 中国）分为两期。"CBMM 中国"一期项目是国际移民组织在中国开展的第一个项目，总预算约为 250 万欧元，主要由欧洲委员会出资，意大利内政部和英国边境管理局分别提供了 8 万欧元和 10 万欧元的资助；国际移民组织、国际劳工组织和中国外交部、公安部、人力资源和社会保障部为项目执行方。所有参与方一起紧密工作，表明需求，确定优先领域和策划项目活动。国际移民组织于 2010 年 6 月 28 日在北京举行了"中国移民管理能力建设项目"总结会议，意味着该项目已经结束。项目旨在通过技术、信息和人员交流，增进中国和欧盟成员国对相互移民管理体制的了解和学习，加强中欧在移民领域的交流与合作。[①] 该项目主要包括以下内容:[②]

（1）制定综合的移民管理方法，包括向中方官员提供有关移民管理法律、政策和规定的培训，增强相关行政管理框架。

（2）移民管理运作体系，包括就审查旅行证件、生物测定、移民风险评估、甄别贩卖受害者、反贩卖措施对中方官员进行培训。

（3）通过考察和交流互访活动来促进双方进一步的信息共享和技术合作，例如中国和欧盟成员国之间的边境管理和反贩卖措施等问题。

---

① 《外交部国际司和国际移民组织东亚地区代表处签署〈中国移民管理能力建设项目合作谅解备忘录〉》，http：//www. mfa. gov. cn/chn/pds/wjdt/sjxw/t388591. htm。

② http：//www. ilo. org/public/english/region/asro/beijing/whatwedo/cbmm. htm。

（4）在欧洲进行关于赴欧中国移民情况的移民政策分析与研究。

（5）法律和政策回顾，就中国和欧盟的移民法律和政策进行。

（6）讨论私营就业、招聘机构的注册与登记，包括开展关于有效监管招聘机构和提高招聘机构自律能力的研讨会。

（7）在选定的非正规移民风险较高地区开展，提高意识的宣传活动。

（8）通过研讨会和论坛，邀请中方官员和欧盟的商界领袖讨论欧洲对中国劳工移民的需求。

通过上面所提到的内容我们可以看出，由欧盟出资的第一个在中国的 CBMM 项目不可避免地成为中国加强与欧盟国家在移民治理上沟通与交流的途径。中国海外移民目的国中，除美国占据首位外，欧洲国家逐步成为现代中国海外移民的主要目的国，同时中国劳务输出到欧盟国家的移民数量也在日益增加，强化双方各自移民法律政策的学习有助于中国与欧盟人员往来顺畅化及保障海外华侨的生命及财产安全。除了加强对正规途径移民的管理能力，还注意通过技术合作、信息交流等方式强化中国打击人口偷渡和贩卖的能力。同时，对非正规移民尤其是人口偷渡和贩卖问题风险性、危害性的宣传也成为强化民间对移民认知的一个重要手段。"CBMM 中国"一期项目大约有 400 名高级官员参与，且涉及 150 万潜在移民。2011 年到 2013 年，"CBMM 中国"二期项目旨在通过培训班、海外游学、政策分析和研究以及信息活动来强化第一阶段取得的成绩。这一阶段由 IOM 与 ILO 共同作为实施的合作伙伴，包括外交部、公安部、商务部、民政部共同参与。该项目主要由欧洲委员会出资 200 万。这一项目还有 7 个欧盟成员国合作伙伴，包括意大利、匈牙利、瑞典、英国、丹麦、捷克和德国。欧盟边境安全机构也参与其中。[①]

二、"CBMM 中国"一期项目合作的进程

"CBMM 中国"一期项目工作组首次会议于 2008 年 7 月 9 日在北京召开。国际移民组织和国际劳工组织的项目官员以及中国三个相关部委的领导参加了会议。与会者确定了"中国移民管理能力建设项目"以期通过加强能力建设来协助中国的移民管理领域。中方官员们介绍了中国政府移民政策的优先领域。[②] 工作组会议负责协调项目各具体活动的顺利进行，向项目提供技术支持，使产生的共识制度化，确保项目完成后的持续性以及定期共享关于项目的信息。第二次会

---

① http://www.iom.int/cms/en/sites/iom/home/where-we-work/asia-and-the-pacific/china.html.

② 工作组会议确定了 2008 年 6 月到 12 月期间"中国移民管理能力建设项目"下可开展的活动。

议于 2009 年 3 月 24 日在北京召开，中国各相关部委、国际移民组织和国际劳工组织代表参加，会议旨在促进参与各方的协调机制。① 项目合作活动主要针对以上八个方面的内容展开。本书将其分为以下五大板块，对每个板块都开展的大量活动作简要介绍。

1. 移民管理研讨会

2008 年 10 月 27 日至 28 日，国际移民组织驻华联络处在北京举办了"中国移民管理能力建设项目"框架下的首次《移民管理基础课程》研讨会。研讨会的议题包括在国际移民法、鼓励正规移民的政策中分享中国和国际治理的经验，以及努力打击包括偷渡和贩卖在内的非正规移民。研讨会使用已被国际认可的中文版《移民管理基础课程》，采用互动形式讨论当代国际移民的动态、政策和趋势。

为了对中国从主要的移民输出国转为一个移民来源国、过境国和目的国的这一变化可能带来的挑战作出回应，国际移民组织、中国外交部与人力资源和社会保障部于 2009 年 5 月 26 日至 27 日在北京联合召开了"劳务移民管理：规范合法移民，防范非正规移民研讨会"，旨在分享设立来源国和目的国的劳务移民框架的国际经验。国际移民组织和中国相关部委在研讨会总结中介绍了已明确的"31 个挑战"，包括保护移民工人，优化有组织的劳务移民的利益并成功打击非法劳务移民等。期间，研讨会介绍了预防和打击非法劳务移民的措施；介绍了国际最佳实践范例及欧盟目的国外国劳工接纳前后政策的具体经验；欧洲专家分享了瑞典新劳动法及技术工人方案、芬兰移民模式和英国积分制的相关情况。通过本次研讨会，国际移民组织支持中欧之间持续开展技术合作和对话，以促进正规移民的利益最大化。

2009 年 4 月 17 日，国际移民组织和国际劳工组织代表向欧盟成员国驻华使馆（英国、意大利、法国、葡萄牙、西班牙、保加利亚、匈牙利、瑞典和芬兰）官员及欧洲委员会驻华代表团官员介绍"CBMM 中国"项目 2009 年工作计划。法国、英国、意大利驻华使馆官员就各自即将开展的双边交流作了发言，同时承诺欧洲技术专家将参加即将进行的"中国移民管理能力建设项目"的有关活动。

2. 中欧之间移民管理交流

2008 年 11 月 2 日至 13 日，国际移民组织驻华联络处在"中国移民管理能力建设项目"框架下组织了由多个部委组成的考察团赴意大利、法国和英国考察边境管理。此次考察的目的是促进欧盟成员国和中国官员之间的交流，分享对彼此体制的了解，互相借鉴经验，并在中欧有效管理移民的行政机构间建立联系。考

---

① 国际移民组织和国际劳工组织官员就拟开展的活动时间、内容和安排作了介绍。

察议题集中在边境管理范例；接待、羁押、驱逐政策和实践；迁移和安全事务，包括生物测定和对旅行证件的检查；设计和管理政府移民官员培训项目。考察团由外交部带领，包括来自外交部、公安部以及人力资源和社会保障部的 13 位高级官员，还包括浙江省公安厅出入境管理局的负责人。此次考察团第一次以多个部委参与的方式，对移民政策和立法发展的相关移民问题、一线的边境管理方法和技术、影响正规和非正规移民的劳动力市场及其动态进行了综合考察。

2009 年 6 月 17 日至 25 日，国际移民组织驻华联络处和外交部共同组织了为期一周的中欧政府官员交流活动，讨论"中国移民管理能力建设项目"框架下的移民管理。此次交流着眼于确定今后中欧在移民管理方面的合作领域（移民政策、劳务移民、边境管理）和设立框架扩大中国与欧盟成员国之间的技术、操作和管理合作。在中国省级层面，欧洲政府官员①会见了中国福建省外办、劳动厅、公安厅、边境管理局的政府官员。福建省是中国传统意义上的一个主要的移民输出省，他们现场获取了中国移民管理工作的第一手信息，了解了本项目下阻止非正规移民宣传活动的影响。为期一周的交流访问在结束前举办了一次研讨会，中欧政府官员对扩大从中国向欧洲正规移民的合法渠道和跨境合作以打击非正规移民的实际举措进行了交流。

国际移民组织和中国公安部于 2010 年 5 月 24 日在北京举行了"欧盟和中国关于电子护照设计的技术磋商"，与会者有葡萄牙和德国的欧盟成员国专家与公安部出入境管理局官员，目的是分享欧洲和中国在制作电子护照方面的经验。负责中国第二代电子护照的中方官员介绍了中国目前相关工作的进展状况以及在生物测定和安全特征方面的成功经验。国际移民组织向中方展示了培训教材《证件：制作者的工具》，这本教材全面介绍了旅行证件设计、相关细节以及减少伪造身份证件的管理机制等情况。

2010 年 6 月 21 日至 25 日，国家人力资源和社会保障部及项目三个示范省（福建、山东、辽宁）的人力资源和社会保障部官员赴意大利罗马出席国际劳工组织召开的"中国移民能力管理建设项目研讨会"。该研讨会旨在使中意双方雇主、政府官员、劳动监察员和移民服务人员汇聚一堂，促进相互间的沟通和交流，了解意方对外来移民的需求情况，帮助中方社团更好地融入当地社会。在考察过程中，中国代表团有机会参观了意大利警务部和司法部，并跟随意大利劳动部监察局开展实地监察活动。

---

① 欧洲代表团由十二名官员组成，分别来自意大利内政部、英国边境管理局、法国警察国际技术合作局、葡萄牙边境和移民局、德国联邦移民和难民办公室及联邦警察办公室、捷克内政部和匈牙利司法及执法部。

3. 增强执法部门技术和能力以及提高执法人员素质的活动

2009 年 6 月 29 日至 30 日，国际劳工组织、人力资源和社会保障部在山东举行了为期两天的培训班。国际劳工组织顾问梅鸿女士向与会代表介绍了中国与欧盟成员国移民法律政策之间的异同。李明甫博士分析介绍了当前中国境外就业中介机构管理方面存在的问题，强调加强监察工作、制定更严格的法律法规来打击中介机构非法活动的重要性。山东省公安厅出入境管理局张世龙主任在随后的发言中对此观点也表示赞同。此次山东省劳动和社会保障厅共组织了省内 70 余名负责管理劳动力跨境就业的官员参加培训。

2010 年 3 月 2 日至 3 日，国际移民组织在北京举办了"人口拐卖受害者风险甄别"培训班。国际移民组织总干事威廉·斯温出席了培训班开幕式并致辞。培训班首次专为中国领事和移民官员开设，来自中国外交部、公安部、人力资源和社会保障部以及商务部的 40 多名高级官员参加了培训。培训班的目的是为了帮助中国政府官员加强人口拐卖受害者甄别技能、分享安全和自愿返回机制并提高对拐卖受害者的服务水平。培训由分别来自国际移民组织、国际劳工组织、英国边境管理局以及比利时的非政府组织 Payoke 的专家主持开展。IOM 总干事斯温先生在开幕式致辞中表示："通过分享中欧在此领域的相关技能，可以促进我们对彼此体制的了解，采取进一步措施加强反拐领域的国际合作。"

国际移民组织于 2010 年 5 月 17 日至 21 日在北京举行了"伪假旅行证件专家级培训"，被培训人员来自中国公安部门重要口岸的一线专家以及外交部领事部门的官员。此次培训使用了欧洲标准培训方法。培训邀请来自葡萄牙边境外国人服务局和德国刑事警察部门的欧盟成员国专家作为主讲人，他们针对如何鉴别伪假旅行证件介绍了容易使用的方法和国际通行标准，同时还介绍了如何鉴别移民偷渡并对那些被拐卖和被偷渡人员进行风险甄别。

4. 促进劳工移民的活动

该活动主要针对输出移民劳工最多的省份——福建省、山东省和辽宁省。既讨论移民劳工供给的问题，也分析移民劳工需求的问题。关于中国的移民劳工供给状况，所得出的结论有：一是加强与中介机构的沟通合作。1980—2009 年，中国拥有执照的境外就业中介机构从 4 个上升到 2 000 多个。国际劳工组织与中国相关部委紧密合作，为山东省、辽宁省和福建省的境外就业中介机构举办了四期培训班，帮助打击非正规移民，共培训了福建省、山东省和辽宁省的 224 名境外就业中介机构代表（117 个中介机构），培训内容包括国际法律和规则框架以及海外就业政策。二是锻造执法人员的素质。培训了来自福建省、山东省和辽宁省的 202 名政府官员，组织向中介机构有效地颁发经营许可证和对他们进行监督，并向 18 名外交部、人力资源和社会保障部的政府官员提供了劳务移民管理

培训。

另外，从需求方角度讨论劳务移民，国际劳工组织对中国移民在欧盟成员国的情况进行了开创性的研究，出版了《中欧法律和政策回顾》一书——综合分析中国和欧盟成员国相关移民法律和政策。国际劳工组织举办了 3 次研讨会，从需求角度讨论了英国（71 名参会者）、意大利（44 名参会者）和罗马尼亚（151 名参会者）的中国劳务移民状况，研讨会涉及来自政府机构、企业、研究机构和公民社会的中欧代表，参会者共同制订了工作计划以提高英国、意大利和罗马尼亚中国劳务移民的工作条件。其中包括：在英国的中国移民社区中，制定战略方法提高对拐卖和劳动剥削的更广泛意识；向罗马尼亚企业分发注册的中国境外就业中介机构名单；制定措施以促进意大利的中国移民更好地融入当地社会。①

5. 在选定的非正规移民风险较高地区开展提高正规移民意识的宣传活动

自 2009 年 3 月以来，国际劳工组织与人力资源和社会保障部联手在福建、山东和辽宁三省推出一系列宣传活动。截至 2009 年年底，活动涉及潜在移民数量超过 93 万人。此次宣传活动的目的是防范非正规移民，增强潜在移民对安全流动的认识。宣传对象主要侧重高风险地区的潜在移民、中介机构以及商业场所，例如机场、火车站、汽车站、码头、娱乐场所、旅馆和劳务中介机构等。宣传活动通过多种信息发放渠道进行，如电视、互联网、报纸、宣传册等，它们主要影响目标是普通民众。

2009 年 3 月至 6 月，在国际劳工组织的帮助下，福建省在厦门、泉州、南平、莆田和龙岩五个地市开展了"中国移民管理能力建设项目"的宣传活动，主题是"防范非正规移民，保护劳工权益"。宣传活动由福建省劳动和社会保障厅组织实施，并得到了各地市教育、工会和妇联等部门的大力支持。三个月中，通过开展室外宣传活动，福建省为 13 000 多人提供了安全移民的相关信息。其中 180 多人与参加宣传活动的境外就业中介机构签署了赴境外就业的意向。宣传活动中，共发放 10 000 多册境外就业宣传手册。宣传手册内容涵盖赴境外就业的申请程序，如何鉴别合法与非法境外就业中介机构，签订劳动合同需要注意的问题，中国海外领事保护以及福建省 21 家境外就业中介机构名单等。

国际劳工组织和福建省人力资源和社会保障厅联合开发了《境外就业宣传手册》，涉及私营中介机构管理、海外就业信息政策和精选案例等内容，涵盖境外就业中介合同范本、中国驻部分国家使馆电话以及离境前需掌握的境外就业知识等多方面信息。此外，为切实加强中介自律、维护劳工权益，两机构还于 2010

---

① CBMM_China_Fact_Sheets_Labour Migration，http：//www. iom. int/jahia/Jahia/activities/featured-projects/lang/en.

年 5 月 25 日至 27 日在福建省福州市，专门针对如何使用该手册召开了"防范非正规移民、规范跨境就业、保障劳工权益"培训班。

三、"CBMM 中国"一期项目合作所取得的成效

1. 强化了"国际合作"治理的共识

正如外交部国际司副司长沈永祥所言："解决移民问题是来源国、过境国和目的国的共同责任，所有国家应该进行交流和合作，扩大合法移民渠道，保护移民的合法权利，以及最大限度地打击非正规移民。"① 由于移入和移出移民的增加，中国面临着如何管理增长中的跨境人口流动的挑战。无论是政府间双边合作，如中国与欧盟某国签订移民劳工协议，还是政府间多边合作，如作为移民输出国的中国加强与移民接收国、过境国之间的沟通与协作，都将有助于增强移民治理的有效性，推动全球移民合作治理共识的发展。

2. 通过管理项目的具体活动，中欧增进了相互了解

中欧之间通过项目活动的开展分享彼此专长有助于加强中国与欧盟国家的政策对话。欧盟专家和中国对口单位合作举办的培训研讨会，涉及查验伪假旅行证件和确定拐卖受害者等内容，有助于相互学习。国际移民组织组织欧盟官员访华的活动，有助于双方更好地了解彼此的移民管理体制。在欧盟成员国中举办研讨会，从需求角度讨论欧盟的中国劳工所面临的挑战，便于中国与欧洲各国政府机构之间的政策对话。正如国际移民组织驻华联络处主任辛达培所言："主要成果之一是加强了中国和欧洲各相关部门之间的联系。中欧同事之间的紧密配合再次证明建立伙伴关系以更好地管理中国向欧洲的移民非常重要。"② 外交部国际司处长杨晓坤认为："'中国移民管理能力建设项目'考察团活动增进了中欧友谊，加深了双方的相互了解。它为未来移民领域的合作奠定了良好的基础。"③ 公安部出入境管理局副处长吕明认为："'中国移民管理能力建设项目'已经取得成功，通过紧密协商和积极参与相关活动，中国从中获益。作为结果，中国和欧盟已经提高合作，并了解到彼此更多的移民管理体制。"④

---

① CBMM_China_Fact_Sheets_Partnerships，http：//www. iom. int/jahia/Jahia/activities/featured-projects/lang/en.

② CBMM_newsletter_Jul09，http：//www. iom. int/jahia/webdav/shared/shared/mainsite/activities/regulating/CBMM_newsletter_Jul09_CHN. pdf.

③ CBMM_China_Fact_Sheets_Partnerships，http：//www. iom. int/jahia/Jahia/activities/featured-projects/lang/en.

④ CBMM_China_Fact_Sheets_Border_Management，http：//www. iom. int/jahia/Jahia/activities/featured-projects/lang/en.

3. 为中国边境管理提供了一些实践经验和政策指导

前文分析中国面临的一系列移民问题亟须移民治理的经验和法律、政策框架。该项目对有关政府官员和一线人员举办培训、考察和人员交流等活动，主要涉及领域包括边境管理模式、查验旅行证件、生物测定、移民法律和管理、甄别拐卖受害人和庇护程序等。如下表所示，通过各种培训及交流互动不仅增进了中欧双方的了解，而且对提高执法人员能力有重要意义。这些都为中国的边境管理提供了一些实用的实践经验，并对中国制定有效的移民治理政策具有指导意义。

技能、信息和人员交流①

"中国移民管理能力建设项目"边境管理活动	天数	直接受益人数
《移民管理基础课程》（EMM）培训	12	13
赴英、意和法考察边境管理	12	13
中欧交流访问	9	12（欧盟）
第一次"查验伪假旅行证件培训班"	5	33
赴葡萄牙、德国和捷克考察边境管理	13	11
风险评估和确定潜在拐卖受害者研讨会	2	40
第二次"查验伪假旅行证件培训班"	5	34
磋商欧盟—中国电子护照的设计	1	15

4. 这一系列活动促进了移民管理相关政府机构间的交流

项目活动的开展不仅有助于中国分管移民的不同部门之间的交流，而且也有助于欧盟国家移民管理部门与中国移民管理部门之间的沟通。如中国劳动部负责劳工移民、公安部负责出入境移民的签证问题等，在涉及海外中国劳工人身安全问题上，往往依赖这些部门之间的共同协作。外交部、公安部、劳动部、人力资源和社会保障部、商务部等中央政府机关都参与到这一系列活动之中，增进了部门间的信息和政策沟通。

5. 在移民输出的省份地区进行宣传活动，提高了正规移民意识

这些宣传活动有助于提高中国人对"偷渡"、"人口贩卖"危害的认知，强化正规途径移民的意识。在海外工作机会多、高福利的强大拉力下，大量中国移民通过正规和非正规的途径到国外。而那些通过非正规渠道进入目的国的移民会面临以下风险：受剥削、被强迫劳动、人口拐卖、人口偷渡、遭受暴力和其他权

---

① CBMM_China_Fact_Sheets_Border Management，http：//www.iom.int/jahia/Jahia/activities/featured-projects/lang/en.

利受到侵害，可能一"黑"到底，极不利于其权利的保障。这些宣传活动向人们传递了"安全移民"的观念，并宣传了非正规移民的高风险和危害，同时也向人们提供了目的国中国的移民政策信息。正如山东省人力资源和社会保障厅谭建国先生所言："CBMM开展了多种多样、成效显著、影响深远的活动。山东省劳务移民已有更强的能力保护其权利，并在海外旅行和就业中有更好的选择。"①

四、国际移民组织在"CBMM中国"项目上的作用

在国际移民组织和国际劳工组织的大力支持下，"CBMM中国"一期项目顺利走完了两年的历程，同时这两年也见证了中国与国际移民组织、中国与国际劳工组织、中国与欧盟等多个双边关系的逐步深化。该项目的执行与完成是一个"双赢"的过程，不仅有助于加强中欧之间的相互认识和了解，促进中欧双方在国际移民管理领域的信息和技术交流，同时也为中国与国际移民组织之间发展合作共赢关系提供了可能。

尽管该项目由国际移民组织与国际劳工组织共同提供支持，但是国际移民组织的作用是无法忽视的。从"CBMM中国"项目的签订、开展及其具体操作活动的开展直至最后得以顺利进行和完成，都离不开国际移民组织的积极参与和支持。当中国正迅速提高并发展其移民治理制度能力时，国际移民组织采取交流或培训方法以自身优势向中国推广该组织的移民治理经验，并通过各种途径包括与中国政府开展项目合作计划来向中国传达国际移民治理能力提高的重要性和紧迫性。在与中国开展的第一个合作项目中，国际移民组织是积极角色的扮演者，也是各种活动的积极倡导者、参与者。前文提到的该项目的八大内容等都是中国亟须认真对待的问题。无论是管理队伍还是移民个体自身的移民安全意识，无论是边境管理技术还是移民甄别技术，无论是中国与其他国际组织、非政府组织之间关于移民问题的合作治理还是中国与移民接收国之间的沟通与协作等，均有助于中国政府意识到增强国际移民治理能力的重要性。而国际移民组织在该项目的执行过程中开展的活动，除了针对中国中央各部委的官员举办活动之外，还在选定的非正规移民风险较高的地区与地方政府进行沟通交流并开展提高移民意识的宣传活动。由此我们可以看出，国际组织不仅仅是在试图影响一国中央政府的认知和行为，也在逐步参与提高地方政府的移民治理能力。正如前文所分析的，中央决策依旧要落实到地方层面，国际组织参与国家政府治理的进程，往往有待地方

---

① CBMM_China_Fact_Sheets_Information Campaigns，http：//www.iom.int/jahia/Jahia/activities/featured-projects/lang/en.

治理来实现。

国际移民组织和欧盟成员国将密切合作，并将继续通过提供以下技术建议协助中国提高移民管理能力：①制定标准文件：一线移民机构使用的查验程序；②新的移民法；③帮助中国开发新型电子护照；④安全的证件签发程序；⑤进行符合移民、人口偷渡和人口拐卖国际法律标准的必要法律改革。[①] 在中国迈向移民输出大国、逐步成为移民目的国和过境国的进程中，这些技术指导将有助于提高中国移民入境、出境的监管水平；有助于中国完善移民治理体系以应对已经出现、可能或将会出现的国际移民问题。

第四节　国际移民组织的移民治理实践对中国的启示

从前文论述的中国与国际移民组织的关系历程中可以看出，中国政府以积极姿态参与全球移民问题的治理。中国参与国际移民组织所倡导的多项移民治理活动，有助于推动全球移民治理的国际合作，同时也有助于中国在交往中学习借鉴国际移民治理领域的经验、教训。国际移民组织作为移民领域的一个重要国际组织，所具有的移民治理经验以及存在的不足对中国提高移民治理能力均有一定的学习和借鉴意义。立足于中国作为国际移民治理国家行为体的实际情况和本书第五章对国际移民组织参与全球移民治理情况的考察，我们可以得出以下几点对中国提高移民治理能力的有益启示。

一、在移民治理理念上：通过国际合作保护移民

在全球化时代进程中，更多国家、地区的人正在跨境迁移，越来越多的国家、地区受到移民的影响。国际移民已经不再如历史上那样相对的单一与固定，现在逐步转为多元与动态。多元体现了国际移民来源、流向与移民群体构成的多样。动态不仅指国际移民的流动性，而且指流动频率的加快、临时性停留的国际移民增多。移民与社会、经济、文化、公共安全与公共健康之间的关系日益复杂，往往会产生一系列负面结果，对国际社会的治理能力提出新的挑战。日益复杂的国际移民问题使得每个国家不可能置身于"人口跨境移民问题"之外，同时致使国家治理移民问题的"单边行动"效用已显乏力，多边合作治理的需求

---

① CBMM_China_Fact_Sheets_Border Management，http：//www. iom. int/jahia/Jahia/activities/featured - projects/lang/en.

随之增加。在此种背景下，国际移民组织顺势而为，积极倡导并参与全球移民问题治理的多边合作。国际移民组织参与国际移民治理的模式，逐步形成了以参与移民的国别治理为核心，以参与移民区域治理进程为辅助，同时"辐射"至移民全球治理的一个"同心三环"模型。在各个治理层面，国际移民组织通过不同的方式参与其中，形成国际移民组织与国家或双边或多边的合作模式。在参与国家移民治理层面，国际移民组织积极主动地为国家提供移民信息、移民政策建议并开展移民治理相关项目培训，提高国家移民治理能力。在参与全球治理层面，积极推动移民治理全球性论坛和移民治理区域磋商机制的成立，促进了国际社会对"国际移民"共有知识的形成与传播。国际移民组织能在全球移民治理领域不断发挥影响力和促进作用，与其在不同治理模式中坚持合作的理念密切相关。

国际移民问题的复杂性是所有涉及移民问题的行为体都能直接感知的。作为国家行为体需要从国际层面寻求对话与合作，而全球问题的治理需要国际合作理念的确立和合作行为的实践。国际移民问题就属于非传统性的全球问题治理。中国奉行的是独立自主的和平外交政策，一贯主张通过对话与合作的方式去解决国际问题。移民问题的国际化也会产生国家行为体之间的利益纠纷，但是通过强制性暴力和单边甚至双边方式都不足以有效解决问题。比如，2009 年 8 月缅甸国内危机造成的缅甸果敢地区难民问题，不仅影响到缅甸，而且影响到包括中国在内的周边国家。中国政府通过外交途径妥善处理了这起事件，但是对中国而言也经受了难民问题治理的考验。2011 年 10 月 5 日，发生在湄公河金三角水域的 13 名中国船员遇害事件震惊全国，举世瞩目。中国外交部立即启动应急机制，指示驻泰国使馆迅速查明情况，全力搜寻失踪中国公民的下落，做好善后等后续工作，同时要求相关国家采取切实有效措施，加强对在湄公河相关水域航行的中国船舶及船员的保护。以这一事件为契机，在中国政府的推动下，2011 年 10 月 31 日，中国、老挝、缅甸、泰国在北京举行了四国湄公河流域执法安全合作会议。2011年 12 月 10 日，中老缅泰湄公河联合巡逻执法正式启动，以共同维护和保障湄公河航运安全，促进湄公河流域经济社会发展和人员、船舶安全往来。2012 年 2 月17 日，湄公河次区域合作反拐进程第三届部长级磋商会议举行，会上提出了推动湄公河次区域 6 国打击跨国拐卖犯罪合作机制的建设，积极开展联合行动、案件侦查、缉捕和遣返犯罪嫌疑人、救助拐卖犯罪受害人等务实执法合作，分享打击拐卖犯罪经验，促进区域整体执法能力建设等合作倡议。① 这些事例都说明了

---

① 《中国 11 名船员在金三角遇害》，http：//news. xinhuanet. com/world/2011 - 10/10/c_ 122134816. htm.
《湄公河惨案大事记》，http：//society. people. com. cn/GB/17855728. html.

移民权益保护的紧迫性和复杂性，也体现了中国政府在国际移民治理问题上一贯坚持的对话合作的立场和主张。国际移民组织治理经验中合作治理的理念给中国以启示，这也是中国在移民治理实践中已经体现出来的治理理念。

二、在移民治理制度上：完善移民管理的法律法规

国际移民组织倡导和参与了全球多个移民项目建设。但是离开国家的授权，很多移民治理活动的开展都会进行不下去。诚如本书第五章所论述的"国际移民组织独立于联合国体系之外且授权不足的情况下，只能是一个项目型和开发型的国际组织，而非一个管制型或程序型国际组织，这一性质决定了它在全球移民治理上的工作行为及能力"。这是国际移民组织自身的不足之处。从国际移民组织的治理实践中，我们可以发现，要想实现有秩序移民，就需要建设相对完善的规章制度，否则在治理行为上就会出现无序状态，从而影响到移民问题的有效解决。国际移民组织面临着只能影响移民治理领域行为体却不能创制有约束力规范的情形，这既是它发展更多成员国的机遇，也是对其治理行为有效性提出的挑战。国际移民组织虽然不能做到制定有约束力的规范，但是可以不断通过修改章程的方式来"建章立制"从而有效应对外部变化，提高其国际移民治理能力。国家作为一个主权行为体，能够创设法律并通过强制力去推动有关政策的措施。但是在国际移民治理问题上面临着两个需要解决的问题：一是国内有关移民管理的相关法律法规的完善；二是对国际移民领域的国际法（如《儿童权利公约》、《难民公约》等）以及相关移民国家移民法案的认知。国际移民问题本身的复杂性带来了许多相关衍生问题：比如非正规移民（尤其是人口偷渡和贩卖）、难民人道主义救助、侵犯移民合法权益、发展中国家人才流失等。对于国家而言，要想有效应对这些问题，就必须完善立法工作，否则就会面临无法可依的情况。新问题的层出不穷对于一些新兴的移民输入国或输出国都是一个有关法律问题的新考验。国际移民问题的相互依赖性往往牵涉多个国家，而国家之间的治理能力也是不平衡的，移民问题带来的利益纠纷也客观存在，因而国家对国际法的认知以及对相关国家移民法案的理解都会对移民问题的解决产生影响。

对于中国而言，以前国际移民问题涉及更多的是输出移民问题，而现在又面临着外来移民的管理问题，同时还涉及非正规移民的移入与移出以及周边国家动荡可能引发的难民问题。从某种意义上讲，中国还是一个移民输入国的"新手"，外来移民的管理及出入境管理方面仍需要进一步加强，所以学习借鉴其他国家有关移民治理的制度建设成果有助于中国移民治理水平的提高。例如，美国有吸纳全世界优秀科技人才的《加强 21 世纪美国竞争力法》（2001 年），巴西实

施了"人才签证"移民计划吸引技术移民（2002 年），欧盟有吸引外国高技术人才的"蓝卡"计划（2009 年）。中国也同样面临着许多发展中国家所遇到的人才外流情况，在学习和借鉴的基础上，2008 年开始实施引进海外高层次人才的"千人计划"，并于 2010 年制定《国家中长期人才发展规划纲要（2010—2020年)》。完善法律法规在内的规章制度也并非照搬其他国家而是要学习和借鉴，在考虑国情和国家利益的基础上通过相关调研获取有关移民情况的数据，从而有针对性地制定相关制度。国际移民组织有相关人口贩卖和偷渡数据库及信息资料，中国可以利用这些数据在非正规移民问题领域进行相应的法律完善及治理活动。同时，对国际法的认知和理解也是国家制定移民治理制度需要考虑的一个重要内容。中国需要通过多边合作舞台去熟悉国际移民领域的相关规则，同时也要发出自己的声音去影响乃至改革一些不适应时代要求的规则体系。从国际移民组织自身授权性方面的不足所带来的对治理活动的不利影响，以及其完善章程、通过共有知识的传播去影响其他国际移民治理行为体的相关活动，我们可以看出中国完善自身移民管理制度很有必要。

三、在移民治理结构上：以政府为元治理主体吸引社会力量参与形成多元共治局面

治理结构指的是治理行为体机构设置以及权力运行的制度框架。国际移民组织在全球移民治理领域进行了大量的实践，它对移民治理结构的贡献主要表现在其自身组织结构的完善以及对全球移民治理结构的推动上。1989 年通过的章程中第 3 章第 5 款规定了组织的管理机构，它包括理事会、执行委员会与行政署。理事会、执行委员会与行政署是国际移民组织的常设机构，三者相互影响、分工协作，由行政署负责执行工作。移民治理问题是三个机构工作的中心，实现移民有秩序迁移是宗旨，这确保了国际移民组织移民治理的执行力。国际移民组织参与全球移民治理进程中，通过多边磋商机制与其他治理行为体展开合作，对全球移民治理结构的优化起到了积极作用。从目前全球移民治理的领域来看，合作虽然是治理行为体的共识主流，但是协调与合作的实践仍达不到现实的需求，全球移民治理在结构上仍然是不明晰的。虽然全球移民治理领域缺乏统一的领导，但是磋商机制开展的对话和交流往往有助于形成共识甚至促成项目的合作。以国际移民组织倡导的区域磋商机制为例，磋商机制一般是针对本区域移民问题而成立，其成立是为了探寻本地区移民问题的治理框架，促进各方力量和资源的有效整合，以形成整体合力。在实际效果上，它也在一定程度上增强了移民问题治理的有效性。

　　无论是全球层面还是国家层面，形成移民治理的合力无疑会对移民问题的有效解决起到积极作用。形成移民问题治理的合力需要国家进一步完善移民治理结构，形成以政府为元治理主体的多元共治局面。元治理（metagovernance）就是治理的治理，是对科层治理、市场治理、网络治理三种治理模式的协同组合。其意为"协调三种不同治理模式以确保它们中的最小限度的结合"①。元治理理论认为："要在多元的治理体系中协调不同力量和组织的立场，使他们达成共同的目标，国家（政府）要承担起'元治理'的角色，因为其是保证社会机制完整的责任承担者。"② 按照这一理论，国家政府应该成为移民规则的制定者、社会力量合作的主导者以及社会利益的协调者。目前中国有多个部门涉及国际移民的管理问题。从"CBMM 中国"一期项目的开展情况来看，中央机关层面涉及外交部、公安部以及人力资源和社会保障部甚至教育部等，从区域层面涉及全国各地，只是程度不同。加强各部门、各区域的协作是提高国家移民治理能力的重要途径。作为元治理的主体，政府要让各个移民管理机构在制度安排下的职权得以明确、移民服务得以改善、对社会力量参与的回应性得以提高，最终形成应对复杂移民形势的治理局面。具体而言，一方面是多个涉及移民治理的政府机构应权责明确、加强沟通，同时与社会组织加强合作，从而形成移民治理的合力，以期提供更多移民治理领域的"公共物品"；另一方面要加强信息交流，移民领域各参与方在政府主导下进行信息的交流和反馈，整合各部门、各区域的利益与责任。这就需要挖掘各个部门的潜力，充分重视自身的力量和责任。比如基层社区，在宣传移民领域的相关法律法规上、在外来移民的日常管理上都能起到很大的作用。诚然，这种元治理模式在实践中会面临诸多困难，但是这种理想模型的建设会对中国移民治理水平的提高起到重要作用。这是中国作为一个国际移民治理领域国家行为体从国际移民组织作为一个国际组织参与全球移民治理领域的实践中获得的又一有益借鉴。

四、在移民治理项目上：具体问题具体分析，确定优先领域

　　国际移民问题千头万绪，其问题结构的复杂性往往导致牵一发而动全身。在移民治理项目的选择上需要提纲挈领，"牵牛要牵牛鼻子"，把有限的移民治理资源用到关键领域。因此，移民治理项目的选择应有主次之分，如何确定有限领

---

　　① 熊节春：《政府治理新范式：元治理》，《中国行政管理学会 2010 年会暨"政府管理创新"研讨会论文集》2010 年。
　　② 丁冬汉：《从"元治理"理论视角构建服务型政府》，《海南大学学报》（人文社会科学版）2010 年第 5 期，第 19 页。

域应做到分清轻重缓急，具体问题具体分析。国际移民组织作为一个国际组织，其成长历程体现了这方面的成功之处。国际移民组织参与全球移民治理是对外部环境变化的积极应对，体现了具体问题具体分析。全球化进程是一种客观的历史进程，这一客观进程加速了国际移民迁移的频率、规模。人口在全球范围内的迁移所带来的社会问题、安全问题等挑战着国际社会的治理与应对能力。作为一个传统的移民组织，国际移民组织意识到外在环境的变化，开始主动面对这一新状况带来的新挑战，并制定新的组织发展战略。国际移民组织从 1995 年起逐步开拓了该组织的发展战略，即"走向 21 世纪的国际移民组织的战略计划"，规定了组织的四大使命和九大具体目标。国际移民组织对目标、使命的规划已经脱离了原先狭隘的区域化、单一的功能化而向移民问题治理的综合化、全球化层面靠近。国际移民组织在参与全球移民治理过程中每一时期的重点领域都在不断发生着变化。国际移民组织的资源相对于移民治理需求是很有限的，所以需要确定优先领域。以国际移民组织于 2001 年 11 月在其框架内发起的"国际移民论坛"为例，最近三年设置的主题既有连续性又不尽相同，例如，"移民与跨国主义：机遇与挑战"以及"社会与认同：国际移民的多方面影响"（2010 年）、"经济周期、人口变化与移民"以及"移民与跨国主义：机遇与挑战"（2011 年）、"危机时代下的移民：一个凸显的保护挑战"与"保护危机时代的移民：立即反应与持续战略"以及"走向安全地：复杂危机下的移民结果"（2012 年）等。在国际冲突爆发后，国际移民组织的工作重点迅速转移到难民的人道救助问题上。例如，利比亚局势动荡之后，国际移民组织迅速采取行动。当天就动用了两架飞机，将滞留在突尼斯杰尔巴岛的孟加拉国公民运往孟加拉国首都达卡。[1] 移民治理实践活动的变化除了随时间而具体调整之外，对不同区域也有所侧重。如国际移民组织展开的移民健康服务计划就向亚洲、非洲等更需要关注的区域倾斜。2009 年，国际移民组织展开了 188 项移民健康服务计划，总开销约 5 950 万美元，其中 43% 用在亚洲，38% 用在非洲。[2]

中国所面临的国际移民问题基本涵盖了移民领域的所有方面，从移民输出到非正规移民，从外来移民管理到移民融合等多个层次。虽然国家会投入更多的精力和资源，但不可否认的事实是国际移民的数量以及产生的问题也在增加，如何应对考验着中国的移民治理能力。中国的移民治理实践也要按照具体情况的变化而有的放矢地进行。目前，加强移民数据和案例收集、分析以及整理并逐步建设

---

① 《国际移民组织加速从利比亚撤离外国公民》，http：//world. people. com. cn/GB/1029/42408/14068345. html。

② IOM, MC/2294, Report of the Director General on the Work of the Organization for the Year 2009, pp. 33-35.

相应数据库是一项很重要的工作，因为这关系到制定有关移民政策时的判断依据。增强执法部门技术和能力以及提高执法人员素质也很必要，因为这涉及项目或行动开展的执行力。在此基础上，应分清楚各移民问题领域的特殊性，寻找应对之道。具体到中国的"三非移民"问题，从以专项行动为主转为以日常服务管理为主。在最大限度地遏制"三非移民"的同时，努力促进正规移民的有序流动，鼓励合法移民为目的国和来源国的经济发展作出贡献，实现双赢。具体到针对移民问题突发事件，应建立危机预警机制，提高危机管理能力，积极应对因突发事件而产生的大量流离失所者的疏散及安置。具体到针对移民劳工跨境流动问题，积极引导中介机构，保障劳工合法权益。在移民治理的实践中还应区分不同地域的工作重点。根据"CBMM 中国"一期项目的开展可以看出，活动多次涉及福建、山东和辽宁三省。这就是优先的区域，提高这些地方的移民治理水平也是全国移民治理活动的优先领域。原因在于这三省是中国输出移民劳工最多的省份，也是非正规移民风险较高的地区。在这些地区开展正规移民意识宣传以及培训这三个地方的移民管理官员不仅可以提高这些地方的移民治理水平，而且对中国移民治理水平的整体提高也有重要意义。因此，在移民治理的具体活动开展上要具体问题具体分析，确定优先领域、区域，这是中国获得的又一个重要启示。

结　语

列勃聂慈说："人人都感觉到在宇宙中所经历的一切，以使那目睹一切的人，可以从经历其他各处的事物，甚至曾经并将识别现在的事物中，解释出在时间与空间上已被移动的事物。我们是看不见一切的，但一切事物都在那里，达到无穷境。"[①] 全球在时间和空间上进行着大变革，而国际组织在全球治理进程中扮演的角色也在时空上发生着变迁。我们不可能穷尽国际组织在全球治理进程中扮演的角色，因为"我们是看不见一切的"。因此，本书对国际移民组织在全球移民治理进程中扮演角色的研究可能并不全面，但本书仍在现有研究的基础上，对国际移民组织角色转型及其在全球移民治理进程中的作用进行了历史上、理论上以及实证上的考察与探讨。

一、研究总结

国际移民组织远离国内学术研究的视野，即使有学者关注它，其作用仍受到质疑。针对这一现象，笔者提出了本书的核心问题：国际移民组织在全球移民治理进程中发挥着怎样的作用？在解决本书核心问题的过程中，本书论证了与之密切相关的两大问题——"如何发挥"及"何以能发挥"。本书通过历史探源、理论分析以及实证考察，论证了国际移民组织能够成为全球移民治理领域中一个重要的治理主体，并在全球移民治理进程中发挥了重要的影响力和作用，但并未忽视其发挥作用的限度及制约因素。

本书在以下三个论断的基础上论证了本书的核心问题：

第一，探讨争论中的全球治理理论，为之确定一个涵义，指出全球问题治理的需求，进而呼吁全球治理公共物品供给主体的多元化。全球治理为满足非传统全球问题治理的需求而兴起并成为具有广泛内涵的理论，其自身存在诸多争议。本书在陈述现有研究争议后，把全球治理定义为"目的＋手段"与"理念＋机制"的总和的一个进程，这对于合理理解和认识全球问题治理公共物品的供给有着重要的意义。本书同时指出由于全球问题治理的需求改变了传统意义上以国家

---

① 欧阳哲生主编：《胡适文集1》，北京：北京大学出版社1998年版，第20页。

为主体的全球治理公共物品供给主体，非国家行为体的作用日益凸显。

第二，国际组织能够成为一个独立的实体，积极参与全球事务的管理。在全球治理的公共物品供给上，国际关系的理论谱系对国际组织作用的考察从"国际组织是否可以促成国家为提供公共物品而开展国际合作"转为"在多大程度上能够促成"再转为"以何种方式促成"的问题，突破了传统主权国家概念图式下的治理。全球问题治理的需求要求作为全球治理重要行为体的国际组织发挥其治理功能。国际组织往往在"国家层面、国际体系层面以及全球社会层面"三个层面上发挥作用，并通过参与国家的治理（中央和地方）模式、参与区域治理模式、参与全球治理模式作为其参与到全球治理进程之中的主要模式。但我们应该明确，由于"国际组织自身的局限性、所解决的全球性问题的结构、国际社会的深层次结构即国际社会的无政府状态——缺乏一个中央权威以及国家的主权属性"等制约因素的存在致使国际组织在全球问题治理进程中发挥的作用是有限的。因此在评价国际组织参与全球治理有效性问题时，应该既要从"结果导向型"的角度，也要从"过程导向型"的角度进行客观评价。

第三，国际移民问题因其跨国性、流动性、全球性特征使其成为非传统全球性问题的一种，全球移民治理兴起。当今国际社会，国际移民带来的挑战强烈地影响着各个国家，无论是移民来源国、目的国还是过境国。如人才移民的不对称性阻碍了发展中国家经济的发展；劳动力的短缺将在未来严重束缚发达国家社会经济的持续繁荣发展；人口的跨国贩卖及偷渡成为国家安全的隐患。难民的大量出现不止影响到某个国家，他们的安置、遣返、融入等单靠某个人道主义组织或国家是无法实现的。由此可见，国际移民所带来的问题不是某一个国家所能解决的，国家、国际组织、非政府组织等治理行为体共同合作成为发挥移民治理有效性的必然要求。国际移民问题治理逐渐形成了"以国家为中心的国际移民治理与以非国家主体为主的移民治理的多元主体及其互动的复合模式"。

为了论证作为国际移民领域主要的移民组织——国际移民组织在全球移民治理进程中扮演的角色，换言之，即它发挥的作用、如何发挥作用以及为何能够发挥作用等问题，本书开展了以下几个方面的工作：

第一，本书论述了国际移民组织如何通过历史的历练及现实的能力建设使其成为全球移民治理的重要主体（扮演的角色及何以能成为全球移民治理的重要主体）。从治理的区域范围来看，经历了从欧洲向全球范围实施移民治理的转变；从功能上看，经历了一个从欧洲人口移民的后勤机构向全球移民治理的重要行为体的转变。国际移民组织角色的变化是其功能作用与责任发生变化、人道主义需求的逐步变化和国家政治经济与战略变化的现实需要，也是国际移民组织作为一个组织，其"自主性欲望"膨胀的必然结果。从现实的能力建设方面来看，国际移民组织不断从"塑造共同的价值观、开拓本组织的发展战略、不断完善本组织的组织结构、强化组织建设、增强组织的操作能力、加强学习型组织文化的建设、提高组织队伍（办公人员及专家）素养以及增强组织的专业权威"七个方面提高自身的移民治理能力，强化其作为全球移民治理领域中首要国际组织的特征。这反映了国际移民组织由"被命运"向"主动影响国家认知和行为"再向"建构国家认知和身份"的转变。

第二，进一步论述了国际移民组织如何参与全球移民治理的进程。在此进程中形成了以"参与移民的国别治理为核心，以参与移民区域治理进程为辅助，同时辐射至移民全球治理的一个'同心三环'"的全球移民治理模型。但在不具备国家所拥有的枪炮、金钱及强有力的国内法基石的情况下，国际移民组织是如何参与其中的呢？本书认为国际移民组织在不同的治理维度中通过不同的方式参与其中（如何参与治理）：在全球层面，通过参与全球性移民论坛推动全球移民共有知识的形成，加强对移民及管理移民的理解，并达成一些地区性的共识和项目；在区域层面，通过参与移民区域磋商非正式机制进而加强和正式区域组织之间的合作关系；在国家层面，通过项目计划来增强国家的移民治理能力，进而达到移民治理的效果。

第三，本书运用案例分析法，选择国际移民组织参与全球移民治理进程的典型案例，包括国际移民组织参与移民全球治理进程之伯尔尼倡议案例、国际移民组织参与亚太移民区域磋商机制案例和国际移民组织参与加纳国别移民治理案例。选择这三个案例有着特别的考虑。在本书第三章"国际移民组织参与全球移民治理进程的模式"中已经分析了该组织在国际移民全球治理、区域治理层面所呈现的相似特征——对有关国际移民问题正式机制（全球性或区域性）的参与往往是其他国际组织或国家占据更加主导性的地位，而国际移民组织仅仅是参与者，或可能成为实践的操作者。但在有关国际移民问题非正式机制的创立、发展与实践操作中，国际移民组织显示出了极大的热忱和主动性，有时往往处于主导地位。因此，前两个案例均选择了有关国际移民问题的非正式机制，试图证明无论是国家倡导的非正式机制，还是区域性移民治理机制，国际移民组织均试图扮演国际移民治理的重要主体角色并发挥了重要作用。第三个案例选择的是国际移民组织在加纳的移民治理内容，从开展的项目之中选取有代表性并富有成效的"移民健康项目"进行考察，从中可以管窥国际移民组织参与移民问题国别治理的实践活动以及发挥的作用。综合以上三个案例，我们探讨了国际移民组织参与全球移民治理的实践情况及其发挥的作用。

第四，在评估国际移民组织全球移民治理作用的时候，本书坚持以"过程导向型"的评估方式考察国际移民组织发挥影响力的有效性问题。本书认为，尽管

国际移民组织在"促进国家社会化进程、促进非政府组织参与到全球移民治理进程、保护移民个体权利以及推动全球移民治理进程"等方面起到了重要作用,但并不能忽视其发挥作用的限度问题及影响其作用发挥的制约因素:内部因素——国际移民组织机制的缺陷及改革难度较大和国际移民组织内嵌的"自由移民"和"控制移民"的悖论等;外在因素——独立于联合国体系之外、共有知识不具有国际法属性、国际移民问题结构的复杂性以及国际移民领域"主权"的强化趋势等影响了其发挥作用的限度。在未来的发展进程中,国际移民组织需要进一步巩固和强化"授予性权威、合法性权威、道义性权威以及专家权威",并利用这些权威提高其履行职能的能力,只有这样才能使其更加有效地参与全球移民问题的治理。

第五,本书论述了国际移民组织与中国的关系问题。中国是全球人口最多的国家,亦是人口向外迁移较为频繁的国家,国际移民组织如果排除与中国发展联系,当然不能使其成为国际移民问题领域中主要的或领导性的政府间组织。本书论述了双边关系发展的进程及特征,进而以中国移民管理能力建设项目作为个案分析了国际移民组织在该项目的签订、实施过程中不可或缺的作用。最后论述了国际移民组织的移民治理实践对中国移民治理的相关启示。

二、本书研究的理论思考

第一,国际移民组织的自主性问题。

国际组织的"自主性"常受到质疑,因为被国家成立以完成国家委托的任务,这一"被国家"的命运缠绕着国际组织。但更多的经验证明,国际组织已经不再仅仅是被动地完成国家委派的任务,而是逐步在与国家和其他组织之间的互动中提升了组织的自主性。"随着在国家内部与国家之间开放更多的市民和法律上的空间,主要的现代国家政府发现创立其他组织类型,或为其创造空间,让它们在国家限定的程度范围内自主运行,并承担国家不能或不想承担的任务,对现代国家政府是有益的。"[①] 国际移民组织也不例外,它是国家追求全球治理的产物,也是全球治理的重要行为体,更是全球移民治理的积极施动者。从组织自身发生的变化可以看出,国际移民组织的自主性是逐步得以扩展的。从历史发展进程看,它经历了四次更名;从区域治理范围来看,它经历了从欧洲这样一个地区行为体到全球行为体的转变;从功能上看,它经历了一个从欧洲移民的后勤机

---

① [英]巴里·布赞、理查德·利特尔著,刘德斌主译:《世界历史中的国际体系——国际关系研究的再建构》,北京:高等教育出版社 2004 年版,第 237 页。

构到全球移民治理的重要行为体的转变。在这一进程中，国际移民组织善于在无政府状态且未进行有效管理的移民领域找到实现其目标的方法。通过议题的选择（从移民与发展研究到移民政策、法律研究等）、目标的置换（从移民的迁移、难民的安置到移民论坛等）等，在历史进程中增强特定的移民治理能力，逐步成为在全球移民治理领域中的重要角色。

当然，本书强调了国际移民组织通过自身方式"演绎"着全球移民治理的内容，是其自主性增强的表现。但是本书并不希望夸大这种自主性，因为"国际组织拥有自主性的事实并不能使它们无所不能"①。这也就决定了该组织呈现的功能具有了"服务和建构"的双重属性。

第二，国际移民组织具备了一定的自主性，那么它所呈现的是服务功能还是建构功能？

国际关系理论视角下关于国际组织作用的讨论可以分为以下两种：一种是工具理性的分析方法，即无论是现实主义还是新现实主义，都把国际组织看作被动的、国家间合作的空壳。当然，在新自由制度主义看来，国际组织可以作为一个干预变量去影响国家的行为。这些理论指出主权国家创建和运作国际组织是为了建立一个更好的世界体系，有利于它们之间相互的利益交换。如基欧汉所言，这一"理性主义"方法强调了国际组织的功能主义优点，在世界政治中，国际组织通过降低由高额交易成本和不确定性带来的障碍，有助于促进协议的达成。②这是典型的理性经济学方法，它建立在国家以其国家利益优先，为了扩大效率，因此利用国际组织作为一个理性工具达到实现国家利益这一目标。这是强调国际组织的服务功能。另一种是社会学建构主义理论，认为在国家社会化进程中，国际组织也具有了独立的自主性特征，既能促进国家的合作，亦能改变国家的身份与偏好。身份变化、利益变化和行为也就因之变化和调整。国际组织是影响国家行为选择的一个关键变量，即具有建构功能。任何一种理论图式都无法说服对方接纳各自的观点，但有一定的"共识"，即都承认"国际社会的无政府状态"的基本假定，且分析过程中基本上以国家行为体为着重点。面临复杂的国际社会现象，各种理论都面临着"适当性假定"的问题，或每一种理论都无法充分解释所有的国际现象，一种国际现象可能会从多个理论视角进行阐释。

对于国际移民领域中的国际移民组织来说，它所呈现的是服务功能还是建构功能？这一组织从临时性的命运最终发展到今天，在发展进程中逐步获得了一定

---

① ［美］迈克尔·巴尼特、玛莎·费尼莫尔著，薄燕译：《为世界定规则：全球政治中的国际组织》，上海：上海人民出版社2009年版，第228页。

② ［美］罗伯特·基欧汉著，苏长和、信强等译：《霸权之后：世界政治经济中的合作与纷争》，上海：上海人民出版社2006年版，第100～101页。

的专业知识、信息资源，并通过它们来"创造"关于国际移民及其治理问题的共有知识，然后通过这些共有知识去改变国家对"移民"的偏好，改变国家对"移民与发展"的认知，把发展中国家的发展与发展中国家移民人才流失的相互关系纳入到发达国家的移民政策之中，逐步达到国际移民治理的效果。这可能并不是其成员国一开始的预期，但国际移民组织所行使的自主性行为已经很明显地在建构国家在移民领域中的共有知识，促进国际移民的有秩序迁移。故国际移民组织的建构功能十分明显。然而，国际移民治理作为国家还未试图建立国际制度去应对大规模移民流动的领域，依旧是国家牢牢把控的内容，且国际移民组织所形成的权威还不具备更广泛的影响力、持久力。所以，在参与并推动国际移民治理的进程中，国际移民组织的服务功能亦十分突出。更多的仍旧是促使国家参与到全球移民治理的讨论中来，促使国家不断提供全球治理所需要的公共物品。

然而，本书强调的是国际移民组织的作用（本书主要考察其积极作用），并不能排除国家国内政治进程对国家行为的影响。对国家行为的解释，有的从国内的政治进程出发，有的从国际环境着眼，有的则兼而有之。在移民领域，在大多数情况下，外在环境仅仅是国家行为变化的催化剂，国内相当数量的本土居民对外来移民的仇视、敌意情绪往往因为外来移民的增加而逐渐提升，反移民的倾向日益严峻，往往会促使国家制定更为严格的移民控制政策。因此，国际移民组织在推动国际移民的全球治理上较国家更为积极主动。当然对于国家而言，由于发达国家均面临着老龄化的困境，所以过于苛刻的移民控制政策并不利于解决国内这一问题，控制与吸纳之间的悖论将会继续存在。当国内压力过于严峻的时候，国家往往会借助外部力量作为干预变量来缓解国内压力。参与国际组织关于移民问题的讨论，通过与其他国家之间加强移民问题合作等方式有助于减缓民众反对移民的压力，故国家会或被动地或主动地参与全球移民治理。由此来看，国际移民组织应该充分利用这种情况，不断地促使国际移民共有知识和规范的传播、内化。

第三，国家是自动接受国际组织建构的共有知识的吗？能否把国家（特别是某些大国）的身影从国际移民问题这个笼统领域中显影出来，以探究当今国际政治的复杂现实？

全球问题治理的需求为全球治理的公共物品的供给制造了外部压力，并为国际组织发挥其自身功能提供了条件，国际组织也的确在全球移民治理中发挥了一定作用。但这并不意味着国际组织推崇的全球治理共有知识是完全被国家认可和接纳的，也不能说明国家是自动接受国际组织主动建构的共有知识的。在全球性问题日益增多且影响急剧扩散的情况下，国际组织在推动全球问题治理理念的形成过程中，也是国家或主动或被动接纳理念的过程。国家发展进程各异、国家大小不同、国家对国际义务与责任的认知度差异较大等特性，决定了不同国家在全球问题治理上的态度、行为也各不相同。同样，国家在接纳国际组织主动建构的共有知识上也有着明显的差异。例如，国际移民问题结构上国家承担的角色各异、移民问题上的不对称性并不利于国际组织推广其建构的共有知识。尽管大国具备各种优势使其往往充当了全球问题治理的主导者与引领者，但大国常常根据全球性问题结构的复杂性及成本——利益计算后的国家利益而实施其外交行为，从而导致大国主导着全球问题治理的进程与结果。国际组织的行为也很难剥离大国的身影，大国强权的烙印是很明显的。

尽管国际移民问题呈现出了与经济贸易领域、政治安全领域、货币金融领域不同的特质，但是，如果说 UN、WTO、IMF 依旧无法摆脱大国的身影，那么，国际移民组织的移民治理作用的凸显并不能说明其已经超越了国家尤其是某些大国的限制。国际移民组织的总干事国籍来源、经费来源具有美国"情结"，由此看来，美国对该组织的间接、直接影响都会存在，即使国际移民组织宣称它的人道主义倾向更为明显。正如本书所指出的，国际移民组织如果想成为一个影响力广泛的国际组织，应该不断地代表全人类的整体利益和公共利益。因此，从现实主义角度而言，国际组织在全球问题治理上的作用，既然无法逃离大国的身影，就不得不退而求其次，尽力说服国家参与到全球问题治理的讨论中来，积极促使国家为全球问题治理提供公共物品。

国际政治的复杂性更多地表现为影响力、能力广泛的国际组织与主权国家之间的"合作与纷争"的社会现实。国际移民组织作为一个特殊的政府间机构，它所具有的影响力与实践操作能力可能并不足以很好地证明国际组织在全球问题治理进程中的地位与作用。因此，本书选择的对国际移民组织进行的个案研究，在对国际组织参与全球问题治理进程中促使国家提供公共物品、或自身提供公共物品的假设验证，或许并不能较好地说明国际组织的现实功效和国际政治的复杂现实。国际移民组织自身所具有的影响力、能力及其自身的组织架构并不能使其成为能够考察、验证成员国"遵约"和"违约"行为的一个非常显著的政府间机构，或许从类似于联合国这样具有广泛影响力且在人类所关注的重要领域的政府间机构才能更好地说明本书的立论前提。由此而论，本书选择的国际移民组织的个案也只能是对国际政治现实的客观描述，并非全面描述。

第四，国际组织的"病态"问题。

这一话题的讨论并未引来更多学者的关注，大多数学者注重的是国际组织在国际社会中产生的"正能量"。然而，在国际组织开展全球性问题治理的进程中，也有负面效应的一面。美国学者迈克尔·巴尼特、玛莎·费尼莫尔在他们合著的《为世界定规则：全球政治中的国际组织》一书中提到了国际组织，尤其

是联合国难民署出现的"病态"一面，如联合国难民署在开展难民遣返工作中，往往忽视难民自身的情感需求，使难民由"自愿遣返"向"被强迫遣返"转变。由此看来，国际组织开展的工作并不是完美无缺的，它们在开展具体的治理活动中形成了一种官僚化的工作模式，从而使其工作呈现出一种程序化、官僚化的态势，而这种态势对其治理活动效果却产生了一些负面效应。本书主要探讨的是国际移民组织参与全球移民问题治理的历史、理论与实践问题，尤其强调了该组织传递的"正能量"，即着重探讨的是它的积极作用。国际移民组织在移民治理的实践活动中是否会有某些"病态"症状，有待进一步考证。对于学者来说，关注国际组织的这一特征有助于较为客观、全面地认知特定国际组织的发展历程。

第五，全球移民治理制度的建设问题。

国际移民问题的治理在未来将会显得更加关键和迫切。所以，全球移民问题治理仍旧是一个亟须从理论和实践上认真对待的问题，其中全球移民治理制度的建设或将成为一个主要内容。由于本书着重研究国际移民组织及其在全球移民治理进程中的作用，因此，并未过多阐述全球移民治理制度的建设问题。但本书在论述过程中，仍强调了全球移民治理制度建设存在的复杂性及目前实现的不可能性。即使全球移民治理制度得以建立，但由于缺乏等级制的结构来把国际移民各方面具体问题的制度安排融合成一体，将导致各独立行为体之间必然存在某些缝隙和重叠。在此种情况下，我们没有理由期望制度建设能为全球问题治理提供一个简单而全面的解决方案。

全球移民治理制度的讨论还只是停留在多个与移民相关的组织对全球移民治理现状的诊断、进行全球移民治理必要性等理论上的探讨；而将理论应用于实践并有效地促进国际移民有秩序迁移的前景依旧黯淡。尽管各种国际移民问题的现实为全球移民治理制度的建立提供了可能性，但世界各国、各民族平等和睦相处、互通有无、取长补短的全球化是一种很遥远的理想。国际移民问题的治理领域中不存在使一切行为者的期望都趋于一致的规范和规则，只是保证主要行为者能参与对话的机制。但是，即使不能从根本上解决问题，在对话机制中，国家的移民态度受到某种程度上的监督，从而使国际移民问题尽可能得到完善的认知及解决。作为一个进程的全球移民治理仍旧是国际社会各行为体不断尝试的过程。由此，以全人类福祉为宗旨的任何促进国际移民有秩序迁移的努力都应当被看作国际社会积极的举动，而且只有更好地了解那些国际社会曾经做过的有效或收效不足的尝试，我们才不会在未来促进全球移民有序迁移及其治理制度建设的道路上彷徨不决，而是毅然前行。

参考文献

一、中文译著

1. ［美］阿诺德·沃尔弗斯著，于铁军译：《纷争与协作——国际政治论集》，北京：世界知识出版社 2006 年版。

2. ［英］阿诺德·托因比著，维罗尼卡·M. 托因比合编，劳景素译：《欧洲的重组》，上海：上海译文出版社 1981 年版。

3. ［英］阿诺德·托因比主编，关仪、郑玉质译：《第二次世界大战史大全》，上海：上海译文出版社 1995 年版。

4. ［美］爱德华·C. 勒克著，裴因、邹用九译：《美国政治与国际组织》，北京：新华出版社 2001 年版。

5. ［美］埃利诺·奥斯特罗姆著，余逊达、陈旭东等译：《公共事物的治理之道：集体行动制度的演进》，上海：上海三联书店 2000 年版。

6. ［英］安东尼·吉登斯著，周红云译：《失控的世界：全球化如何重塑我们的生活》，南昌：江西人民出版社 2001 年版。

7. ［英］安东尼·吉登斯著，郭忠华编：《全球时代的民族国家：古登斯讲演录》，南京：江苏人民出版社 2010 年版。

8. ［美］安妮·O. 克鲁格编，黄理平、彭利平、刘军等译：《作为国际组织的 WTO》，上海：上海人民出版社 2002 年版。

9. ［美］安·赛德曼、罗伯特·赛德曼著，冯玉军、俞飞译：《发展进程中的国家和法律：第三世界问题的解决和制度变革》，北京：法律出版社 2006 年版。

10. ［英］巴里·布赞著，刘永涛译：《美国和诸大国：21 世纪的世界政治》，上海：上海人民出版社 2007 年版。

11. ［英］巴里·布赞、理查德·利特尔著，刘德斌主译：《世界历史中的国际体系——国际关系研究的再建构》，北京：高等教育出版社 2004 年版。

12. ［美］保罗·甘乃迪著，刘若飞译：《挑战世纪：二十一世纪的前景与中国的未来》，呼伦贝尔：内蒙古文化出版社 1998 年版。

13. ［美］彼得·卡赞斯坦主编，宋伟，刘铁娃译：《国家安全的文化：世界政治中的规范与认同》，北京：北京大学出版社 2009 年版。

14. ［美］彼得·卡赞斯坦、罗伯特·基欧汉、斯蒂芬·克拉斯纳编，秦亚青、苏长和、门洪华、魏玲译：《世界政治理论的探索与争鸣》，上海：上海人民出版社 2006 年版。

15. ［美］布鲁斯·琼斯、卡洛斯·帕斯夸尔、斯蒂芬·约翰·斯特德曼著，秦亚青译：《 权力与责任：构建跨国威胁时代的国际秩序》，北京：世界知识出版社 2009 年版。

16. ［美］查尔斯·金德尔伯格著，宋承先、洪文达译：《1919—1939 年的世界经济萧条》，上海：上海译文出版社 1986 年版。

17. ［美］达恩·海瑞格尔、约翰·W. 斯洛柯姆著，邱伟年译：《组织行为学》，北京：北京大学出版社 2010 年版。

18. ［英］戴维·赫尔德、安东尼·麦克格鲁主编，王生才译：《全球化理论：研究路径与理论论争》，北京：社会科学文献出版社 2009 年版。

19. ［英］戴维·赫尔德、安东尼·麦克格鲁编，曹荣湘、龙虎等译：《治理全球化：权力、权威与全球治理》，北京：社会科学文献出版社 2004 年版。

20. ［英］戴维·赫尔德等著，杨雪冬等译：《全球大变革：全球化时代的政治、经济与文化》，北京：社会科学文献出版社 2001 年版。

21. ［英］戴维·赫尔德著，胡伟等译：《民主与全球秩序：从现代国家到世界主义治理》，上海：上海人民出版社 2003 年版。

22. 邓正来、［美］J. C. 亚历山大主编：《国家与公民社会——一种社会理论的研究路径》，北京：中央编译出版社 1999 年版。

23. ［英］大卫·A. 鲍德温主编，肖欢容译：《新现实主义和新自由主义》，杭州：浙江人民出版社 2001 年版。

24. ［美］弗朗西斯·福山著，黄胜强、许铭原译：《国家构建：21 世纪的国家治理与世界秩序》，北京：中国社会科学出版社 2007 年版。

25. ［俄］戈尔巴乔夫基金会编，赵国顺等译：《全球化的边界：当代发展的难题》，北京：中央编译出版社 2008 年版。

26. ［美］盖瑞·J. 米勒著，王勇等译：《管理困境——科层的政治经济学》，上海：上海人民出版社 2002 年版。

27. ［美］汉斯·摩根索著，徐昕、郝望等译：《国家间政治：权力斗争与和平》，北京：北京大学出版社 2006 年版。

28. ［英］赫德利·布尔著，张小明译：《无政府社会——世界政治秩序研究》，北京：世界知识出版社 2003 年版。

29. ［美］科斯、诺思、威廉姆森等著，［法］克洛德·梅纳尔编，刘刚等译：《制度、契约与组织——从新制度经济学角度的透视》，北京：经济科学出版社 2003 年版。

30. ［美］肯尼思·华尔兹著，信强译：《国际政治理论》，上海：上海人民出版社 2003 年版。

31. ［美］理查德·M. 西尔特、詹姆斯·G. 马奇著，李强译：《企业行为理论》（第 2 版），北京：中国人民大学出版社 2008 年版。

32. ［美］莉萨·马丁、贝思·西蒙斯编，黄仁伟、蔡鹏鸿等译：《国际制度》，上海：上海人民出版社 2006 年版。

33. ［加］刘易斯·波利、威廉·科尔曼主编，曹荣湘等译：《全球秩序：剧变世界中的机构、制度与自主性》，北京：社会科学文献出版社 2009 年版。

34. ［美］罗宾·科恩、保罗·肯尼迪著，文军等译：《全球社会学》，北京：社会科学文献出版社 2001 年版。

35. ［美］罗伯特·基欧汉、约瑟夫·奈著，门洪华译：《权力与相互依赖》（第 3 版），北京：北京大学出版社 2002 年版。

36. ［美］罗伯特·基欧汉著，门洪华译：《局部全球化世界中的自由主义、权力与治理》，北京：北京大学出版社 2004 年版。

37. ［美］罗伯特·基欧汉著，郭树勇译：《新现实主义及其批判》，北京：北京大学出版社 2002 年版。

38. ［美］罗伯特·基欧汉著，苏长和、信强等译：《霸权之后：世界政治经济中的合作与纷争》，上海：上海人民出版社 2006 年版。

39. ［美］罗伯特·基欧汉、海伦·米尔纳著，姜鹏等译：《国际化与国内政治》，北京：北京大学出版社 2003 年版。

40. ［美］罗伯特·吉尔平著，武军等译：《世界政治中的战争与变革》，北京：中国人民大学出版社 1994 年版。

41. ［美］罗伯特·吉尔平，杨宇光等译：《国际关系政治经济学》，上海：上海人民出版社 2006 年版。

42. ［加］罗伯特·杰克逊、乔格·索伦森著，吴勇、宋德星译：《国际关系理论与方法》，天津：天津人民出版社 2008 年版。

43. ［美］罗伯特·杰维斯著，李少军、杨少华、官志雄译：《系统效应：政治与社会生活中的复杂性》，上海：上海人民出版社 2008 年版。

44. ［美］罗伯特·殷著，周海涛等译：《案例研究设计与方法》，重庆：重庆大学出版社 2004 年版。

45. ［美］玛格丽特·E. 凯克、凯瑟琳·辛金克著，韩召颖、孙英丽译：

《超越国界的活动家：国际政治中的倡议网络》，北京：北京大学出版社 2005 年版。

46. ［德］马克思·韦伯著，阎克文译：《经济与社会》，上海：上海人民出版社 2010 年版。

47. ［美］玛莎·费丽莫著，袁正清译：《国际社会中的国家利益》，杭州：浙江人民出版社 2001 年版。

48. ［美］迈克尔·巴尼特、玛莎·费尼莫尔著，薄燕译：《为世界定规则：全球政治中的国际组织》，上海：上海人民出版社 2009 年版。

49. ［美］马丁·N. 麦格著，祖力亚提·司马义译：《族群社会学》（第 6 版），北京：华夏出版社 2007 年版。

50. ［美］曼瑟·奥尔森著，苏长和、嵇飞等译：《权力与繁荣》，上海：上海人民出版社 2005 年版。

51. ［美］曼瑟尔·奥尔森著，陈郁、郭宇峰、李崇新译：《集体行动的逻辑》，上海：上海人民出版社 1995 年版。

52. ［美］梅尔·格托夫著，贾宗谊译：《人类关注的全球政治》，北京：新华出版社 2000 年版。

53. 美国国家情报委员会编，中国现代国际关系研究院美国研究所译：《全球趋势：2025 转型的世界》，北京：时事出版社 2009 年版。

54. ［美］塞缪尔·亨廷顿著，程克雄译：《谁是美国人?》，北京：新华出版社 2010 年版。

55. ［美］塞缪尔·亨廷顿著，周琪等译：《文明的冲突与世界秩序的重建》，北京：新华出版社 2010 年版。

56. ［美］斯蒂芬·范埃弗拉著，陈琪译：《政治学研究方法指南》，北京：北京大学出版社 2006 年版。

57. ［英］瓦尔·卡尔松、什里达特·兰法尔主编，赵仲强等译：《天涯成比邻——全球治理委员会的报告》，北京：中国对外翻译出版公司 1995 年版。

58. ［美］西摩·马丁·李普塞特著，张绍宗译：《政治人：政治的社会基础》，上海：上海人民出版社 1997 年版。

59. ［日］星野昭吉著，刘小林、张胜军译：《全球政治学：全球化进程中的变动、冲突、治理与和平》，北京：新华出版社 2000 年版。

60. ［日］星野昭吉著，刘小林、梁云祥译：《全球化时代的世界政治：世界政治的行为主体与结构》，北京：社会科学文献出版社 2004 年版。

61. ［美］熊玠著，余逊达、张铁军译：《无政府状态与世界秩序》，杭州：浙江人民出版社 2001 年版。

62. ［美］入江昭著，刘青、颜子龙、李静阁译：《全球共同体：国际组织在当代世界形成中的角色》，北京：社会科学文献出版社 2009 年版。

63. ［美］亚历山大·温特著，秦亚青译：《国际政治的社会理论》，上海：上海人民出版社 2000 年版。

64. ［美］约翰·鲁杰著，苏长和等译：《多边主义》，杭州：浙江人民出版社 2003 年版。

65. ［美］约翰·罗尔克编著，宋伟等译：《世界舞台上的国际政治》（第 9 版），北京：北京大学出版社 2005 年版。

66. ［美］约瑟夫·S. 奈、约翰·D. 唐纳胡主编，王勇等译：《全球化世界的治理》，北京：世界知识出版社 2003 年版。

67. ［美］约瑟夫·S. 奈著，门洪华译：《硬权力与软权力》，北京：北京大学出版社 2005 年版。

68. ［美］詹姆斯·N. 罗西瑙主编，张胜军等译：《没有政府的治理——世界政治中的秩序与变革》，南昌：江西人民出版社 2001 年版。

69. ［美］詹姆斯·多尔蒂、小罗伯特·普法尔茨格拉夫著，阎学通、陈寒溪等译：《争论中的国际关系理论》（第 5 版），北京：世界知识出版社 2003 年版。

70. ［美］詹姆斯·马奇、马丁·舒尔茨、周雪光著，童根兴译：《规则的动态演变：成文组织规则的变化》，上海：上海人民出版社 2005 年版。

71. ［美］詹姆斯·马亚尔著，胡雨谭译：《世界政治》，南京：江苏人民出版社 2004 年版。

72. ［美］詹姆斯·S. 科尔曼著，邓方译：《社会理论的基础》，北京：社会科学文献出版社 1999 年版。

73. ［美］朱迪斯·戈尔茨坦、罗伯特·基欧汉编，刘东国、于军译：《观念与外交政策》，北京：北京大学出版社 2005 年版。

二、中文著作

1. 蔡拓等著：《全球性问题与当代国际关系》，天津：天津人民出版社 2002 年版。

2. 蔡拓主编：《全球治理与中国公共事务管理的变革》，天津：天津人民出版社 2005 年版。

3. 蔡拓：《全球化与政治的转型》，北京：北京大学出版社 2007 年版。

4. 蔡拓执行主编：《中国学者论全球化与自主》，重庆：重庆出版社 2008

年版。

5. 陈玉刚：《国家与超国家》，上海：上海人民出版社 2001 年版。

6. 孙宽平、滕世华：《全球化与全球治理》，长沙：湖南人民出版社 2003 年版。

7. 何增科主编：《公民社会与第三部门》，北京：社会科学文献出版社 2000 年版。

8. 贺兵、盛洪生主编：《当代国际关系中的"第三者"：非政府组织问题研究》，北京：时事出版社 2004 年版。

9. 李惠斌主编：《全球化与公民社会》，桂林：广西师范大学出版社 2003 年版。

10. 李慎明、王逸舟主编：《全球政治与安全报告》（2009），北京：社会科学文献出版社 2009 年版。

11. 李少军主编：《当代全球问题》，杭州：浙江人民出版社 2006 年版。

12. 李少军：《国际关系学研究方法》，北京：中国社会科学出版社 2008 年版。

13. 李少军：《国际政治学概论》，上海：上海人民出版社 2002 年版。

14. 罗红波编：《移民与全球化》，北京：社会科学文献出版社 2006 年版。

15. 刘国福选编翻译：《移民法：国际文件与案例选编》，北京：中国经济出版社 2009 年版。

16. 刘贞晔著：《国际政治领域中的非政府组织：一种互动关系的分析》，天津：天津人民出版社 2005 年版。

17. 刘少杰主编：《国外社会学理论》，北京：高等教育出版社 2006 年版。

18. 陆忠伟主编：《非传统安全论》，北京：时事出版社 2003 年版。

19. 吕振宇：《公共物品供给与竞争嵌入》，北京：经济科学出版社 2010 年版。

20. 倪世雄等著：《当代西方国际关系理论》，上海：复旦大学出版社 2001 年版。

21. 潘忠岐主编：《多边治理与国际秩序》，上海：上海人民出版社 2006 年版。

22. 秦亚青主编：《理性与国际合作》，北京：世界知识出版社 2008 年版。

23. 秦亚青著：《权力·制度·文化》，北京：北京大学出版社 2005 年版。

24. 秦亚青主编：《文化与国际社会》，北京：世界知识出版社 2006 年版。

25. 饶戈平主编：《全球化进程中的国际组织》，北京：北京大学出版社 2005 年版。

26. 邵鹏著：《全球治理：理论与实践》，长春：吉林出版集团有限责任公司 2010 年版。

27. 宋秀琚：《国际合作理论：批判与建构》，北京：世界知识出版社 2006 年版。

28. 宋全成：《欧洲移民研究：20 世纪的欧洲移民进程与欧洲移民问题化》，济南：山东大学出版社 2007 年版。

29. 孙宽平、滕世华：《全球化与全球治理》，长沙：湖南人民出版社 2003 年版。

30. 苏长和：《全球公共问题与国际合作：一种制度的分析》，上海：上海人民出版社 2000 年版。

31. 田野：《国际关系中的制度选择：一种交易成本的视角》，上海：上海人民出版社 2006 年版。

32. 吴显庆、李琪珍等：《国际公共事务管理》，广州：华南理工大学出版社 2007 年版。

33. 王德春：《联合国善后救济总署与中国（1945—1947）》，北京：人民出版社 2004 年版。

34. 王磊：《公共产品供给主体选择与变迁的制度经济学分析：一个理论分析框架及在中国的应用》，北京：经济科学出版社 2009 年版。

35. 王杰、张海滨、张志洲主编：《全球治理中的国际非政府组织》，北京：北京大学出版社 2004 年版。

36. 王杰主编：《国际机制论》，北京：新华出版社 2002 年版。

37. 王缉思总主编，庞中英主编：《中国学者看世界——全球治理卷》，北京：新世界出版社 2007 年版。

38. 王缉思：《国际政治的理性思考》，北京：北京大学出版社 2006 年版。

39. 王绳祖主编：《国际关系史》，北京：世界知识出版社 1995 年版。

40. 王逸舟：《西方国际政治学：历史与理论》，上海：上海人民出版社 1998 年版。

41. 王逸舟：《探寻全球主义国际关系》，北京：北京大学出版社 2005 年版。

42. 王逸舟主编：《全球化时代的国际安全》，上海：上海人民出版社 2000 年版。

43. 翁里：《国际移民法理论与实践》，北京：法律出版社 2001 年版。

44. 薛晓源、陈家刚主编：《全球化与新制度主义》，北京：社会科学文献出版社 2004 年版。

45. 徐军华：《非法移民的法律控制问题》，武汉：华中科技大学出版社 2007

年版。

46. 夏建平：《认同与国际合作》，北京：世界知识出版社 2006 年版。

47. 阎学通、阎梁：《国际关系分析》，北京：北京大学出版社 2008 年版。

48. 阎学通、孙学峰：《国际关系研究实用方法》，北京：人民出版社 2001 年版。

49. 仪名海：《20 世纪国际组织》，北京：北京广播学院出版社 2003 年版。

50. 郁阳刚主编：《组织行为学》，北京：清华大学出版社 2010 年版。

51. 于永达编著：《国际组织学》，北京：清华大学出版社 2006 年版。

52. 杨洁勉主编：《国际体系转型和多边组织发展：中国的应对和抉择》，北京：时事出版社 2007 年版。

53. 杨雪冬：《全球化：西方理论前沿》，北京：社会科学文献出版社 2002 年版。

54. 叶江：《全球治理与中国的大国战略转型》，北京：时事出版社 2010 年版。

55. 叶宗奎、王杏芳主编：《国际组织概论》，北京：中国人民大学出版社 2001 年版。

56. 俞可平主编：《全球化：全球治理》，北京：社会科学文献出版社 2003 年版。

57. 俞可平主编：《治理与善治》，北京：社会科学文献出版社 2000 年版。

58. 俞正樑、陈玉刚、苏长和：《21 世纪全球政治范式》，上海：复旦大学出版社 2005 年版。

59. 俞正樑等著：《全球化时代的国际关系》，上海：复旦大学出版社 2005 年版。

60. 袁正清：《国际政治理论的社会学转向：建构主义研究》，上海：上海人民出版社 2005 年版。

61. 曾令良、余敏友主编：《全球化时代的国际法——基础、结构与挑战》，武汉：武汉大学出版社 2005 年版。

62. 张贵洪编著：《国际组织与国际关系》，杭州：浙江大学出版社 2004 年版。

63. 郑安光：《从国际政治到世界社会》，南京：南京大学出版社 2009 年版。

64. 赵可金：《全球公民社会与民族国家》，上海：上海三联书店 2008 年版。

三、中文论文（内含译文）

1. ［法］彼埃尔·德·塞纳克朗著，凤兮、陈思译：《国际组织与全球化的挑战者》，《国际社会科学杂志》2002 年第 4 期。

2. 薄燕：《作为官僚机构的国际组织——评〈为世界定规则：全球政治中的国际组织〉》，《外交评论》2008 年第 3 期。

3. 白云真：《全球治理问题研究的回顾与前瞻》，《教学与研究》2007 年第 4 期。

4. 陈志强、赵梓晴：《德国移民问题的形成与治理》，《上海商学院学报》2010 年第 2 期。

5. 陈志强：《全球化语境下的欧洲化移民治理困境》，《华东经济管理》2010 年第 10 期。

6. 程又中：《对"中国加入国际社会"的阐释》，《教学与研究》2004 年第 10 期。

7. 丁强：《国际联盟、南森与国际难民法的发展（1921—1930）》，《苏州科技学院学报》（社会科学版）2009 年第 3 期。

8. 丁强：《对 1933 年〈关于难民国际地位的公约〉的历史考察》，《历史教学》2009 年第 12 期。

9. 段小平：《全球治理民主化研究》，中共中央党校博士学位论文，2008 年。

10. 高尚涛：《规范的含义与作用分析》，《国际政治研究》2006 年第 4 期。

11. 郭树永：《国际政治社会学初探》，《世界经济与政治》2001 年第 11 期。

12. 何慧：《论联合国难民署的历史地位与现实作用》，《国际论坛》2004 年第 6 卷第 4 期。

13. 鸿鸣：《中国非正规移民问题探析》，《中央民族大学学报》（哲学社会科学版）2010 年第 5 期。

14. 惠耕田：《限制权力，为规范开辟空间——克氏规范建构主义研究》，《国际政治研究》2005 年第 4 期。

15. 晋继勇：《全球公共卫生治理中的国际机制分析》，复旦大学博士学位论文，2009 年。

16. 李少军：《论国际关系中的案例研究法》，《当代亚太》2008 年第 3 期。

17. ［美］罗伯特·基欧汉、约瑟夫·奈著，门洪华、王大为译：《多边合作的俱乐部模式与世界贸易组织：关于民主合法性问题的探讨》，《世界经济与政治》2001 年第 12 期。

18. 李明欢：《国际移民：全球化时代的重要课题》，《东南学术》2005 年第 4 期。

19. 李红：《国际组织的责任》，中国政法大学博士学位论文，2006 年。

20. 李其荣：《近年来国内外学术界对国际难民问题的研究》，《南洋问题研究》2009 年第 2 期。

21. 林胜：《"非法移民"一词辨析》，《世界民族》2009 年第 3 期。

22. 刘志云：《国际机制理论与国际法的发展》，《现代国际关系》2004 年第 10 期。

23. 刘宏松：《国际组织的自主性行为：两种理论视角及其比较》，《外交评论》2006 年第 3 期。

24. 刘宏松：《国际防扩散体系中的非正式机制》，复旦大学博士学位论文，2007 年。

25. 刘宏松：《国际组织与非传统性公共安全问题的国际治理》，《上海行政学院学报》2006 年第 3 期。

26. 蔺雪春：《全球环境话语与联合国全球环境治理机制相互关系研究》，山东大学博士论文，2008 年。

27. 刘贞晔：《国家的社会化、非政府组织及其理论解释范式》，《世界经济与政治》2005 年第 1 期。

28. 陆立军：《试论联合国在国际移民问题中的作用》，中国政法大学硕士学位论文，2008 年。

29. 鲁巧玲：《政府间国际组织的发展演变规律初探》，青岛大学法学院硕士学位论文，2005 年。

30. ［美］迈克尔·巴内特、玛莎·芬尼摩尔，刘东译：《政治、权力与国际组织的病征》，《国际论坛》2001 年第 6 期。

31. 门洪华：《论国际机制的合法性》，《国际政治研究》2002 年第 1 期。

32. 门洪华：《对国际机制理论主要流派的批评》，《世界经济与政治》2000 年第 3 期。

33. 门洪华：《国际机制的有效性与局限性》，《美国研究》2001 年第 4 期。

34. 苗红妮：《国际社会理论与英国学派的发展》，外交学院博士学位论文，2005 年。

35. 秦亚青：《建构主义：思想渊源、理论流派与学术理念》，《国际政治研究》2006 年第 3 期。

36. 秦亚青：《层次分析法与国际关系研究》，《欧洲》1998 年第 3 期。

37. 秦亚青：《国际体系的无政府性》，《美国研究》2001 年第 2 期。

38. 秦亚青：《国际制度与国际合作——反思新自由制度主义》，《外交学院学报》1998 年第 1 期。

39. 秦亚青：《新现实主义和新自由主义：从论争到趋同—第三次国际关系学理辩论的终结》，《国际论坛》2001 年第 3 期。

40. 戚洪国：《国际合作的制度取向——罗伯特基欧汉政治思想研究》，吉林大学博士学位论文，2007 年。

41. 丘立本：《国际移民趋势、学术前沿动向与华侨华人研究》，《华侨华人历史研究》2007 年第 3 期。

42. 让—马克·柯伊考著，刘北成译：《国际组织与国际合法性：制约、问题与可能性》，《国际社会科学杂志》（中文版）2002 年第 4 期。

43. 石刚：《全球非法移民问题综述》，《国际资料信息》2004 年第 5 期。

44. 孙辉、禹昱：《国际政府组织与全球治理》，《同济大学学报》（社会科学版）2004 年第 15 卷第 5 期。

45. 王德春：《联合国善后救济总署的诞生及其使命》，《世界历史》2004 年第 5 期。

46. 王彩波、曾水英：《移民难题、公共治理与政策选择——全球化背景下的欧盟移民问题探析》，《河南社会科学》2008 年第 2 期。

47. 王云芳：《走向有效的多边主义》，中国政法大学博士学位论文，2007 年。

48. 王诗宗：《治理理论的内在矛盾及其出路》，《哲学研究》2008 年第 2 期。

49. 王玉玮：《论难民不推回原则》，中国政法大学硕士学位论文，2001 年。

50. 王显峰：《当代中国非法移民研究》，暨南大学博士学位论文，2005 年。

51. 吴兴唐：《众说纷纭的"全球治理"》，《红旗文稿》2010 年第 16 期。

52. 吴娟：《全球治理与政府治理的互动及其分析——兼论全球治理影响下的中国政府治理转型》，中国政法大学硕士学位论文，2006 年。

53. 文峰：《欧盟非法移民治理研究》，暨南大学博士学位论文，2010 年。

54. 吴化：《全球化与中国非法移民问题的治理》，《太平洋学报》2007 年第 12 期。

55. 夏建平：《认同与国际合作》，华中师范大学博士学位论文，2006 年。

56. 徐军华：《非法移民的法律控制》，华中科技大学博士学位论文，2005 年。

57. 徐越倩：《治理的兴起与国家角色的转型》，浙江大学博士学位论文，2009 年。

58. 杨校敏：《战后欧洲犹太难民问题研究》，河南大学硕士学位论文，2007 年。

59. 于海洋：《规范与国际组织——以联合国在前年发展目标中的作用为例》，复旦大学硕士学位论文，2009 年。

60. 于营：《全球化时代的国际机制研究》，吉林大学博士学位论文，2008 年。

61. 张丽华：《国家和国际组织的权力功能比较分析》，《学习与探索》2010 年第 1 期。

62. 张丽华：《在国家和国际组织互动中重塑国家利益》，《社会科学战线》2009 年第 6 期。

63. 张胜军：《国际政治与国际政治的功能主义分析》，《国际政治研究》1998 年第 1 期。

64. 张振江：《米特兰尼的国际合作思想及其对东亚合作的启示》，《外交评论》2009 年第 2 期。

65. 周聿峨：《试析国际移民组织与中国的关系》，《东南亚研究》2005 年第 1 期。

66. 周云飞、周云章、潘鑫：《公共治理评价指标：国际组织的实践及对我国的启示》，《理论导刊》2009 年第 1 期。

四、英文书籍

1. Alexander Betts eds. , *Global Migration Governance*, Oxford：Oxford University College, 2010.

2. Anna Triandafyllidou, Thanos Maroukis, *Migrant Smuggling*, England：Palgrave Macmillan, 2012.

3. Antoine Pécoud, Paul F. A. Guchteneire eds. , *Migration without Borders：Essays on the Free Movement of People*, UNESCO/Berghahn Books, 2007.

4. Andreas Schloenhardt, *Migrant Smuggling：Illegal Migration and Organized Crime in Australia and Organized Crime in Australia and the Asia Pacific Region*, Netherland：Brill Academic Publishers, 2003.

5. Arthur A. Stein, *Why Nations Cooperate：Circumstance and Choice in International Relations*, Ithaca and New York：Cornell University Press, 1990.

6. Bimal Ghosh ed. , *Managing Migration：Time for a New International Regime?* Oxford：Oxford University Press, 2000.

7. Barbara Bogusz, Ryszard Cholewinski, Adam Cygan, Erika Szyszczak eds. , *Ir-

regular Migration and Human Rights: *Theoretical*, *European and International* Perspectives, Netherland: Martinus Nijhoff Publishers, 2004.

8. Yves Beigbeder, *The Role and Status of International Humanitarian Volunteers and Organizations*: *The Right and Duty to Humanitarian Assistance*, Netherland: Martinus Nijhoff Publishers, 1991.

9. Bernard Ryan, Valsamis Mitsilegas, eds. , *Extraterritorial Immigration Control*: *Legal Challenges*, Netherland: Martinus Nijhoff Publishers, 2010.

10. Breitman Richard, Alan M. Kraut, *American Refugee Policy and European Jewry*, 1933 – 1945, Bloomington: Indiana University Press, 1987.

11. Caroline B. Brettell and James F. Hollifield eds. , *Migration Theory*: *Talking across Disciplines*, Oxford: Routledge, 2000.

12. Ducasse-Rogier, *The International Organizatin for Migration* (1951 – 2001), Geneva: IOM, 2001.

13. Dani Ele Joly ed. , *International Migration in the New Millennium*: *Global Movement and Settlement*, Aldershot ; Burlington, VT: Ashgate, 2004.

14. Elaine Padilla, Peter C. Phan eds. , *Contemporary Issues of Migration and Theology*, New York: Palgrave Macmillan, 2013.

15. Elspeth Guild, Joanne van Selm eds. , *International Migration and Security* : *Opportunities and Challenges*, USA and Canada: Routledge, 2005.

16. Emanuel Adler, Michael Barnett eds. , *Security Communities*, England: Cambridge University Press, 1998.

17. Ernst B. Haas, *Beyond the Nation-State*: *Functionalism and International Organization*, California: Stanford University Press, 1964.

18. Friedrich Kratochwil Edward D. Mansfield, *International Grganization and Global Governance*, Beijing: Peking University Press, 2007.

19. George Warren, *The Development of United States Participation in Inter-Governmental Efforts to Resolve Refugee Problems*, Mimeo, 1967.

20. Gil Loescher, *Beyond Charity*: *International Cooperation and the Global Refugee Crisis*, Oxford: Oxford University Press, 1993.

21. Gil Loescher, *The UNHCR and World Politics*: *A Perilous Path*, Oxford: Oxford University Press, 2001.

22. Gil Loescher, A. Betts, James Milner, *The United Nations High Commissioner for Refugees* (*UNHCR*): *The Politics and Practice of Refugee Protection into the Twenty-first Century*, London: Routledge, 2008.

23. Hatton Timothy J. , Jeffrey G. Williamson, *The Age of Mass Migration: Causes and Impact*, New York: Oxford University Press, 1998.

24. Julian Huxley, H. J. Leski, W. Arnold Forster, *When Hostilities Cease: Papers on Relief and Reconstruction Prepared for the Fabian Society*, London: V. Gollancz Ltd. , 1943.

25. Ian Goldin, Kenneth A. Reinert, *Globalization for Development: Trade, Finance, Aid, Migration and Policy*, World Bank Publications, 2007.

26. Joseph Chamie, *International Migration and Development—Continuing the Dialogue: Legal and Policy Perspectives*, Geneva: IOM, 2008.

27. Joel P. Trachtman, *The International Law of Economic Migration: Toward the Fourth Freedom*, Kalamazoo: W. E. Upjohn Institute for Employment Research, 2009.

28. J. Ernesto López Córdova, Alexandra Olmedo, *International Remittances and Development : Existing Evidence, Policies and Recommendations*, Buenos Aires: Inter-American Development Bank, 2006.

29. Knowles Valerie, *Strangers At Our Gates: Canadian Immigration and Immigration Policy*, 1540 – 1997, Toronto: Dundurn Press, 1997.

30. Louise W. Holborn, *Refugees: A Problem of Our Time: The Work of the United Nations High Commissioner for Refugees*, 1951 – 1972, Metuchen: The Scarecrow Press, 1975.

31. Marrus Michael R. , *the Unwanted: European Refugees from the First World War through the Cold War*, Philadelphia: Temple University Press, 2002.

32. Melissa Curley, Siu-lun Wong eds. , *Security and Migration in Asia: The Dynamics of Securitisation*, Oxford: Routledge, 2008.

33. Michael Barnett, Martha Finnemore, *Rules for the World: International Organizations in Global Politics*, Ithaca: Cornell University Press, 2004.

34. Michael Bommes, Ewa Morawska eds. , *International Migration Research: Constructions, Comissions, and the Promises of Interdisciplinarity*, Aldershot, Hants, England; Burlington, VT: Ashgate Publishing, 2005. .

35. Myron Weiner ed. , *International Migration and Security*, Colorado: Westview Press, 1993.

36. Ngaire Woods, *Good Governance in International Organizations*, *Global Governance in a Turbulunt Word*, London: Cambridge University Press, 2000.

37. Philip L. Martin, Susan Forbes Martin, Patrick Weil, eds. , *Managing Migration: The Promise of Cooperation*, Kentucky: Lexington Books, 2006.

38. Pieter Jan Bouman, *The Refugee Problem in Western Germany*, Netherland: Martinus Nijhoff Publishers, 1950.

39. Robert V. Bartlett, Priya A. Kurian, Madhu Malik eds., *International Organizations and Environmental Policy*, America: Praeger, 1995.

40. Robert O. Keohane, *International Institutions and State Power: Essays in International Relations Theory*, Boulder, Colorado: Westview Press, 1989.

41. Roland Vaubel, Thomas Willett eds., *Political Economy of International Organizations. A Public Choice Approach*, Boulder, Colorado: Westview Press. 1991.

42. Robin Cohen ed., *The Cambridge Survey of World Migration*, Cambridge: Cambridge University Press, 1995.

43. R. Rotte, M. Volger, K. F. Zimmermann, *South-North Refugee Migration: Lessons for Development Cooperation*, London: Centre for Economic Policy Research, 1997.

44. Seyla Benhabib, Judith Resnik, eds., *Migrations and Mobilities: Citizenship, Borders, and Gender*, New York and London: New York University Press, 2009.

45. Stephen Castles, Mark J. Miller, *The Age of Migration: International Population Movement in the Modern World*, New York: The Guilford Press, 2003.

46. Sir John Hope Simpson, *The Refugee Problem*, London: Oxford University Press, 1939.

47. Slobodan Djaji Ц ed., *International Migration: Trends, Policies, and Economic Impact*, London, New York : Routledge, 2001.

48. T. Alexander Aleinikoff, Vincent Chetail eds., *Migration and International Legal Norms*, Hague: T. M. C. Asser Press, 2003.

49. Tony Kuschner, Katharine Knox, *Refugees in an Age of Genocide: Global, National, and Local Perspectives during the Twentieth Century*, Oxford: Routledge, 1999.

50. Woodbridge George, *UNRRA: The History of the United Nations Relief and Rehabilitation Administration*, New York: Columbia University Press, 1950.

五、英文论文

1. Alexander Andreev, To What Extent are International Organization (IOS) Autonomous Actors World Politics? http: //www. democraticyouth. net/ uploads/issues_ library/Transcending_ the_ State. pdf.

2. Alexander Wendt, Structure-Agent Problem in International Relations Theory, *International Organization*, Vol. 41, No. 3, 1987.

3. Alexandru Grigorescu, Horizontal Accountability in Intergovernmental Organizations, *Ethics & International Affairs*, Vol. 22, Issue3, 2008.

4. Andrew Cortell, James Davis, How Do International in stitutions Matter? The Domestic Impact of International Rules and Norms, *International Studies Quarterly*, Vol. 40, No. 4, 1996.

5. Cristina Cattaneo, International Migration, the Brain Drain and Poverty: A Cross-country Analysis, *The World Economy*, Vol. 32, Issue 8, 2009.

6. Daniel Nielson, Michael Tierney, Delegation to International Organizations: Agency Theory and World Bank Environmental Reform, *International Organization*, Vol. 57, No. 2, 2003.

7. Dennis Gallagher, The Evolution of the International Refugee System, *International Migration Review*, Vol. 23, No. 3, 1989.

8. Donald C. Blaisdell, United States Representation at International Organizations, *Public Administration Review*, Vol. 14, No. 2, 1954.

9. Douglas S. Massey, Economic Development and International Migration in Comparative Perspective, *Population and Development Review*, Vol. 14, No. 3, 1988.

10. Edward Marks, Internationally Assisted Migration: ICEM Rounds out Five Years of Resettlement, *International Organization*, Vol. 11, No. 3, 1957.

11. Elie Jérôme, The Historical Roots of Cooperation between the UN High Commissioner for Refugees and the International Organization for Migration, *Global Governance*, Vol. 16, Issue 3, 2010.

12. Elfan Rees, The Refugee Problem: Joint Responsibility, *Annals of the American Academy of Political and Social Science*, International Co-operation for Social Welfare—A New Reality, Vol. 329, May 1960.

13. Francesca Bettio and Tushar K. Nandi, Evidence on Women Trafficked for Sexual Exploitation: A Rights based Analysis, *Europe Journal Law Econimic*, Vol. 29, 2010.

14. Friedrich Kratochwil, John Gerard Ruggie, International Organization: A State of the Art on an Art of the State, *International Organization*, Vol. 40, No. 4, 1986.

15. Gayl D. Ness, Steven R. Brechin, Bridging the Gap: International Organizations as Organizations, *International Organization*, Vol. 42, No. 2, 1988.

16. Graeme Hugo, Environmental Concerns and International Migration, *International Migration Review*, Vol. 30, No. 1, 1996.

17. Hania Zlotnik, International Migration 1965 – 1996: An Overview, *Population*

and Development Review, Vol. 24, No. 3, 1998.

18. Hélène Pellerin, Economic Integration and Security: New Key Factors in Managing International Migration, *Immigration and Refugee Policy*, Vol. 10, No. 6, 2004.

19. Hungdah Chiu, Succession in International Organisations, *The International and Comparative Law Quarterly*, Vol. 14, No. 1, 1965.

20. Intergovernmental Committee for European Migration, *International Organization*, Vol. 7, No. 1, 1953.

21. Intergovernmental Committee for European Migration, *International Organization*, Vol. 8, No. 3, 1954.

22. Intergovernmental Committee for European Migration, *International Organization*, Vol. 9, No. 2, 1955.

23. Intergovernmental Committee for European Migration, *International Organization*, Vol. 10, No. 2, 1956.

24. Intergovernmental Committee for European Migration, *International Organization*, Vol. 11, No. 2, 1957.

25. Intergovernmental Committee for European Migration, *International Organization*, Vol. 12, No. 2, 1958.

26. Intergovernmental Committee for European Migration, *International Organization*, Vol. 13, No. 2, 1959.

27. Intergovernmental Committee for European Migration, *International Organization*, Vol. 14, No. 1, 1960.

28. Intergovernmental Committee for European Migration, *International Organization*, Vol. 15, No. 1, 1961.

29. Intergovernmental Committee for European Migration, *International Organization*, Vol. 16, No. 3, 1962.

30. Intergovernmental Committee for European Migration, *International Organization*, Vol. 17, No. 3, 1963.

31. Intergovernmental Committee for European Migration, *International Organization*, Vol. 18, No. 3, 1964.

32. J. Martin Rochester, The Rise and Fall of International Organization as a Field of Study, *International Organization*, Vol. 40, No. 4, 1986.

33. Jagdish N. Bhagwati, Borders beyond Control, *Foreign Affairs*, Vol. 82, Issue1, 2003.

34. James C. Hathaway, the Evolution of Refugee Status International Law: 1920 – 1950,

International and Comparative Law Quarterly, Vol. 33, No. 2, 1984.

35. Jér·me Elie, the Historical Roots of Cooperation between the UNHCR and IOM, *Global Governance*, Vol. 16, Issue 3, 2010.

36. Jon Pevehouse, Bruce Russett, Democratic International Governmental Organizations Promote Peace, *International Organization*, Vol. 60, No. 4, 2006.

37. Kiho Cha, Humanitarian Intervention by Regional Organizations Under the Charter of the United Nations, *Seton Hall Journal of Diplomacy and International Relations*, 2002.

38. Kathleen Newland, The Governance of International Migration: Mechanisms, Processes, and Institutions, *Global Governance*, Vol. 16, Issue 3, 2010.

39. Louise W. Holborn, The League of Nations and the Refugee Problem, *Annals of the American Academy of Political and Social Science*, Vol. 203, 1939.

40. Martha Finnemore, International Organizations as Teachers of Norms: The United Nations Educational, Scientific, and Cultural Organization and Science Policy, *International Organization*, Vol. 47, No. 4, 1993.

41. Maitre J. L. Rubinstein, The Refugee Problem, International Affairs, *Royal Institute of International Affairs* 1931 – 1939, Vol. 15, No. 5, 1936.

42. Maruja M. B. Asis, Recent Trends in International Migration in Asia and the Pacific, *Asia-Pacific Population Journal*, Vol. 20, No. 3, 2005.

43. Mary M. Kritz, Time for a National Discussion on Immigration, *International Migration Review*, Vol. 36, No. 1, 2002.

44. Miles Kahler, Organization and Cooperation: International Institutions and Policy Coordination, *Journal of Public Policy*, Vol. 8, No. 3/4, 1988.

45. Miriam Feldblum, Passage-Making and Service Creation in International Migration, *International Studies Association* 40th Annual Convention, Washington, D. C, 1999.

46. Michael Barnett, Martha Finnemore, The Politics, Power and Pathologies in International Organizations, *International Organization*, Vol. 53, No. 4, 1999.

47. Michael J. Gilligan, The Transactions Cost Approach to Understanding, International Institutions: An Intellectual Legacy of Robert O. Keohane, 2005, http://www. princeton. edu/ ~ hmilner/Conference_ files/KEOHANE/gilligan. pdf.

48. Ninette Kelley, International Refugee Protection Challenges and Opportunities, *International Journal of Refugee Law*, Vol. 19, Issue3, 2007.

49. Patrick Murphy Malin, The Refugee: A Problem for International Organization, *International Organization*, Vol. 1, No. 3, 1947.

50. Paul Ingram, Nasty, Brutish and Long: The Survival and Failure of Inter-Governmental Organizations, 1815 – 2000, 2006, http: //www-personal. umich. edu/ ~ janavs/ ingram. pdf.

51. Peter J. Katzenstein, Robert O. Keohane, Stephen D. Krasner, International Organization and the Study of World Politics, *International Organization*, International Organization at Fifty: Exploration and Contestation in the Study of *World Politics*, Vol. 52, No. 4, 1998.

52. Randall Hansen, An Assessment of Principal Regional Consultative Processes on Migration, *IOM*, No. 38, 2010.

53. Phil Orchard, Displacement, Institutional Development and the Normative Environment: The Case of the League of Nations and the United Nations, *Paper to be Presented at the International Conference on Refugees and International Law: The Challenge of Protection*, 2006.

54. Paul Ingram, Nasty, Brutish and Long: The Survival and Failure of Inter-Governmental Organizations, 1815 – 2000, 2006.

55. Richard Perruchoud, From the Intergovernmental Committee for European Migration to the International Organization for Migration, *International Journal of Refugee Law*, Vol. 1, Issue 4, 1989.

56. Rey Koslowski, Global Mobility and the Quest for an International Migration Regime, Conference on International Migration and Development: Continuing the Dialogue—Legal and Policy Perspectives, *the Center for Migration Studies (CMS) and the International Organizationfor Migration* (IOM), 2008.

57. Rieko Karatani, How History Separated Refugee and Migrant Regimes: In Search of their Institutional Origins, *International Journal of Refugee Law*, Vol. 17, Issue 3, 2005.

58. Robert H. Johnson, International Politics and the Structure of International Organization: The Case of UNRRA, *World Politics*, Vol. 3, No. 4, 1951.

59. Robert O. Keohane, Joseph S. Nye Jr. , Globalization: What's New? What's Not (And So What?) , *Foreign Policy*, No. 118, 2000.

60. Robert O. Keohane, International Institutions: Can Interdependence Work? *Foreign Policy*, Special Edition: Frontiers of Knowledge, No. 110, 1998.

61. Ronaldo Munc, K. , Globalization, Governance and Migration: An Introduction, *Third World Quarterly*, Vol. 29, No. 7, 2008.

62. Saskia Sassen, Regulating Immigration in a Global Age: A New Policy Land-

scape, *Parallax*, Vol. 11, No. 1, 2005.

63. Stephen Castles, Why Migration Policies Fail, *Ethnic and Racial Studies*, Vol. 27, No. 2, 2004.

64. Stanley Hoffmann, The Role of International Organization: Limits and Possibilities, *International Organization*, Vol. 10, No. 3, 1956.

65. Stanley Hoffmann, Obstinate or Obsolete? The Fate of the Nation-State and the Case of Western Europe, Tradition and Change, *Daedalus*, Vol. 95, No. 3, 1966.

66. Susan Martin, Climate Change, Migration, and Governance, *Global Governance*, Vol. 16, Issue 3, 2010.

67. Vera Micheles Dean, European Power Politics and the Refugee Problem, *Annals of the American Academy of Political and Social Science*, *Refugees*, Vol. 203, 1939.

68. W. A. Cornelius, Death at the Border: Efficacy and Unintended Consequences of US Migration Control Policy, *Population and Development Review*, Vol. 27, No. 4, 2001.

69. Walter Adams, Extent and Nature of the World Refugee Problem, *Annals of the American Academy of Political and Social Science*, *Refugees*, Vol. 203, 1939.

70. Yoram Z. Haftel, Alexander Thompson, the Independence of International Organizations: Concept and Applications, *The Journal of Conflict Resolution*, Vol. 50, No. 2, 2006.

六、相关文件报告

(一) IOM 报告 (主要是进入 21 世纪之后的报告)

IOM 宪章:

1. No. 2807, 1953. Constitution of the Intergovernmental Committee for European Migration.

2. 1987 Constitution Amendments of the Constitution of 1953. United Nations — Treaty Series 1955, Vol. 207.

3. Constitution of IOM.

总干事报告:

1. MC/2006 – Report of the Director General on the Work of the Organization for the Year 1999.

2. MC/2042 – Report of the Director General on the Work of the Organization for the Year 2000 – Part I.

3. MC/2042 – Report of the Director General on the Work of the Organization for the Year 2000 – Part II.

4. MC/2080 – Report of the Director General on the Work of the Organization for the Year 2001.

5. MC/2114 – Report of the Director General on the Work of the Organization for the Year 2002.

6. MC/2141 – Report of the Director General on the Work of the Organization for the Year 2003.

7. MC/2173 – Report of the Director General on the Work of the Organization for the Year 2004.

8. MC/2197 – Report of the Director General on the Work of the Organization for the Year 2005.

9. MC/2224 – Report of the Director General on the Work of the Organization for the Year 2006.

10. MC/2255 – Report of the Director General on the Work of the Organization for the Year 2007.

11. MC/2278 – Report of the Director General on the Work of the Organization for the Year 2008.

12. MC/2294 – Report of the Director General on the Work of the Organization for the Year 2009.

13. MC/2314 – Report of the Director General on the Work of the Organization for the Year 2010.

14. MC/2346 – Report of the Director General on the Work of the Organization for the Year 2011.

15. MC/2377 – Report of the Director General on the Work of the Organization for the Year 2012.

理事会决议：

1. MC/2019 – Council Resolutions 80th Session, 4 December 2000.

2. MC/2034 – Council Resolutions 81st (Special) Session, 11 June 2001.

3. MC/2057 – Council Resolutions 82nd Session, 7 December 2001.

4. MC/2068 – Council Resolutions 83rd (Special) Session, 11 June 2002.

5. MC/2095 – Council Resolutions 84th Session, 11 December 2002.

6. MC/2108 – Council Resolutions 85th (Special) Session, 19 June 2003.

7. MC/2124 – Council Resolutions 86th Session, 3 December 2003.

8. MC/2135 – Council Resolutions 87th（Special）Session, 11 June 2004.

9. MC/2151 – Council Resolutions 88th Session, 14 December 2004.

10. MC/2167 – Council Resolutions 89th（Special）Session, 13 June 2005.

11. MC/2184 – Council Resolutions 90th Session, 20 December 2005.

12. MC/2194 – Council Resolutions 91st（Special）Session, 13 June 2006.

13. MC/2208 – Council Resolutions 92nd Session, 15 December 2006.

14. MC/2218 – Council Resolutions 93rd（Special）Session, 19 June 2007.

15. MC/2237 – Council Resolutions 94th Session, 4 December 2007.

16. MC/2249 – Council Resolutions 95th（Special）Session, 19 June 2008.

17. MC/2264 – Council Resolutions 96th Session, 16 December 2008.

18. MC/2272 – Council Resolutions 97th（Special）Session, 30 June 2009.

19. MC/2288 – Council Resolutions 98th Session, 30 November 2009.

20. MC/2308 – Council Resolutions 99th Session, 8 December 2010.

21. MC/2340 – Council Resolutions 100th Session, 9 December 2011.

22. MC/2362 – Council Resolutions 101st Session, 8 December 2012.

23. MC/2371 – Council Resolutions 102nd（Special）Session, 24 June 2013.

理事会报告:

1. MC/2033 – Council Report 81st（Special）Session, 7 June 2001.

2. MC/2067 – Council Report 83rd（Special）Session, 5 June 2002.

3. MC/2097/Rev. 1 – Council Report 84th Session, 2-4 December 2002.

4. MC/2110/Rev. 1 – Council Report 85th（Special）Session, 13 June 2003.

5. MC/2126/Rev. 1 – Council Report 86th Session, 18 – 21 November 2003.

6. MC/2137/Rev. 1 – Council Report 87th（Special）Session, 4 June 2004.

7. MC/2153/Rev. 1 – Council Report 89th Session, 30 November to 3 December 2004.

8. MC/2169/Rev. 1 – Council Report 89th（Special）Session, 9 June 2005.

9. MC/2186/Rev. 1 – Council Report 90th Session, 29 November to 2 December 2005.

10. MC/2198/Rev. 1 – Council Report 91st（Special）Session, 8 June 2006.

11. MC/2210/Rev. 1 – Council Report 92nd Session, 28 November to 1 December 2006.

12. MC/2220/Rev. 1 – Council Report 93rd（Special）Session, 7 June 2007.

13. MC/2239/Rev. 1 – Council Report 94th Session, 27 to 30 November 2007.

14. MC/2251/Rev. 1 – Council Report 95th（Special）Session, 18 June 2008.

15. MC/2266/Rev. 1 – Council Report 96th Session, 2 to 5 December 2008.

16. MC/2274/Rev. 1 – Council Report 97th (Special) Session, 29 June 2009.

17. MC/2290 – Council Report 98th Session, 22 to 26 November 2009.

18. MC/2310/Rev. 1 – Council Report 99th Session, 29 November to 2 December 2010.

19. MC/2342/Rev. 1 – Council Report 100th Session, 5 to 7 December 2011.

20. MC/2373 – Draft Report of the 102nd (Special) Council, 10 July 2003.

执委会报告:

1. MC/2007 – EXCOM Report 97th Session, 13 September 2000.

2. MC/2043 – EXCOM Report 98th Session, 29 June 2001.

3. MC/2081 – EXCOM Report 99th Session, 27 June 2002.

4. MC/2115 – EXCOM Report 100th Session, 14 July 2003.

5. MC/2142 – EXCOM Report 101st Session, 2 June 2004.

6. MC/2174 – EXCOM Report 102nd Session, 4 July 2005.

7. MC/2201 – EXCOM Report 103rd Session, 26 June 2006.

8. MC/2225 – EXCOM Report 104th Session, 5 July 2007.

9. MC/2256 – EXCOM Report 105th Session, 27 June 2008.

10. MC/2279 – EXCOM Report 106th Session, 16 July 2009.

11. MC/2295 – EXCOM Report 107th Session, 1 July 2010.

12. MC/2315 – EXCOM Report 108th Session, 29 June 2011.

13. MC/2347 – EXCOM Report 109th Session, 3 July 2012.

14. MC/2378 – EXCOM Report 110th Session, 1 July 2013.

财政报告:

1. MC2005, MC/2005 – Financial Report for the Year Ended 31 December 1999.

2. MC/2041/Part I – Financial Report for the Year Ended 31 December 2000 – Part 1.

MC/2041/Part II – Financial Report for the Year Ended 31 December 2000 – Part 2.

3. MC/2079 – Financial Report for the Year Ended 31 December 2001.

4. MC/2113 – Financial Report for the Year Ended 31 December 2002.

5. MC/2140 – Financial Report for the Year Ended 31 December 2003.

6. MC/2172 – Financial Report for the Year Ended 31 December 2004.

7. MC/2196 – Financial Report for the Year Ended 31 December 2005.

8. MC/2223 – Financial Report for the Year Ended 31 December 2006.

9. MC/2254 – Financial Report for the Year Ended 31 December 2007.

10. MC/2277 – Financial Report for the Year Ended 31 December 2008.

11. MC/2293 – Financial Report for the Year Ended 31 December 2009.

12. MC/2313 – Financial Report for the Year Ended 31 December 2010.

13. MC/2345 – Financial Report for the Year Ended 31 December 2011.

14. MC/2376 – Financial Report for the Year Ended 31 December 2012.

计划与预算报告：

1. MC/2010 – Programme and Budget for 2001 – Part I.

MC/2010 – Programme and Budget for 2001 – Part II.

2. MC/2049 – Programme and Budget for 2002 – Part I.

MC/2049 – Programme and Budget for 2002 – Part II.

3. MC/2083 – Programme and Budget for 2003.

4. MC/2117 – Programme and Budget for 2004.

5. MC/2144 – Programme and Budget for 2005.

6. MC/2176 – Programme and Budget for 2006.

7. MC/2203 – Programme and Budget for 2007.

8. MC/2227 – Programme and Budget for 2008.

9. MC/2258 – Programme and Budget for 2009.

10. MC/2281 – Programme and Budget for 2010.

11. MC/2297 – Programme and Budget for 2011.

12. MC/2317 – Programme and Budget for 2012.

13. MC/2349 – Programme and Budget for 2013.

移民报告：

1. IOM, World Migration Report 2000.

2. IOM, World Migration Report 2003：Managing Migration—Challenges and Responses for People on the Move.

3. IOM, World Migration Report 2005：Costs and Benefits of International Migration.

4. IOM, World Migration Report 2008：Managing Labour Mobility in the Evolving Global. Economy.

5. IOM, World Migration Report 2010：The Future of Migration：Building Capacities for Change.

6. IOM, World Migration Report 2011：Communicating Effectively about Migration.

7. IOM, World Migration Report 2013：Migrant Well-being and Development.

(二) UNHCR 报告

1. UNHCR, IDP Working Group Internally Displaced Persons in Iraq, Update 24 March 2008.

2. UNHCR, Assessment Report of the Conference Process (1996 – 2000), A Joint Document of UNHCR and IOM, 2000.

3. UNHCR, Refugee Protection and Human Trafficking Selected Legal Reference Materials First Edition, December 2008.

4. UNHCR, MOU-IOM Memorandum of Understanding Organization for Migration (IOM) and the United Nations Development Programme (UNDP) Regarding the Operational Aspects of the Darfur Community Peace and Stability Fund (DCPSF) in Sudan.

5. Memorandum of Understanding between the United Nations High Commissioner for Refugees and the International Organization for Migration, 15 May 1997.

(三) UN 报告

1. World Economic and Social Survey 2004: International Migration. Sales No. E. 04. II. C. 3.

2. Economic and Social Survey of Asia and Pacific 2006: Energizing the Global Economy. Sales No. E. 06. II. F. 10.

3. World Economic and Social Survey 2007: Development in an Ageing World. E/2007/50/Rev. 1ST/ESA/314.

4. World Economic and Social Survey 2008: Overcoming Economic Insecurity. E/2007/50/Rev. 1ST/ESA/317.

5. Trends in Total Migrant Stock: The 2003 Revision.

6. Trends in Total Migrant Stock: The 2005 Revision.

7. International Migration Report 2006: A Global Assessment.

8. Trend in International Migration Stock: The 2008 Revision.

(四) ILO 报告

1. ILO, The Cost of Coercion, International Labour Conference 98th Session 2009 Report I (B).

2. ILO, International Migration 1945 – 1957, Geneva, 1959.

七、相关的移民法规

1. 1951 年《关于难民地位的公约》（1954 年 4 月 22 日生效）。

2. 1954 年《关于无国籍人士地位的公约》（1960 年 6 月 6 日生效）。

3. 1956 年《废止奴隶制、奴隶贩卖及类似奴隶之制度与习俗补充公约》（1957 年 4 月 30 日生效）。

4. 1961 年《欧洲社会宪章》（1965 年 2 月 26 日生效）。

5. 1963 年《1950 年欧洲人权公约第 4 议定书》（1968 年 5 月 2 日生效）。

6. 1963 年《维也纳领事关系公约》（1967 年 3 月 19 日生效）。

7. 1965 年《消除一切形式种族歧视国际公约》（1969 年 1 月 4 日生效）。

8. 1966 年《公民权利和政治权利国际公约》（1976 年 3 月 23 日生效）。

9. 1966 年《经济、社会和文化权利国际公约》（1976 年 1 月 3 日生效）。

10. 1967 年《关于难民地位的议定书》（1967 年 10 月 4 日生效）。

11. 1969 年《美洲人权公约》（1978 年 7 月 18 日生效）。

12. 1969 年《维也纳条约法公约》（1980 年 1 月 27 日生效）。

13. 1979 年《消除对妇女一切形式歧视公约》（1981 年 9 月 3 日生效）。

14. 1981 年《非洲（班珠尔）人和人民权利宪章》（1986 年 10 月 21 日生效）。

15. 1984 年《禁止酷刑和其它残忍、不人道或有辱人格待遇或处罚公约》（1987 年 6 月 26 日生效）。

16. 1985 年《申根协定》和 1990 年《实施申根协定公约》（1993 年 9 月 1 日生效）。

17. 1989 年《儿童权利公约》（1990 年 9 月 2 日生效）。

18. 1990 年《保护所有移徙工人及其家庭成员权利国际公约》（2003 年 7 月 1 日生效）。

19. 1993 年《消除针对妇女暴力宣言》。

20. 1998 年《国内流离失所指导原则》。

21. 1999 年《国际劳工组织关于最坏形式童工第 182 号公约》（2000 年 11 月 19 日生效）。

22. 1999 年《制止向恐怖主义提供资助的国际公约》（2002 年 4 月 10 日生效）。

23. 2000 年《联合国打击跨国有组织犯罪公约》（2003 年 9 月 29 日生效）。

24. 2000 年《联合国打击跨国有组织犯罪公约关于预防、禁止和惩治贩卖人口特别是妇女和儿童行为的补充议定书》（2003 年 12 月 25 日生效）。

25. 2000 年《联合国打击跨国有组织犯罪公约关于打击陆、海、空偷渡移民的补充议定书》(2004 年 1 月 28 日生效)。

八、网站

1. 联合国网站：http：//www. un. org/。

2. 国际移民组织网站：http：//www. iom. int/。

3. 联合国难民署网站：http：//www. unhcr. org/。

4. 乔治敦大学国际移民研究院：http：//www12. georgetown. edu/sfs/isim/pages/Research1. html。

5. 加州大学全球冲突与合作研究院：http：//igcc. ucsd. edu。

6. 牛津大学国际移民研究院：http：//www. imi. ox. ac. uk/research-projects/research-themes。

后　记

　　本书是我在博士论文的基础上修改、充实、完善而成的。从中可以看出我在暨南大学三年博士学习的学术收获。本书的完成得到了教育部青年项目和暨南大学国际关系学院/华侨华人研究院的支持，同时暨南大学出版社的编辑老师对书稿进行了精心的校对和编辑，在此表示衷心的感谢。

　　2008 年怀着对未来三年博士生活的憧憬，我走进了暨南大学。在美丽的暨南园，我开始了对华侨华人、国际移民与国际关系的研究。通过三年的学习，虽不敢说学业有成，却有幸得到诸多师长的殷殷教诲，也使我从两只脚在"华侨华人与国际移民"研究的门外徘徊，转为两只脚踏进了门。只有进了这道"门"，才知道"华侨华人、国际移民与国际关系"有着别样的魅力。能够领略到这种魅力，始终离不开老师们的指导、朋友们的支持和家人们的关心。

　　感谢如母亲般对我百般呵护的导师——周聿峨教授。她的关心、鼓励与支持伴我至今。在日常生活中，周老师给予我慈母般的呵护与关怀。依稀记得那段苦涩的日子，是周老师温暖、鼓励、支持的话语捂热了我的内心，坚定了我的意志。在专业能力上，周老师耐心地教我如何进行科研创作，持续的教导和督促使我的逻辑思维和写作能力取得明显进步。博士论文的选题、写作和最终完成离不开周老师的精心指导，在此向周老师致以诚挚的谢意。

　　感谢暨南大学国际关系学院/华侨华人研究院的老师们给予我的无私帮助。感谢曹云华教授、庄礼伟教授、张振江教授、王子昌教授、郭又新副教授，他们的课让我深受启迪。感谢庄礼伟老师，从选题到论文的修改，他均提出了宝贵的意见，郊游中的沟通让我深深地感受到"庄子门生"的无限乐趣。感谢吴金平老师，他为我的小论文写作提出了宝贵意见，同时从论文开题到完稿都提出了宝贵意见。感谢陈奕平教授、张振江教授、邱丹阳教授及李皖南老师在论文开题期间提出的宝贵意见和建议，以及导师组的贾海涛教授对本论文的指导及对我思想上的启迪。此外，还要感谢院里的侯松岭老师、鞠海龙老师、邓仕超老师、林舜亮老师、王宣老师、卢美娟老师、黄海燕老师以及吴宏娟老师在我学习期间提供的无私帮助与支持。

　　感谢我在博士期间的师兄、师姐以及同窗们。在暨南大学期间，龙向阳师兄、刘建林师兄、代帆师兄、余彬师兄、黎海波师兄、文峰师兄以及胡春艳师姐以无私的帮助促使我在思想上、学业上不断进步。博士论文从选题到完成均离不开他们的热情与支持，感谢他们。感谢我的同学杨凯、刘兴宏、艾尚乐、胡爱清，他们对我的论文写作均提出了中肯的意见。感谢两个知心姐妹，陈丽红博士和许燕转博士，她们给予我的关心与帮助时常让我感动。感谢所有给予我关心和帮助的师弟、师妹们。

还有很多老师、同学、朋友给予了大力的支持。感谢我的硕士生导师，武汉大学的严双伍教授一直以来对我的关心与支持。感谢厦门大学的庄国土教授、廖大珂教授、施雪琴教授、沈燕清副教授、衣远博士、康晓丽博士、《八桂侨刊》的执行副主编苏妙英老师、福建省社会科学院张进华老师、华中师范大学的李其荣教授、黄慧博士对我的支持与帮助。感谢硕士同窗好友肖兰兰、喻坤鹏、杜爱国、周小霞对我的关心与帮助。感谢国际移民组织驻华办事处的工作人员为我提供的帮助。感谢贵州师范大学马克思主义学院的领导和老师们，谢谢他们的关心和帮助。

从 1999 年踏入大学至今长达 14 年的历程中，给予我无限支持的是我的家人和亲友。他们在精神与物质上给予我最大、最多支持，使我能够历经三所高校并顺利完成学业。非常感谢他们！感谢我的爱人，从博士论文的校对和修改，到本书初稿的校对和修改，他付出了大量心血。

我要特别感谢我的父亲。2011 年我博士毕业那年，父亲到广州参加了我的毕业典礼，他的快乐溢于言表。然而，他灿烂的笑容却在那一刻定格。从此，父亲开始被病痛折磨，最后于 2013 年 3 月不幸病逝。父亲就这样离开了我，离开了他深爱的家。操持、劳累了一辈子的父亲，就在我有了物质条件尽孝道之前离开了。从读大学，就开始帮我筹集学费的父亲，一直供我读到了博士毕业。"子欲养而亲不待"的悲痛始终让我无法释怀。那一刻，我的痛苦、郁闷、无奈、无助、悔恨涌上心间。"我的老父亲，我最疼爱的人，人间的苦涩有三分，您却吃了十分。这辈子做您的儿女，我没有做够，央求您啊，下辈子还做我的父亲。"我愿将此书献给我最敬爱的父亲，愿他安息。

本书内容虽然经过仔细斟酌，但是由于资料相对不足以及个人知识水平有限，仍存在一些问题，恳请读者朋友批评指正。另外，书中引用了国内外一些研究者的研究数据及理论成果，在此表示感谢。

本书能够最终完成并得以出版，离不开众多老师、同学、朋友以及亲人们的帮助和关心，在此不能一一具名，但感激永存心中。

本书凝结了太多人的关怀和帮助，再一次感谢所有关心、帮助过我的老师、同学、朋友及亲人们。

郭秋梅于贵阳

2013 年 9 月 8 日